MONTAIGNE

Paul Mathias est inspecteur général de l'éducation, du sport et de la rechereche.

BIBLIOTHÈQUE DES PHILOSOPHIES

Directeur Michel MALHERBE

MONTAIGNE

OU L'USAGE DU MONDE

par

Paul MATHIAS

Deuxième éditon revue et augmentée

PARIS

LIBRAIRIE PHILOSOPHIQUE J. VRIN

6 place de la Sorbonne, V^e

2023

© *Librairie Philosophique J. VRIN*, 2023
2006 *pour la première édition*
ISSN 1281-5675
ISBN 978-2-7116-3117-9
www.vrin.fr

Ce matin, en nous réveillant, nous avons quitté nos rêves : le soleil comme hier, s'était levé ; la terre était toujours sous nos pieds et c'est bien Martine que nous avons embrassée. Ce n'est pas absolument sûr, mais, jusqu'à preuve du contraire, cela reste hautement probable. En tout cas, il serait insensé de nous demander de le justifier ou de prétendre que nous n'avons aucun titre à le penser. Parce que nous visons la vérité et que nous parions sur elle, nous présumons que la connaissance est possible, et cela suffit amplement pour nous disposer à agir.

Claudine Tiercelin, *Le Doute en question*,
Paris-Tel-Aviv, Éditions de l'éclat, 2005, p. 274.

AVERTISSEMENT

Les références aux *Essais* sont données dans l'édition dirigée par Jean Céard, et publiée par Le Livre de Poche dans la collection « La Pochothèque » (2001). Elles sont également données dans l'édition Villey-Saulnier, qui constitue la référence habituelle des études montaigniennes (P.U.F., « Quadrige », 2004). Ainsi la séquence 3.09, 1504/963 sera lue : les *Essais*, livre III, chapitre 9, page 1504 (Céard) ou 963 (Villey-Saulnier).

Pour ce qui concerne le Livre I des *Essais*, l'édition Céard ne suit pas la disposition des chapitres que donne l'édition Villey-Saulnier, mais conserve le déport du chapitre 1.14 en 1.40 qu'on trouve dans l'édition de 1595, publiée à partir de l'Exemplaire de Bordeaux[1]. Ainsi tous les chapitres numérotés 1.14 à 1.40 devront faire l'objet d'une double numérotation. Par exemple, le chapitre « De l'institution des enfants » est noté 1.25/26 pour indiquer qu'il est en position 25 en Céard (d'après l'édition de 1595) et en position 26 en Villey-Saulnier (d'après les éditions antérieures).

---

1. On nomme ainsi l'exemplaire de l'édition de 1588 que possédait personnellement Montaigne et dont il a très abondamment annoté le texte, et même parfois entièrement recomposé certains passages. Certaines éditions savantes identifient par les marques (a), (b), et (c) les diverses « couches » ainsi constituées du texte des *Essais*, (a) correspondant à leur première édition en 1580, (b) à celle de 1588, sur laquelle Montaigne continuait précisément de travailler en annotant son propre exemplaire, et (c) à celle de 1595 – donc postérieure à la mort de Montaigne en 1592 – intégrant l'ensemble du travail de réécriture des dernières années.

Enfin en certaines occasions, il est vrai rares, on se référera aux autres écrits de Montaigne, c'est-à-dire notamment au *Journal de voyage*, toujours cité dans l'édition de François Rigolot (P.U.F., 1992) ; et à la *Correspondance*, rassemblée dans le volume des *Œuvres complètes* dans la bibliothèque de la Pléiade (édition Thibaudet-Rat, Gallimard, 1962).

UN PHILOSOPHE IMPRÉMÉDITÉ ET FORTUIT

Travailler à Montaigne est une tâche dont les règles sont difficiles à établir. La pléthore des *Essais*, « la farcissure de [leurs] exemples » (1.19/20, 136/90) et le mécanisme presque infini de l'« allongeail » (3.09, 1504/963) qui y prévaut en déterminent une lecture dont la rigueur académique est inévitablement altérée, voire incertaine. Peut-être pourrait-on aller jusqu'à dire qu'il y a quelque chose de contradictoire entre les contraintes d'une approche universitaire de Montaigne, et la logique, ou plutôt l'entrelacs des logiques dont les *Essais* sont le texte. Il y a de fait quelque chose d'inappropriable dans les *Essais*, d'irréductible en tout état de cause à un ordre des raisons. Et ce n'est pas seulement que les procédures de Montaigne ne sont pas des procédures proprement démonstratives ou qu'il ne procède pas *ex hypothesi ad conclusionem* ; mais c'est que l'idée même d'une méditation conduite dans un horizon de connaissance, de science ou de sagesse – et qui pourrait tenir lieu de modèle épistémique alternatif pour une pensée productrice de sa vérité – est tout aussi inapplicable au phénomène intellectuel des *Essais*. Sans être tout à fait des esquisses, ils ne forment en effet pas plus un texte achevé des « pensements » et « imaginations » de Montaigne, qui ne cesse de les reprendre, corriger, commenter, transformer. Au point qu'il n'est probablement pas plus pertinent de parler ici de « corrections », le travail de Montaigne ne consistant jamais à préciser une vérité, à l'éclairer, à reconnaître une erreur passée au bénéfice d'une découverte présente. Le ressassement de la pensée, une certaine altération de son état, les glissements qu'elle opère sans cesse ne se laissent pas dire en termes de vrai et de faux, ni même d'approximation, d'abord, d'exactitude, ensuite. En parlant par métaphore, on pourra dire que quelque chose de « protéiforme » dans les *Essais* échappe aux rets d'une tradition exégétique formaliste et certificative. Et pour se faire dès lors une idée de ce en quoi peut consister une approche sérieuse, studieuse, laborieuse de Montaigne et des *Essais*, il faudra commencer par reconnaître d'avoir à aborder en terre étrange, sinon étrangère. Et plus prosaïquement, commencer par réserver ses automatismes académiques et peut-être accepter de lire un texte massif sans chercher d'emblée à l'expliquer ou à le comprendre tout à fait.

Techniquement en effet, la lecture qui permettrait de fixer et, par force, d'appréhender Montaigne en son étrangeté, pourrait être celle qui viserait à marquer la coïncidence des *Essais* à l'existence de leur auteur et de les concevoir comme le récit, sinueux comme peut l'être une vie, des réflexions que suscite chez Montaigne un univers complexe où l'humanisme naissant le dispute aux dogmes religieux dans la compréhension d'un monde qui se redécouvre. Par un effet de contiguïté surgiraient alors la personne privée et son être propre et singulier, éclairés par la volupté ou la maladie, par le spectacle du corps et de ses impuissances, sous le fantasme de la mort approchante. Personne privée qui serait cependant à la fois propre et nourrie de la communication des autres hommes, en société, et des autres pensées, en livres. De la pratique des choses à celle des livres, il paraît manifestement y avoir un continuum dont les *Essais* porteraient un témoignage d'autant plus vivant qu'ils ne furent jamais achevés et qu'ils ont livré un homme sincère et authentique, cultivé et sage, aristocratique et débonnaire, dans une temporalité admirablement restituée par le travail du texte sur lui-même, par cette continuelle amplification pour ainsi dire ontogénétique qui paraît témoigner comme d'une vie sémantique.

Aussi la tentation est-elle grande de conclure de la sinuosité de la pensée de Montaigne à sa nature proprement doxographique et « littéraire ». En faisant l'hypothèse de la sinuosité des *Essais*, on admet d'avoir à suivre un cheminement aléatoire de la pensée de Montaigne et de choisir alors entre décrire les conditions successives de sa survenue, par exemple au motif de la connaissance approchée qu'on aurait, par ailleurs, de son existence ; et d'avoir à recompiler l'ensemble des *Essais* en une nomenclature thématique dont l'intérêt serait à la mesure de la variété des approches idéologiques qu'on aura pu identifier. Sur le plan de la méthode, une certaine appropriation doxographique des *Essais* impliquerait un suivi attentif des variations, des mutations, voire des contradictions de la réflexion de Montaigne, et une sorte de reconstitution biographique *a posteriori* de sa dynamique intellectuelle. L'intérêt du reste d'une telle approche serait non seulement de suivre son objet à la trace, mais aussi d'en sacraliser le mot, c'est-à-dire de reconstituer un dit dans une forme nouvellement accessible et vulgarisée – au sens strict : publicisée. Car la lecture des *Essais* n'est pas difficile au seul motif de leur langue, dont nous avons perdu le sens et les automatismes morphologiques et syntaxiques, elle l'est aussi au motif de leur pléthore et de leur excès, et précisément de la flexibilité ou de la versatilité de leur penser. Considérer

« littérairement » les *Essais* et suivre la trace d'une pensée livrée à elle-même, c'est admettre leur « imprémédiation » comme un *fait*, même s'il faut pour cela renoncer à un *droit* de cette « imprémédiation », c'est-à-dire à l'idée qu'elle participerait d'une théorie de l'expérience, de la pensée, de l'écriture, concluant alors qu'elle constituerait simplement une manière de génie naturel et littéraire. On pourrait donc à la fois admettre le dit de Montaigne et faire silence sur ses tensions, ses raisons et l'hypothèse qu'il puisse avec les *Essais* ne pas s'agir seulement de la vision d'un homme sur un monde, mais bien de la pensée en tant que telle sur son être et sa puissance propres.

On remarque de fait une véritable congruence, dans la littérature montaignienne, entre le souci d'élaborer *a posteriori* une psychologie du personnage, et l'analyse doxographique du considérable appareil d'érudition qui charpente les *Essais*, sans certes leur donner une logique, mais en jalonnant thématiquement les multiples séquences à la fois narratives et réflexives qui s'y succèdent. Non seulement l'homme Montaigne serait ainsi au cœur de son ouvrage, mais tout uniment l'ensemble de ses convictions morales, religieuses ou sociales. Et c'est avec quelque raison qu'on s'engagera sur une telle voie, si tant est qu'il fut lui-même l'initiateur de ce parti pris anthropologique, intellectuel et psychologique à la fois : « C'est un livre de bonne foi », écrit-il dans son adresse « Au Lecteur », et « Je veux qu'on m'y voie en ma façon simple, naturelle et ordinaire, sans étude et artifice » (53/3). Dans la multitude de ses descriptions prosaïques, dans le ressassement infini de ses sources bibliographiques[1], de Plutarque à Sénèque,

---

1. Parmi les ouvrages qu'il était habituel de détenir au temps de Montaigne, on ne doit pas seulement compter les titres originaux, mais également de nombreuses compilations ou « morceaux choisis ». Parmi

de Lucrèce et d'Épicure aux stoïciens et à Diogène Laërce, il y a toute la curiosité, la culture, la force de caractère et la droiture d'un homme dont le destin exceptionnel n'est peut-être pas historique ni politique, mais incontestablement livresque et littéraire.

Une approche « littéraire » et doxographique se justifie donc aussi bien pour révéler l'authenticité de l'écrivain et de son écriture, que pour reconstruire l'univers sémantique et idéologique dans lequel s'enracine le texte de son existence. L'investigation érudite que paraissent impliquer les *Essais* peut ainsi tenter d'en recomposer la mémoire, s'il faut entendre par là l'ensemble des filiations, même les plus ténues, qu'il est possible de reconnaître entre telle « opinion » de Montaigne et telle source ; et d'en analyser les éléments, comme par une manière de décomposition chimique on chercherait à identifier les particules élémentaires d'un matériau complexe et difficilement manipulable. L'esprit qui anime les études académiques consacrées à Montaigne est très certainement un esprit de vérité, au sens d'un effort, lui-même inépuisable, d'installer les *Essais* au creux d'une rencontre entre l'Antiquité, redécouverte par l'humanisme de la Renaissance, et une Modernité encore frémissante, mais dont les soubassements commencent à se révéler autour des thèmes de la désorientation existentielle, du recentrement apparent sur quelque chose comme le « sujet », du « moi », ou même du questionnement

---

ceux-ci, on mentionnera les *Apophtegmata ex probatis Graecae latinaeque linguae scriptoribus* rassemblés par Conrad Lycosthènes, et publiés chez Jacques Dupuy, à Paris, dès 1560. Désormais appelé « le Lycosthènes », l'ouvrage comporte un grand nombre d'extraits retranscrits – erreurs comprises – dans les *Essais*. Il est par conséquent légitime de supposer qu'il a pu constituer pour Montaigne une source importante de références – sur ce point, voir Ithurria, 1988.

libertin – matérialisme, nécessité, Dieu – dont les *Essais* forment une figure tout à fait emblématique.

Il est pourtant grandement risqué de prendre la voie exclusive du souvenir, c'est-à-dire de la reconstruction *a posteriori* d'un homme, Montaigne, authentifié par la véracité ou la sincérité de son propos. Car ce qui se joue alors est le destin même d'une pensée qui pourrait être celle, non pas de l'homme Montaigne, dont il n'est pas absurde de considérer que le sort importe désormais assez peu ; mais de « Montaigne en personne », s'il faut entendre par là un nom ou une cristallisation sémantique que nous associons à un corpus textuel déterminé et par conséquent à un tissu de significations bigarrées, de pensées actualisées dans une présence à reprendre pour notre propre compte, consignées, ordonnées ou non, en tout état de cause incarnées autrefois, mais aussi et surtout existant actuellement dans un espace livresque et d'érudition demeuré vivant et susceptible à ce titre d'éclairer notre propre réalité. Pour dire autrement, les choix qu'on a d'appréhender Montaigne sont, soit celui de tenter d'objectiver académiquement une pensée dont la stratification est complexe, mais qui existe comme un *dit* au titre, principalement, d'une sédimentation intellectuelle caduque ; soit celui de prendre en quelque sorte acte de son *dire* et d'y reconnaître une actualité d'autant plus étonnante qu'elle surgit de temps révolus et avec lesquels nous partageons désormais assez peu d'idéaux communs, sinon peut-être un sens diffus de « l'humain », quoi que le terme puisse bien recouvrir. Choix simple, en somme, ou bien de comprendre Montaigne comme un écrivain dont la pensée est propre à séduire notre goût esthétique et littéraire ; ou bien de reconnaître dans les *Essais* un appareil conceptuel suffisamment fin et pertinent pour se situer à proximité des débats philosophiques contemporains, centrés autour de la question de la pensée et de ses processus cognitifs, du rapport pratique au sensible, de l'incertitude, des normes de l'action, du droit de mourir, de l'existence comme quête de sens – choix, en somme, non de restituer un « Montaigne philosophe », mais d'analyser un appareil textuel et philosophique complexe qui, incidemment, porte également le nom : « Montaigne ».

Le choix de penser *à partir de* Montaigne, plutôt que d'en traiter sur le plan doxographique et historique, laisse entier le problème de l'appropriation du texte des *Essais* et d'une pensée qui s'y cristallise d'une manière plutôt itinérante que démonstrative. « Ce sont ici, écrit Montaigne (3.09, 1477/946), un peu plus civilement, des excréments d'un vieil esprit. » Pour faire droit à Montaigne, il faudrait donc prendre une position théorique et interprétative diamétralement opposée à la sienne propre, où il est question « de paroles, pour les paroles seules » (*ibid.*), et où la matière de toute préoccupation est une vie, ses instanciations infiniment diverses, ou bien encore un corpus bibliographique fréquemment « barbouillé de […] notes », et pourtant demeuré inconnu, oublié, confondu (2.10, 662/418). S'il fallait penser à partir de Montaigne, mais en suivant Montaigne dans sa manière – comme penser à partir d'une rationalité philosophique donnée consiste à en suivre les procédures en les élucidant – il faudrait assez curieusement écrire comme Montaigne, le commenter comme il commente Plutarque, Virgile, Cicéron, etc. Commenter Montaigne dans le respect des contraintes formelles et spéculatives des *Essais* exigerait de se contenter de variations thématiques et d'une glose qui, à son tour, amplifierait interminablement un corpus extensible de réflexions. Ce qui a pour conséquence que l'imitation des *Essais*, comme protocole discursif de référence, rencontrerait une impossibilité radicale dans l'exigence d'une génialité dévolue au seul « homme-texte » des *Essais*.

Aussi penser *à partir de* Montaigne consisterait-il plutôt à faire droit à une pensée dont la consolidation logique est structurellement impossible, et à mesurer la résistance qu'opposent les *Essais* à toute formalisation académique. « À l'aventure[1] conçue cent fois », et même si « la redite est partout ennuyeuse » (3.09, 1502/962), la pensée montaignienne tient tout entière dans son propre ressassement. Or précisément, la répétition n'est pas chez Montaigne le défaut d'une réflexion qui, s'échappant sans cesse, s'imposerait le devoir de se retrouver dans sa vérité par la vertu de sa réitération. C'est plutôt le symptôme textuel du postulat selon lequel, outre la logique formelle qui est vaine et fautive[2], c'est la logicité même de l'être qui est irreprésentable. Pour parler métaphoriquement, l'étude des *Essais* implique d'assumer une volatilité ontologique du monde ou de la « réalité » dont la conception montaignienne de la philosophie doit être, en tant que telle, sinon la formule théorique, du moins la translittération ou le dispositif textuel et mimétique le plus adéquat. Or précisément, la philosophie paraît constituer pour Montaigne un dispositif rhétorique équivoque, sinon parfois suspect d'inconsistance. Évoquant « cette variété et instabilité d'opinions » qui traverse et anime les Écoles et leurs disciples (2.12, 849/545), il y trouve « tous nos songes et rêveries » (2.12, 849/546) et que nous n'avons apparemment à y puiser ni science ni sagesse, mais autant de manières de décrire les hommes,

---

1. Peut-être.
2. Sur ce point, voir notamment 2.12 820/527, ainsi que 759/487.

leurs actions et leur monde qu'il y a de façons de les dire, ou mieux : de les rencontrer[1]. Ce n'est pas que la philosophie soit sans objet et sa rhétorique purement et simplement dénuée de sens, mais c'est plutôt qu'il y manquerait une « assiette » et les conditions d'un examen ferme et rigoureux de ses énoncés. Pareille évaluation de la tradition philosophique des Anciens[2] n'est donc que l'occasion naturelle qui permet à Montaigne de s'affirmer lui-même comme « un philosophe imprémédité et fortuit » (2.12, 850/546)[3], comme si les *Essais* devaient constituer, massivement, le déni de toute *discipline* philosophique. De fait, reprend Montaigne (3.05, 1373/876), « mon âme me déplaît, de ce qu'elle produit ordinairement ses plus profondes rêveries, [les] plus folles, et qui me plaisent le mieux, à l'impourvu ». Ainsi le mode d'existence de son activité réflexive est-il apparemment celui de l'échappement, comme une vérité qui se donnerait dans une évidence indiscutable, mais sans le soutien d'une recherche, d'une méditation suivie ou d'une discipline qui la rendraient véritablement appropriable, en même temps que le fil de ses procédures et l'exposé de ses raisons.

Pourtant ce n'est pas de l'inconstance à l'inconsistance qu'il faut aller, mais plutôt de l'imprévisibilité à la vérité, à condition de pouvoir comprendre comment l'une s'accommode de l'autre afin de former ensemble un discours

1. Voir également 2.12, 793/510 : « le plus large champ aux répréhensions des uns philosophes à l'encontre des autres, se tire des contradictions et diversités, en quoi chacun d'eux se trouve empêtré : ou par dessein, (…) ou forcé ignoramment [du fait de son ignorance] ».
2. « Les écrits des anciens, je dis les bons écrits, pleins et solides, (…) je les trouve avoir raison chacun à son tour, quoiqu'ils se contrarient. » (2.12, 883/569)
3. Dans le registre pratique du rapport à autrui et des relations sociales, une posture identique est décrite en 3.09, 1503/963.

proprement pertinent sur le monde et l'humanité qui s'y enracine. Or c'est bien ici un point d'achoppement majeur d'une lecture qui revendiquerait, sur Montaigne, sa dimension « philosophique ». La dimension éminemment et évidemment « aventureuse » de la rhétorique montaignienne, assortie d'une nette revendication du caractère éventuellement contradictoire de son propos[1], constituent un défi considérable pour une approche académique de sa pensée. À moins qu'on ne fasse cette singulière hypothèse de lecture, que l'« imprémédititation » n'est en réalité pas pour Montaigne le point d'échappement de sa pensée, mais bien celui où elle cristallise et se consolide, celui où s'accomplit le travail d'une herméneutique permanente de la parole et du texte, récurrente, obsessive, en tant qu'ils sont précisément parole et texte imergés dans un monde et non pas seulement un tissu plus ou moins lâche des « pensements » de leur auteur. Dans l'« imprémédititation » pourrait en effet se jouer la façon dont Montaigne entend assumer théoriquement l'éclosion du présent et de ce qu'il offre à la représentation – incertitude de la pensée dans son rapport à ce qu'elle appréhende, incertitude dans la façon dont elle parvient à l'appréhender. L'« imprémédititation » est imposition à la pensée, de manière tout autonome, de son propre problème, de ce scandale qui consiste pour elle à la fois à être et à prendre consistance sous la forme de descriptions successives d'états des choses, des hommes, de leurs sensations et de leurs opinions mêmes ; et à manquer simultanément sa propre certitude, c'est-à-dire ses procédures, son extension, sa communicabilité d'un esprit à un autre, en somme les conditions réputées objectives ou formelles de sa validité et de son universalité.

---

1. « Tant y a que je me contredis bien à l'aventure, mais la vérité, comme disait Démades, je ne la contredis point. » (3.02, 1256/805)

De fait, penser ne consiste pas, chez Montaigne, à séquencer méthodiquement des problèmes, mais à déployer discursivement des représentations qui se forment en relation à une expérience existentielle leur imposant ses contraintes ontologiques : il y a ce qui est, dont on ne sait rien, et en retour ce qui est fait qu'il y a ce qui en est dit et qui est tout ce qu'on en saurait « savoir ». Le discours est un déploiement tourbillonnaire de cet entrelacs de l'être et du dire, doublement surdéterminé, à la fois par le corps des savoirs livresques qui forment comme une expérience seconde du réel, et par la survenue de ces pensées qui se sont temporairement fixées dans tels états antérieurs des *Essais* : « J'ai toujours une idée en l'âme, écrit Montaigne (2.17, 982/637), qui me présente une meilleure forme, que celle que j'ai mis[1] en besogne, mais je ne la puis saisir ni exploiter. » Les *Essais* paraissent être un dispositif discursif par quoi la pensée ne cesse de s'autoévaluer comme processus susceptible, non pas tant de « rendre raison de », que de faire droit à du « réel », c'est-à-dire essentiellement à une expérience existentielle irréductible à son seul fait et toujours élevée à l'agitation et à la fluidité des discours qui la scandent.

C'est pourquoi l'« imprémédition » ne va d'ailleurs pas sans le « fortuit ». Libres de tout soubassement dogmatique – ou du moins revendiquant de n'avoir pas à s'adosser à tels et tels dogmatismes identifiables, épicurisme ou stoïcisme, platonisme ou même pyrrhonisme – les *Essais* sont un catalogue ou un « contrerôle » de descriptions récurrentes, que celles-ci concernent les hommes ou les choses, les coutumes, les pensées, ou l'expérience corporelle et matérielle : de la « gravelle » aux fonctions politiques,

---

1. Participe au masculin dans le texte de Montaigne, qui respecte très aléatoirement la syntaxe relative à cette forme.

de la sexualité à l'ordonnancement des repas, etc. Mon esprit, dit Montaigne (1.08, 87/33), « m'enfante tant de chimères et monstres fantasques les uns sur les autres, sans ordre, et sans propos, que pour en contempler à mon aise l'ineptie et l'étrangeté, j'ai commencé de les mettre en rôle : espérant avec le temps, lui en faire honte à lui-même ». Ce n'est pas qu'il y a une logique des choses et, comme par analogie ou en parallèle, une logique des pensées plus ou moins adéquate à la première ; il y a une succession de rencontres et de coïncidences qui imposent à Montaigne de « toujours recommence[r], toujours reconsulte[r] » (2.17, 982/636) le texte de ses pensées et leur « farcissure » : « Je m'égare, avoue-t-il (3.09, 1549), mais plutôt par licence, que par mégarde. Mes fantaisies se suivent : mais parfois c'est de loin : et se regardent, mais d'une vue oblique. »

Le miroitement des *Essais* dans les *Essais* accuse dès lors de plus ou moins insensibles écarts qui se repèrent au gré des « rencontres » de la réalité et des particularités de sa texture actuelle. Seulement il ne s'agit pas d'un processus méthodique et autoréférentiel, d'une incessante et articulée reprise méditative d'un donné de la pensée et de son incomplétude ; il s'agit plutôt d'un acquiescement « naïf » – c'est-à-dire *natif* et *libre* à la fois – au présent de la parole et à l'espèce de clarté qu'elle parvient à diffuser, acquiescement au présent d'une expérience de pensée à la fois complexe et partiellement ou virtuellement transparente à elle-même. De sorte que ce qui importe est moins la suite des énoncés organisés en un interminable examen de conscience, que la pertinence de chacun d'eux, qui traduit un état des choses en même temps que de l'esprit qui les appréhende. Ainsi, ajoute Montaigne (2.10, 645/408), « je ne pleuvis[1] aucune certitude, si ce n'est de faire connaître

1. Garantis.

jusques à quel point monte pour cette heure, la connaissance que j'en ai. ». Il existe bien dans les *Essais* une visée de vérité, mais elle ne se traduit certainement pas dans une tentation de l'universel. « Fortuit » ne signifie dès lors pas seulement hasardeux, mais une conjonction très précise de ce qui paraît être et de ce qui peut en être dit, c'est-à-dire de ce qui survient et du besoin intellectuel de l'interpréter et de le translittérer.

En ce sens, la « nouvelle figure » (2.12, 850/546) à laquelle rattacher la philosophie des *Essais* est celle de quelque chose comme un *pointillisme sémantique* : « pointillisme », parce que toute expérience de pensée est en son fond un effet de singularisation et donc irréductible à toute autre ; et « sémantique », parce que la rencontre de ce qui apparaît s'accompagne immanquablement d'une évaluation ou d'une interprétation langagière de cette rencontre. En quoi pointillisme ne signifie pas atomisme : il ne s'agit pas d'éléments insécables d'expérience, il s'agit bien d'intersections momentanées d'événements – l'agitation du monde effectif – et de représentations, d'évaluations, de conceptions subséquentes, en sorte que de la position existentielle du connaissant, quelle qu'elle soit, émergent ses propres projections cognitives. Ainsi le présent d'un réel est-il appréhendé point par point, c'est-à-dire comme ouverture de la pensée à *ce* réel, en même temps que présence du monde à *cette* formation représentationnelle dans laquelle il vient se lover. En somme, le « pointillisme sémantique » de Montaigne est un *présentisme* : présence du connaissant au connaissable, présence réciproque du connaissable au connaissant – et rien de plus. Où il n'est nullement question d'une projection extatique de la conscience au maintenant du monde et à son ouverture, comme s'il s'offrait à elle et qu'elle se chargeait de l'accueillir en son intelligence. Le nœud du connaissant et du connaissable est bien plus prosaïque, dans les *Essais*, et ne consiste qu'en une simple rencontre plus ou moins appuyée, plus ou moins fugace ou compréhensive. Chez Montaigne, une expérience possible de connaissance ou d'action s'origine dans un croisement de présents et se concrétise d'abord comme un impact laissé par un phénomène sur le sol potentiellement fertile de l'esprit – à partir de quoi savoir devient creuser, approfondir et, dans le meilleur des cas, édifier.

« Philosophie » n'est par conséquent pas un vocable désignant, d'une part, sous couvert d'une méthode intro-spective, un corps de croyances, ou la traduction descriptive et précisément « doxographique » d'une série relativement vaste d'expériences existentielles et conscientielles. Mais « philosophie » n'est pas non plus, d'autre part, une méthode d'investigation de la réalité, fondée sur le présupposé d'une intelligibilité assurée ainsi que de sa réductibilité à un ensemble de problèmes métaphysiques, épistémologiques et éthiques reconnus par « les philosophes » et leur tradition, notamment aristotélicienne et scolastique. Quoiqu'il se fasse résolument l'écho de telles traditions, Montaigne tient plutôt de l'apax philosophique, non parce que sa pensée présenterait une coloration toute singulière dans un contexte d'érudition déterminé, ni parce qu'il serait seul à penser librement dans un monde perclus de convenances religieuses et sociales ; mais parce qu'« homme de quelque leçon » (2.10, 645), il l'est sans tentation dogmatique ni systématique, sans aspiration à replier les choses et leurs représentations sur l'ordre et la logique de son propos particulier, ni plus des discours qui se tiennent en général – tant il est « bien aisé sur des fondements avoués, de bâtir ce qu'on veut », voie par laquelle « nous trouvons notre raison bien fondée, et discourons à boule-vue[1] » (2.12, 841/540). Bien au rebours, la pertinence du penser des *Essais* manifeste chez Montaigne une attente sans horizon préalable, libre d'assumer par avance la nouveauté de ce qui a lieu en un parler qui ne *veut* rien dire – un parler dont l'objet n'est pas d'emblée postulé comme appréhendable et élucidable, mais reste suspendu aux possibilités sémantiques découvertes au fur et à mesure du déploiement de ses propres opérations textuelles.

L'essentiel de la question philosophique des *Essais* serait donc celle de la jointure entre les mots et les choses, qui n'est précisément « jointure » que par métaphore, parce que l'un et l'autre ordres ne sont ni en regard ni en écho, mais bien plutôt réciproquement expressifs d'une même pléthore de l'être et du penser. Ce n'est pas que les choses n'existent qu'à travers les mots, c'est qu'elles ne prennent sens et consistance qu'à travers eux. Mais elles n'ont justement que la consistance que les mots peuvent leur donner, qui est celle de nos représentations, de nos senti-ments, et de la façon dont nous les traduisons en discours et opinions, en expériences complexes et contradictoires, en formations discursives plus ou moins stabilisées par la coutume, l'expérience ou les livres. La « philosophie » de Montaigne n'est fondamentalement pas autre chose que son « style » ou « une narration étendue » : « Je me recoupe si souvent, à faute d'haleine, écrit-il (1.20/21, 161/106). Je n'ai ni composition ni explication, qui vaille. » Ou bien encore (2.17, 983/637) : « Je dois nommer style un parler informe et sans règle : Un jargon populaire, et un procéder sans définition, sans partition, sans conclusion, trouble. » Autant dire que « philosopher », c'est *raconter* le monde,

---

1. Avec une pleine assurance.

en même temps que raconter le monde n'est qu'entrelacer les interprétations qu'il admet et que les hommes y associent plus ou moins librement, en tout cas au fil de leur histoire, de leurs inventions, de la « fortune » même qui les fait être et devenir ce qu'ils sont. Au fond « le monde n'est que babil » (1.25/26, 260/168), dans toute l'équivocité de l'idée, qui renvoie autant à l'imprécision du langage, dont la faute incombe à ceux qui parlent, et parlent souvent trop, qu'aux choses mêmes, dont la disposition, livrée au travail de la représentation, paraît une parole assourdie, dont il ne resterait qu'à trouver la fréquence en l'ajustant aux capacités de notre « engin », l'esprit et sa puissance d'étonnement et de compréhension.

Le parti pris de concevoir les *Essais* comme un dispositif résolument philosophique paraît ainsi devoir être le parti d'une profondeur spéculative qui suppose qu'ils ne soient pas simplement le rendu autobiographique d'une existence n'en valant au fond guère plus qu'une autre, comme le reconnaît Montaigne lui-même. « Je ne puis tenir registre de ma vie, par mes actions, écrit-il : fortune les met trop bas » (3.09, 1476/946) ; ou bien encore : « Je propose une vie basse et sans lustre, c'est tout un » (3.02, 1256/805). « Profondeur » signifie plutôt *ajustement* : que la description du monde des faits est indissociablement liée à des jeux de langage, expressifs du sort d'une pensée nourrie de ses propres réitérations et de son instabilité aussi essentielle que celle de son monde. Pensée signifie rencontre, sans doute fortuite, mais consistante, entre ce qui paraît être et la langue dans laquelle il se laisse appréhender. Il faut dès lors mesurer avec précision ce que requiert cette espèce de « réel » en termes de descriptions narratives et ce que requiert la pensée en termes de remaniements et de ressassement, pour en « représenter une continuelle agitation

et mutation » (3.09, 1477/946). « Tantôt il faut superficiellement manier les choses, écrit Montaigne (2.17, 984/638),
tantôt les profonder[1] » ; et même : « J'écoute à mes rêveries
parce que j'ai à les enrôler » et « mettre en registre » (2.18,
1027/665 – également en 3.09, 1477/946). En somme, les
Essais sont une problématisation du réel et questionnent
sa dicibilité, à la fois parce qu'ils répètent indéfiniment le
projet de le décrire et parce qu'ils reproduisent indéfiniment
et dans une extrême redondance son fait même tel que
nous manquons toujours à l'élucider.

Or il se trouve que, d'une nature à la fois ontologique
et linguistique, la problématicité du réel réside dans le
pluriel et son *actualité*, où conjointement se donnent le
monde et les opinions des hommes, d'une part, les
« fantaisies » de Montaigne, d'autre part, avec « ce fagotage
de tant de diverses pièces » que sont les *Essais* (2.37,
1181/758). Le déni de la logicité de l'être, c'est paradoxalement une logique de la redondance et de la répétabilité,
par quoi tout n'est manifestement jamais dit, lors même
que tout paraîtrait pourtant déjà dit. Les tensions, les écarts,
les retours sur soi de la pensée de Montaigne manifestent
une certaine exigence par force logique et pratiquement
réitérable d'une pensée dont la signification se joue, non
pas tant dans des « leçons » ou une série d'énoncés
vérifiables ; mais dans la mise et la remise en question du
réel et de l'espace existentiel qu'il détermine. C'est donc
celui d'une *expérience*, à condition de comprendre par là
non pas un territoire conscientiel ouvert à une catégorisation
conceptuelle de la réalité, car rien ne permet d'enfermer
l'expérience à l'intérieur des frontières d'un strict univers
expérimental ; mais un entrelacs de significations rendues

1. Approfondir.

en autant de jeux de paroles, qui témoigne de la convertibilité en mots des choses et de l'appréhension littéralement organique que nous en avons, aussi bien que de la puissance appropriative de la parole eu égard au monde qui lui échappe.

Ce n'est en ce sens pas le *dit* de la pensée de Montaigne qui importe ultimement, c'est son *dire*, qui n'est que le système dynamique de ses circonvolutions discursives et sémantiques, au fil desquelles est exprimé un monde de choses, de faits, d'épreuves éthiques et sociales (la justice, la politique) ou corporelles et organiques (la maladie et notamment la « gravelle », certains aspects de la sexualité), verbalement donnés dans cette pure et simple actualité tout uniment ontique et sémantique qui fait la difficulté des *Essais*. Et c'est bien là que se conjuguent actualité et pluralité. « Diversement traiter les matières, est aussi bien les traiter, que conformément, et mieux : à savoir plus copieusement et utilement » (2.12, 793/509). C'est comme dire que les choses, de quelque nature qu'elles soient, qu'elles ressortissent à l'expérience personnelle et singulière ou bien qu'elles dénotent la complexité des relations humaines, sociales et politiques, ne se laissent pas circonscrire dans un espace herméneutique unique, qui ferait correspondre telle description à tel état. Elles impliquent au contraire une variation de la parole destinée à effeuiller, pour ainsi dire, les couches successives de la « réalité ». Sans espoir d'épuiser un tel processus, du reste, puisque précisément la répétition et les petites différences qu'elle fait apparaître n'excluent ni la redondance, ni que se dévoilent des figures princeps du monde et de la façon dont il se projette dans la représentation. « Les lieux et les livres que je revois, note Montaigne (1.09, 90/35), me rient toujours d'une fraîche nouveauté. » La « nouveauté » ne constitue assurément pas une caractéristique ontologique de la réalité, mais plutôt une dimension de son appréhension, le caractère ou bien proprement ontologique ou bien seulement représentationnel de la réalité restant par conséquent indécidable. C'est le travail de la pensée qui est au cœur de la « nouveauté » perçue, reçue même comme rencontre événementielle du monde : douleurs, plaisirs, interactions pratiques avec les autres ou intellectuelles avec les livres – c'est dans le surgissement de ces faits de vie qu'aussitôt du sens est donné et que l'écriture peut éventuellement leur donner ampleur et densité. Où se corrobore l'idée selon laquelle il ne faut admettre aucune distance entre la façon dont se présente ce qui est et la façon dont il est appréhendé. Et s'il y a coïncidence entre, d'une part, le caractère inépuisable du monde et, d'autre part, le pluriel d'une expérience et son actualité, c'est au motif que la « réalité » ne prend consistance qu'au détour d'un « dire » et du hasard de ses « rencontres ».

C'est là un point important du *présentisme* auquel on veut rapporter la pensée ou même la méthode de Montaigne. « La seule variété me paie, écrit-il dans l'essai "De la vanité" (3.09, 1540/988), et la possession de la diversité. » Comme s'il n'y avait de satisfaction existentielle, et dans le fond, intellectuelle, que dans une manière de démultiplication des « possessions », démultiplication des idées, sans doute aussi des sensations et des sentiments, comme lorsqu'on prétend être riche d'une vaste et complexe expérience des choses de la vie. Mais ce n'est sans doute pas tout à fait de cette façon-là qu'il faut entendre ici les choses.

« La possession de la diversité », ce peut être au moins deux choses. *D'une part*, une manière de représentation, voire de connaissance du tableau des différences dont une chose ou une expérience sont susceptibles, comme lorsqu'on sait que le plaisir, que la douleur, que l'ennui admettent des degrés dont il est possible d'actualiser formellement, et dans le souvenir ou l'imagination, les différences et la variété. Seulement c'est une manière d'inactualité de la variété qui prévaut ici, car à vrai dire on ne fait alors que rapporter une expérience actuelle de sensation, par exemple, à des possibilités qu'on a gardées en mémoire et qu'on n'actualise en vérité qu'intellectuellement. Paradoxalement, pareille actualisation de la représentation dans sa diversité ne consiste qu'en une virtualisation des rapports entre ce qu'est le présent et l'ensemble de ce que pouvaient être d'autres présents, auxquels on le rapporte par la force de l'imagination et de la mémoire.

Par quoi l'on est conduit, *d'autre part*, à une idée plus dense de ce que peut être la « possession de la diversité ». Ce qui s'y joue – et l'on comprend alors tout le sérieux de la satisfaction de Montaigne : « la seule variété me paie » – c'est la densité de la représentation et de son entrelacs de significations, de telle sorte que l'actuel ne ressortit pas à l'unité d'une donnée de sensation, mais au complexe d'une expérience condensée de sensations, d'évaluations plurielles, de la pensée même, en somme, mais en acte, ici-même ou là-devant. Posséder la diversité, ce n'est pas être en présence, intellectuellement, d'un éventail de possibles dont la représentation actuelle n'est que le moment le plus formel, c'est éprouver cette diversité, l'irréductibilité d'une expérience de pensée à l'un quelconque de ses éléments ou de ses états, c'est éprouver la confusion des choses dans leur profusion même et dans leur inhérente multiplicité. La « variété » ne forme pas un éventail imaginaire chargé d'étourdir l'esprit, de le satisfaire au motif d'une curiosité sans cesse satisfaite et par conséquent renouvelée. Il ne participe pas non plus d'un désir que rien jamais n'épuiserait pour cette raison que son renouvellement en marquerait la vitalité. En vérité, la satisfaction que provoque l'expérience du multiple tient chez Montaigne à la coalescence de la diversité de la réalité émergeante et de la diversité de l'expérience intellectuelle et énonciative qu'on en a – coalescence de l'apparaître dans son devenir et de la pensée dans son dire.

En retour, la figure d'une philosophie « imprémédité » se dégage comme l'envers d'une tradition scolastique formée de l'histoire de ses discussions et de l'articulation de ses thématiques. « À quoi faire, ces pointes élevées de la philosophie, sur lesquelles aucun être humain ne se peut rasseoir : et ces règles qui excèdent notre usage et notre force ? » (3.09, 1541/989), demande Montaigne. La philosophie ne peut être ni manière de, ni matière à doctrine. Tout ce dont il y est question, c'est de la tenue d'une vie « au rencontre » d'un monde. Mais le problème de « ce rencontre », ce n'est pas tant celui de la morale, de son caractère personnel, social, politique ou même universel, c'est celui de la translittération des faits en représentations langagières ou du monde en « essais ». L'ordre du texte étant réputé exprimer celui des choses, la puissance ontogénétique du monde opère dans la puissance auto-réflexive des *Essais* – ou pour dire autrement, la « volubilité[1] souple et inquiète » de l'esprit (2.20, 1043/675) se fait le pur écho de l'irréductible diversité de la réalité. Et non pas seulement l'écho, mais bien son être-autre, son envers ontique formant avec elle une pleine unité ontologique. Ainsi donc, pas de « point de vue » *sur* le monde, s'il faut

---

1. Le terme de « volubilité » ne renvoie pas à l'idée de la prolixité, mais plutôt à celui d'une flexibilité pratique, d'une capacité d'adaptation à des situations originales et problématiques.

entendre par là le point à partir duquel une variété d'événements peut être rassemblée dans une description plus ou moins exhaustive et véridique des choses. Le principe des *Essais*, c'est que la pensée exalte les choses et les êtres. « La philosophie [...] a ce privilège de se mêler partout », lit-on dans l'essai « De l'institution des enfants » (1.25/26, 253/164), non pas dans le seul sens local où elle peut inspirer une posture existentielle et former le jugement ; mais aussi au sens global où elle caractérise une expérience du monde qu'il est possible de composer en autant de menues et discrètes cristallisations langagières qu'il est possible, et d'exposer sous une forme essentiellement désordonnée dont les *Essais* traduisent un infini ressassement. Il existe donc une ontologie problématique en Montaigne, qui n'est une théorie, ni *de*, ni *sur* l'être : son « ontologie », c'est le *dire* même de la manière dont ce qui est se fait le texte pléthorique et tourbillonnant des *Essais*.

Le désordre du texte ne confine en effet pas à un parti pris rhétorique, ni ne résulte d'une espèce d'idiosyncrasie intellectuelle et littéraire de Montaigne. Le désordre, ce sont les *Essais*, parce que le désordre, c'est de la « réalité »[1].

---

1. Appliqué à Montaigne, le concept de « réalité » est problématique et son usage peut être tenu soit pour une audace, soit pour un contresens. Pourtant il arrive que Montaigne insiste sur une certaine forme de « réalité », comme lorsque qu'il dénonce ceux qui « font état de tromper, non pas nos yeux, mais notre jugement, et d'abâtardir et corrompre l'essence des choses » (1.51, 495/305). Sans doute ne faut-il pas en conclure qu'il y a quelque « substance » des choses, permanente ou du moins subsistante. Mais il y en a une « expérience » dont les contours sont ceux de notre représentation et des évaluations qui l'accompagnent – des fonctions à la fois corporelles et intellectuelles qu'elle réalise. Il y a ainsi chez Montaigne une évidence de la « vie » et de ses affects par laquelle il faut bien reconnaître d'avoir à user du mot de « réalité », même si l'on n'entend pas en dégager le moindre postulat « réaliste ». La « réalité » – des faits, des phénomènes, des croyances – n'est ni un donné

« J'aime l'allure poétique, à sauts et à gambades », écrit Montaigne dans le chapitre « De la vanité » (3.09, 1550/994). La description qu'il donne alors du travail de Plutarque et de sa façon de procéder sert à faire miroiter son propre dispositif rhétorique : « Il est des ouvrages en Plutarque, dit-il (*ibid.*), où il oublie son thème, où le propos de son argument ne se trouve que par incident, tout étouffé en matière étrangère. » C'est comme s'il n'y avait en quelque sorte pas d'objet à certains textes de Plutarque, ni plus aux siens propres, non parce qu'un tel objet viendrait à manquer, mais parce que l'événementialité du monde et la narration qu'elle implique – en vérité l'événementialité de la représentation et les interprétations qui la criblent – appellent une succession infinie de phénomènes de bascule, où effectivement on « oublie son thème », où l'on se laisse déporter, excentrer et littéralement promener inchoativement de significations en significations, de descriptions en interprétations et d'évaluations en affections. Dire que le propos de Plutarque est comme « étouffé en matière étrangère », c'est dire qu'il est cette matière même, ou bien encore qu'avoir un « propos » ne consiste pas à tenter d'élucider telle ou telle difficulté catégorielle – de l'idée du « juste » à celle de la « sagesse », ou du « philosopher » au « mourir » –, mais suivre une logique tortueuse de ce qui paraît être, une logique de son surgissement ou de sa survenue, en un mot de son événementialité, dans ce qu'elle a à la fois d'appropriable – sa traduction langagière – et d'inappropriable – sa vérité supposée.

pour un sujet qui se le représente, ni constituée comme horizon intersubjectivement validé. C'est seulement l'espace plus ou moins étendu de la sensation, de l'imagination, des conceptions, qui trahit des processus herméneutiques constamment actifs et renouvelés, qui oscillent de l'état de l'incertitude à celui de la conviction.

Ce n'est donc pas du côté de la parole qu'est le désordre. En vérité, il n'y a du côté de la parole ni ordre ni désordre, il y a seulement du mouvement, un réseau d'étants et d'affections qui se réciproquent, se font écho, se tiennent à l'oblique les uns des autres. Le côté du désordre n'est ainsi ni ontologique ni sémantique, car c'est ici le divers qui commande. C'est le seul côté de la lecture qui se détermine comme désordre, car elle implique et nécessite de suivre la dynamique d'un dire, là précisément où suivre est cela même qui fait problème. « C'est l'indilligent lecteur, continue Montaigne (*ibid.*), qui perd mon sujet, non pas moi. Il s'en trouvera toujours en un coin quelque mot, qui ne laisse pas d'être bastant[1], quoiqu'il soit serré. » À la difficulté de suivre et de répliquer dans sa volatilité ce qui tient lieu de « réalité », il y a celle d'appréhender et de comprendre le texte de cette volatilité. « Serré » : le mot indique qu'il y a toujours plus d'un « dit » dans le « dire », et que les significations et leurs effets pratiques ou de sens y peuvent être variables, plastiques et imperceptibles. « Car moi, dit ailleurs Montaigne (2.10, 646/408), qui à faute de mémoire demeure court tous les coups, à les trier par reconnaissance de nation[2], sais très bien connaître, à mesurer ma portée, que mon terroir n'est aucunement capable d'aucunes fleurs trop riches, que j'y trouve semées, et que tous les fruits de mon cru ne les sauraient payer. » Aveu que le texte est livré en l'état, dès lors immédiatement perdu, ou du moins étrangéifié – « déproprié », comme on dit parfois, mais non pas tout à fait, suffisamment cependant pour n'être plus désormais

1. Suffisant.
2. À identifier la provenance de mes propos.

appropriable que sur le mode de la découverte, non de la reconnaissance.

Aussi est-ce que la difficulté des *Essais* n'est pas seulement celle des *Essais* eux-mêmes, c'est la difficulté qu'il y a tout bonnement de lire, qui présente une dimension bien plus générique, en l'occurrence, que spécifique. Pour dire simplement, il n'y a fondamentalement pas plus de difficulté pour nous à lire les *Essais*, qu'il n'y a de difficulté pour Montaigne à lire Plutarque en Amyot. Les contraintes techniques de la langue et du style sont réelles, mais elles ne changent pas grand-chose au problème. La vérité du problème tourne plutôt à la fois autour de la lisibilité du monde, c'est-à-dire de sa convertibilité en termes langagiers, et de la lisibilité de toute procédure textuelle précisément confrontée au problème de cette convertibilité. Le problème de la lecture, c'est celui de la réplique, en forme de mise en abyme, du problème de la coïncidence entre ce qui paraît être et le dire dans lequel il prend quelque consistance. Comprendre en effet où est la difficulté qu'il y a à lire Montaigne, c'est comprendre quelle difficulté il y a pour Montaigne à traduire sémantiquement son expérience propre, cognitive aussi bien qu'éthique, et dans le mouvement même de cette traduction, la difficulté qu'il éprouve lui-même à lire, en le reprenant, en le ressassant, le texte des *Essais* auquel il se laisse aller. « Pourtant ai-je pris à [1] dire ce que je sais dire : accommodant la matière à ma force », note-t-il (1.20, 161/106), comme si justement les mots devaient faire défaut à dire l'intrication des choses et ce « je ne sais comment », ce « je ne sais quoi », cette « je ne sais quelle disparité » dont il est fondamentalement toujours question quand on a affaire à la « réalité ». La rhétorique

---

1. Aussi ai-je entrepris de.

des *Essais* ne procède pas d'une investigation linéaire des choses et d'une découverte progressive de leurs propriétés, elle traduit une sorte d'aventure, fondamentalement une aventure de la discontinuité. Pour revenir à l'essai « De la vanité » : « Mon entendement ne va pas toujours avant, écrit Montaigne (3.09, 1505/964), il va à reculons aussi : Je ne me défie guère moins de mes fantaisies, pour être secondes ou tierces, que premières : ou présentes, que passées ». Expression d'une véritable événementialité de la pensée, non pas de son historicité, ni d'une assomption critique de la succession des représentations, des idées, des évaluations qui y ont lieu. Un présent sans cesse renouvelé structure la pensée dans laquelle s'exaltent tout uniment les choses et les paroles. Le « naissant » ou le « renaissant » sont identiquement objets de ce dire qui s'épuise à ne pouvoir jamais s'achever. Nulle analyse progressive, nulle investigation philosophique dont on pourrait repérer des points de passage obligés, des procédures argumentatives efficaces. Bien plutôt, ce qui importe est la survenue de ce qui n'est que pour un « regard », les « contes [de Montaigne] prenant place selon leur opportunité » (*ibid.*). Encore ne faut-il pas entendre « opportunité » dans le contexte d'une adéquation de la pensée à la réalité, puisque, aussi bien, celle-ci ne forme ni le modèle, ni le paysage dont celle-là dresserait un tableau convaincant. « Opportunité » signifie que quelque chose de sensible coïncide avec quelque chose de mental, c'est-à-dire fait droit à une parole par quoi elle se remarque, prend forme, se dessine à l'horizon d'une entente, quelque évanescente que soit celle-ci et quelque incertaine – « nouvelle agitation : non tant meilleure, qu'autre » (*ibid.*).

Nous nous situons donc, avec les *Essais*, dans une logique discursive qui ne tient ni en une position dogmatique particulière, ni même en une posture intellectuelle et « littéraire » dont on pourrait commodément mesurer au moins la respiration. À vrai dire, toute la pertinence des *Essais* se joue au contact d'une « réalité » qu'il faut toujours parvenir à dire et dont le texte est précisément le témoignage vivant, pour dire par métaphore. Mais la question se pose évidemment de savoir comment il faut comprendre cette idée d'un « témoignage » ou comment Montaigne lui-même pourrait être dit le « témoin » de sa propre existence et des variations insensibles de celle-ci, voire de ses brusques transformations. À coup sûr, le parti de la description narrative serait celui de la réflexion autobiographique, qui ferait de Montaigne l'opérateur emblématique d'un passage de la littérature à une pensée formalisée du sujet, probablement annonciatrice du recentrement de l'Âge classique sur « l'homme et le monde », partant sur « la raison ». Aussi bien, c'est le parti d'une pensée faite lettre morte, dont il resterait l'admirable tracé littéraire, mais dont la parole ne serait nullement parole *pour nous* – comme si Montaigne ne pouvait désormais exercer aucune influence sur l'élaboration contemporaine de la pensée, sur *notre* propre manière de poser le problème de la représentation du monde et du dicible en tant que tel.

Disons enfin, pour résumer, que penser *à partir de* Montaigne consistera, en rejetant toute reproduction muséale des *Essais*, à en investir la matière et cette mosaïque sensualiste, éthique et herméneutique, qu'ils composent. Le pari qu'on pourra faire ne sera pas, de manière convenue, de reconnaître à Montaigne la capacité de nous instruire sur son monde ou sur l'essor de l'humanisme classique et moderne – leçon déjà donnée, et de manière pleinement satisfaisante par la tradition des études montaignistes. Il sera de considérer le travail de Montaigne comme la projection d'un modèle de pensée enjoignant à celle-ci d'assumer le système de ses détours et de ses incertitudes, ainsi que de se garder de toute fixation et de toute résolution dans un repère logique clos ordonné autour de l'alternative du vrai et du faux. Pari de mettre au jour un scepticisme, assurément – ce qui est communément reçu et banal – mais de montrer, surtout, que « scepticisme » ne désigne pas une position érudite historiquement déterminée et ne tend pas à faire école, mais caractérise le fond d'une pensée exclusivement intéressée par l'acte même en vertu duquel elle appréhende le monde et le rapporte à ses nécessitantes exigences.

CHAPITRE PREMIER

LE BRANLE DU MONDE

Évoquant vers la fin de l'essai « De la vanité » le caractère à la fois désordonné de son ouvrage et son « allure poétique », Montaigne déclare (3.09, 1550/944) : « Je vais au change, indiscrètement et tumultuairement : mon style, et mon esprit, vont vagabondant de même. » C'est qu'au caractère extrêmement changeant des choses du monde vient se greffer une inconstance naturelle et spontanée de l'esprit, rehaussée elle-même par une volatilité jubilatoire de la réflexion. Tableau psychologique de l'activité d'écriture, et qu'on a bien du mal à interroger, sinon à décrire. En tout état de cause, l'idée se fait jour d'un « change », c'est-à-dire d'une variété, qui n'est pas purement et simplement donnée, mais aussi poursuivie, comme s'il ne suffisait pas que les choses fussent plurielles, mais que leur pluralité devait également être comprise sous le point de vue d'une pluralité des angles de réflexion. De concert avec l'intelligence et sa mobilité, l'écriture et la manière semblent une méthode de désorganisation d'apparences qui ne présentent pourtant nulle espèce d'organisation. « C'est une épineuse entreprise, et plus qu'il ne semble, avertit Montaigne (2.06, 601/378), de suivre une allure si vagabonde, que celle de notre esprit : de pénétrer les profondeurs opaques de ses replis internes : de choisir et arrêter tant de menus airs de ses agitations. ». D'où assurément la proximité, dans l'essai « De la présomption », du thème de « la curiosité de connaître les choses » et de celui de la « poésie », dont Montaigne affirme alors qu'il « l'aime infiniment » (2.17, 980/634 et 981/635). C'est comme si le multiple de la « réalité » et son évanescence trouvaient écho dans un multiple de la pensée et de sa volubilité poétique. Mais aussi, dans ces conditions, l'écriture et les *Essais* devraient l'un et l'autre être perçus comme le miroir d'une réalité fondamentalement inappropriable, la première reproduisant aveuglément les procédures suivant lesquelles les choses adviendraient à l'existence, et ceux-là dressant tout uniment le tableau bigarré d'un monde complexe ou l'humain et le matériel, le moral et le nécessaire s'entrelaceraient indéfiniment pour n'être perçus qu'esthétiquement. Multiplement saisi, et rendu multiplement, le monde alors ne serait « que songe et fumée » (2.12, 842/540).

Or « songe et fumée » ne dénotent pas les choses seules, mais aussi les « présuppositions » dans lesquelles on les enferme et dont on demeure incapable d'expliciter les fondements. Ce n'est pas qu'il faille prétendre à l'irréalité du monde, dont les apparences n'ont assurément rien de fantomatique. Mais les choix théoriques et catégoriels qu'on fait pour s'expliquer le monde – ou plutôt que font les « philosophes », et plus précisément : le « Dialecticien » comme l'« Arithméticien », le « Géométricien » ou bien le « Métaphysicien » – ne permettent pas de poser de solides fondations pour l'édification de la connaissance ; ils tissent plutôt des liens astreignants « par où le jugement humain est bridé de toutes parts » (*ibid.*). Nommer, rapporter à des principes, cela conduit paradoxalement à fermer la voie du discours et à rendre imperceptible la question de

ce qui est ou qui, du moins, paraît être. Les « principes »
sont en effet ce par quoi le discours occulte la corrélation
du langage à la réalité qu'il décrit et se fourvoie dans le
système formel de ses pures « négociation[s] de science »
(2.12, 841/540), « préoccupant » ainsi – c'est-à-dire
occupant *par avance* – l'espace de la recherche, de la
parole, de la discussion et en somme de la croyance. Parce
que les « principes » décrivent *par avance* ou *a priori* une
réalité qu'ils anticipent, la question de l'être est comme
on dit aujourd'hui « oubliée », c'est-à-dire que les moyens
langagiers viennent à manquer pour dire, dans sa *nativité*,
l'événement en quoi consiste l'advenir des choses, leur
surgissement dans l'horizon de la perception, dans l'horizon
de la pensée, dans l'horizon du langage.

Or il y a bien pour Montaigne une question de l'être,
quoiqu'il ne soit pas tout à fait sûr qu'il y ait aussi dans
les *Essais* une ontologie. Ou plutôt, l'on pourra dire que
s'il y existe quelque chose comme une ontologie, il s'agit
au mieux d'une ontologie *négative*, qui énonce non ce que
l'être est, ni même ce qu'il n'est pas, mais ce qu'elle est
en elle-même comme exigence d'un « non-discours » de
ce qui est, exigence de révocation permanente et renouvelée
d'une impossible question de l'être. On pourra déceler à
ce dispositif « contre-théorique » au moins deux raisons.

La *première*, c'est que l'être et la connaissance que
nous pourrions espérer en avoir ressortissent à « la divinité »
(2.12, 842/540), en quoi il faut reconnaître « une puissance
incompréhensible » (2.12, 798/513) à laquelle « rien du
nôtre ne se peut apparier[1] ou rapporter en quelque façon
que ce soit » (2.12, 814/523). Cela signifie simplement

---

1. Suivant une correction manuscrite de l'exemplaire de Bordeaux,
l'édition Villey-Saulnier donne ici « assortir » au lieu de « apparier ».

que la connaissance de l'être requerrait une « communication » à lui dont nous sommes tout à fait privés (1.03,
67/17 et 2.12, 928/601), en ce sens que nous sommes privés
de toute capacité à concevoir « ce qui est » dans une
quelconque perspective de stabilité ou de permanence, et
qu'en d'autres termes nous sommes impuissants à concevoir
de manière cohérente et conforme à lui-même le simple
mot « est », dont la déclinaison temporelle est foncièrement
contradictoire[1].

Deuxièmement, donc, une ontologie ne peut avoir de
sens que comme désignation d'une incommensurabilité
de « ce qui est » à ce qui est « humain », dont on ne saisira
d'ailleurs sans doute pas ce qu'elle dénote, l'incommensurabilité même supposant pour le moins qu'on éprouve
une manière d'impuissance à se mesurer à ce qui est. Or
c'est le fond même de la dénégation ontologique de
Montaigne : il n'est pas question de *renoncer* à dire l'être,
il est seulement question de *déplacer* le problème de
l'ontologie en postulant que toute la puissance du dire est
dans la métaphorisation langagière du réel. Le tour de force
de Montaigne consiste ainsi à rencontrer la question de
l'être, à désoublier la voie qui fraye vers le désir d'ontologie
en montrant qu'il faut substituer à la question *comme telle*
de l'être celle de la traductibilité langagière de ce qui
survient plutôt que de ce qui est.

Si la philosophie n'est donc pas requise d'élaborer une
« science de l'être » à la manière des Anciens, ce n'est pas
au motif du déni de sa problématicité, c'est plutôt à la
lumière d'une exigence d'assumer dans sa dynamique
propre l'événementialité de l'être, et qu'il n'est du moins

---

1. Voir toute la fin de l'« Apologie de Raimond de Sebonde », où
Montaigne paraphrase ce thème issu de Plutarque, *Que signifie le mot* Eι *?*.

pour nous, pour la parole, pour l'intelligence, que de l'étant qui passe dans de l'étant – génération, mutation, disparition, affection, perception, conviction, incessantes perturbations d'un « être » qui demeure comme tel irrémédiablement invisible[1]. Une véritable conversion a donc lieu de la question ontologique, qui bascule d'une analyse des propriétés principielles d'un étant empiriquement saisissable, telles que les thématise la philosophie antique, à la narration des processus événementiels d'un être imperceptible et innommable, telle que la déploient indéfiniment les *Essais*. Montaigne ne cherche pas à remonter au fondement de toutes choses, il conçoit l'univers de la représentation comme un effet d'être dont les raisons sont irrévocablement indifférentes parce qu'elles sont purement et simplement indicibles. « La connaissance des causes touche seulement celui qui a la conduite des choses : non à nous, qui n'en avons que la souffrance. Et qui en avons l'usage parfaitement plein et accompli, selon notre besoin, sans en pénétrer l'origine et l'essence. » Et peu après (3.11, 1595/1026) : « Les effets nous touchent, mais les moyens, nullement. » C'est dire que nous savons ou du moins que nous pouvons admettre savoir tout ce qu'il y a à savoir, mais, pour autant, il ne nous revient pas d'élucider la question de l'être en tant qu'être, il nous suffit de pouvoir décrire l'étant en tant qu'étant. La raison des effets n'est pas l'affaire de la connaissance, elle est à peu près celle de l'action, qu'elle intéresse effectivement quand on a « la conduite des choses » – ce qui n'offre aucune garantie d'en pénétrer les arcanes, comme on verra[2], car autant les effets nous

---

1. Désormais banalisée, la distinction de « l'être » et de « l'étant » ne s'applique évidemment que par commodité aux *Essais*, dont la rhétorique y reste étrangère.

2. Voir *infra*, chapitres V et VI, p. 219 et p. 255 *sq.*

échappent en leur multiplicité, autant la raison en est purement et simplement imperceptible.

Or cela même, « la matière coulante et fluante toujours » (2.12, 931/603), est l'*événement* qui amalgame les choses, perpétuellement inégales à elles-mêmes, les représentations que nous en avons, toujours relatives à l'inégalité dont nous faisons intimement l'expérience, la compréhension que nous associons à nos représentations, et qui est elle-même muable, incertaine, en tout cas réfutable ou révisable. C'est dès lors en des termes anecdotiques et narratifs qu'il faut convertir la question ontologique par excellence, qui serait de chercher à savoir ce qui « est véritablement » (*ibid.*), afin de comprendre qu'il n'y a pas d'autre formule de ce qui est sinon la façon dont cela survient dans l'expérience et à l'esprit qui l'appréhende, sinon donc la façon dont on peut le traduire dans une prose sur le monde et sur soi-même. « Je parle au papier, comme je parle au premier que je rencontre », écrit Montaigne dans « De l'utile et de l'honnête » (3.01, 1232/790), signifiant de la sorte que paradoxalement la parole est appropriée quand elle est enfin parvenue à se libérer de son emprise conceptuelle et théorique, d'un vouloir-dire qui prétendrait s'élancer contre le rempart de la vérité.

Dans sa négativité, l'ontologie montaignienne est une ontologie retrouvée, ou mieux une ontologie enfin trouvée. Car elle prend le parti de renoncer aux médiations catégorielles qui oblitéraient le « réel » dans sa « naïveté » et de l'appréhender tel qu'il se donne, sans l'espoir ni le besoin de le comprendre autrement qu'il n'apparaît. La difficulté semble du reste moins théorique ou linguistique qu'elle n'est pratique, le problème de la parole étant plutôt celui du désir qu'elle trahit que celui de la puissance qu'elle mobilise. Comprendre dans sa « naïveté » la question de

l'être comme question des étants, c'est s'imposer de briser
« cette folle fierté de langage » (2.12, 822/528) par quoi
l'on prétend dire ce que « notre intelligence n'appréhende
point » (*ibid.*). « Naïveté » ne signifie donc évidemment
pas candeur, ingénuité, crédulité, mais la libre assomption
de ce qui est surgissant dans la spontanéité de ce surgissement
– où il est question de la façon dont les choses *naissent* à
elles-mêmes en même temps qu'à l'esprit qui les considère
et les thématise. En faisant basculer le problème ontologique
de l'ordre de l'être au registre de l'étant et de sa multiplicité,
Montaigne donne en somme à la parole son véritable objet,
qui est de traduire l'étroite coïncidence des états de fait et
des jeux de langage qu'ils provoquent, autant d'événements
interprétables, à défaut d'être, *stricto sensu*, intelligibles.
La découverte que fait Montaigne de cette « ontologie
négative », c'est qu'elle ne requiert pas le montage
linguistique qu'on lui connaît, en un cercle philologique
qui va de Platon à Platon, en passant par Héraclite, Démocrite,
les Pyrrhoniens, Protagoras ou les Épicuriens (2.12, 907-
908/587). Aussi ne s'agit-il pas vraiment d'une « ontologie »,
au sens où l'on entend par là une procédure formelle
d'élucidation de l'être dans ses fondements. Mais c'en est
pourtant une, au sens où le terme peut s'appliquer chez
Montaigne à une légitime puissance de parole, d'écriture,
de description et de narration, fondée sur le postulat qu'être
doit, pour nous, se dire de ce qui *disparaît*, du singulier
qui est tout ce qu'il peut être, comme singulier, dans le
temps « qui apparaît comme en ombre » (2.12, 931/603) :
la vérité de l'être, c'est son événementialité et
l'événementialité de l'être, c'est la dynamique de sa
disparence.

Le visage du monde

Le centre de gravité de cette ontologie de l'éruption, de l'évanescence, d'une « réalité » saisie dans sa diffraction langagière, le centre de gravité de ce thème de la « disapparence » se situe au creux d'une théorie du « passage ». « Je ne peins pas l'être, affirme effectivement Montaigne (3.02, 1256/805), je peins le passage », tandis qu'il décrit dans l'amorce de l'essai « Du repentir » un monde dont la loi semble être un mouvement universel et « pérenne », où « la constance même n'est autre chose qu'un branle[1] plus languissant » (*ibid.*, 1255/805). Cela devrait suffire à se convaincre du mobilisme de Montaigne, directement inspiré, semble-t-il, des analyses platoniciennes du *Théétète*, quand Socrate discute les présupposés du protagorisme[2] ; ou des *Esquisses pyrrhoniennes* de Sextus Empiricus, quand ce dernier discute de l'interprétation sceptique des φαινόμενα[3]. On n'aurait sans doute pas tout à fait tort de rattacher dans ces conditions le propos de Montaigne à cette tradition sceptique dont il lui arrive par ailleurs de se réclamer de façon plus ou moins directe. Ne concède-t-il pas : « Et nous, et notre jugement, et toutes choses mortelles, vont coulant et roulant sans cesse : Ainsi il ne se peut établir rien de certain de l'un à l'autre, et le jugeant, et le jugé, étant en continuelle mutation et branle » (2.12, 928/601) ? Les *Essais* réactualiseraient ainsi le scepticisme en en mobilisant la stratégie discursive – description distante et rassérénante à la fois de la « réalité » –, et exprimeraient par le fait, c'est-à-dire dans

---

1. Mouvement.
2. 152a *sq.* – Il est presque explicitement question de cette référence dans l'« Apologie… » (2.12, 866/557).
3. *Esquisses*, Livre I, chapitre 10 [19] *sq.*

la coïncidence manifeste de la pensée écrite de Montaigne et de son existence, l'irréductibilité de la posture sceptique face au monde et à ses mutations.

L'apparentement des *Essais* au scepticisme n'exclut cependant pas qu'il faille affronter le détail de la conception de la « réalité » dont ils portent témoignage, et dont toute la difficulté concerne précisément le concept de « passage » qu'ils mettent en œuvre. Il paraît utile de distinguer, à cet égard, l'approche proprement « ontique » ou « ontologique » de la question du « passage », du problème épistémique qu'elle détermine et dont la théorie montaignienne de la connaissance sera le redéploiement[1]. La difficulté, au premier chef, est de comprendre quelle est la « réalité » que décrit le concept de « passage » et quelle en est, comme on dit, la « dénotation ». Dans l'essai « Du repentir », le thème du « passage » paraît balisé par les choses, « *toutes* choses », qui seraient sujettes au mouvement de leur génération et de leur corruption, de leur éruption et de leur engloutissement – « la terre, les rochers du Caucase, les pyramides d'Égypte : et du branle public, et du leur » (3.02, 1255/804-805). Double mouvement, donc : mouvement universel qui traverse l'ensemble des étants d'une part, et notamment leurs relations réciproques ; mais aussi mouvement propre et singulier, d'autre part, de chaque chose en elle-même, livrée à une altération immanente qui tient moins à la diversité de ses parties qu'à la mobilité imputable à chacune d'elles. Si les « choses » en effet sont sujettes à un « branle » qui est « leur », c'est au sens rigoureux du terme où l'individuel, dans la chose, et non le composite, est en lui-même susceptible d'une mobilité, et non pas

---

1. Sur ce thème, cf. *infra*, chap. 3, « La doctrine de l'ignorance », p. 111 *sq*.

certes d'une mobilité qui se déclinerait en termes de déplacement, mais évidemment d'une mobilité qu'il faut penser en termes d'« ontologie », comme ce qui de soi à soi fait qu'une « chose » n'est en son fond et immanence jamais identique à elle-même.

Ainsi le concept de « passage » comporte chez Montaigne au moins deux caractéristiques solidaires.

α) À la lumière de l'essai « Du repentir » (3.02, notamment 1256/805), il traduit l'enracinement ontique de ce « présentisme » dont les *Essais* forment le dispositif de déploiement textuel. Car il désigne « non un passage d'âge en autre, ou comme dit le peuple, de sept en sept ans, mais de jour en jour, de minute en minute »[1]. Formulation qui permet de comprendre que « passage » ne dénote pas des transformations toujours perceptibles ou dont nous ferions même grossièrement l'expérience, comme nous faisons en effet l'expérience de la succession des états des choses comme de nous-même – la vieillesse, les coutumes, et globalement ce qui prend le nom d'« existence ». Quand Montaigne affirme devoir « accommoder [son] histoire à l'heure » (*ibid.*), c'est pour insister sur l'idée que la traduction langagière de l'expérience ne repose sur aucune espèce d'amplitude ontologique, ou pour mieux dire que l'amplification langagière de l'expérience est requise par le fait même qu'en son fond l'expérience elle-même ne repose sur aucune espèce d'amplitude ontologique. C'est d'ailleurs bien en quoi consiste *peindre* le « passage » : non marquer les différences d'un état à un autre, comparer, confronter, assimiler, opposer, mais plutôt parvenir à saisir, en une synthèse

---

1. Comparer avec « Apologie… » (2.12), et notamment p. 874/563. – *Cf.* également *infra*, « La doctrine de l'ignorance », p. 117-119.

instantanée quoique fugitive, la façon dont se rencontrent « muables accidents » et « imaginations irrésolues » (*ibid.*). Le « passage » est proprement le point de convergence d'une altérité radicale des « sujets » – c'est-à-dire de ce dont on parle – et d'une altérité radicale du théâtre intellectuel dans lequel ils se projettent et sont appréhendés pour ce qu'ils donnent d'eux-mêmes, altérité radicale de cet « autre » soi-même en qui perpétuellement se reformulent le monde et le sens auquel il est temporairement associé. S'il faut donc apparier l'idée de « passage » et celle de « fluidité » ou de « mouvement », ce n'est pas purement et simplement dans le but de constater et d'affirmer le devenir, c'est-à-dire l'impossibilité de toute parole descriptive. Tout au rebours, ce serait plutôt pour montrer que l'objet du discours consiste dans l'amplification de ces points ontiques que sont les « circonstances et considérations » (*ibid.*) où se rejoignent un monde des faits et un monde des mots, les choses et leur translittération herméneutique et langagière. Le sérieux du « passage », c'est qu'on y est « toujours en apprentissage et en épreuve » (*ibid.*) et qu'il est en ce sens fécond des descriptions qu'il devient possible de faire de la « réalité » qu'il ne cesse de contribuer à composer. Il n'est donc pas un indicible, mais bien plutôt, pour dire par néologisme, un *hyperdicible* : ce dont, à défaut d'en saisir la vérité, nous pouvons ne jamais cesser de discourir.

Décrire ou, selon le mot de Montaigne, « peindre », cela peut sans doute se comprendre par référence à l'amorce du texte « De l'amitié » dans le Livre I des *Essais*. Montaigne y allègue un sien peintre qu'il lui a pris « envie d'ensuivre » après considération de sa « besogne » (1.27/28, 282/183), c'est-à-dire dont il estime pouvoir imiter les procédés dans l'élaboration littéraire de son propre texte. Or ce qu'il y a de marquant dans cette évocation d'une sorte de théorie de la méthode picturale, c'est qu'elle insiste non tant sur le « tableau élaboré de toute sa suffisance » – dont en somme la perfection technique ne mérite pas même qu'on y porte attention –, mais sur « le vide tout autour », que le peintre « remplit de grotesques : qui sont peintures fantasques, n'ayant grâce qu'en la variété et étrangeté » (*ibid.*). L'analogie dressée de la sorte entre le travail descriptif du texte et la composition picturale de l'environnement ou du contexte du tableau permet de comprendre que « décrire », c'est effectivement amplifier, contextualiser, rapporter chaque chose à une série parfaitement contingente d'autres choses de manière à les faire former le réseau vaguement cohérent d'une disparate dont la signification tient exclusivement au fait qu'elles soient rapportées les unes aux autres. Or c'est précisément ce réseau qui tient le lieu du « point ontique »[1] et de son explicitation discursive : être dans le « passage » et y être peint, c'est tout un, car c'est le geste même de l'appropriation langagière de la réalité dans sa diverse fluidité. Montaigne en donne confirmation dans l'essai « De l'exercitation » : « Je peins principalement mes cogitations, y écrit-il, sujet informe qui ne peut tomber en production ouvragère[2] ». Manière de faire coïncider la peinture de ce qui *disparaît* et celle de l'espace sémantique dans lequel est saisie, réfléchie et reproduite la *disparence*, car c'est tout un que de déployer discursivement ses représentations et d'appréhender intellectuellement la survenue, éruption et engloutissement tout à la fois de ce qui se donne.

---

1. Derechef, « point ontique » ne caractérise pas une unité minimale d'étant, un atome de réalité, mais l'effet d'une convergence ou d'une rencontre : un croisement d'états de fait cognitivement fécond.

2. Qui ne peut être converti en actions.

Cela revient à reconnaître que le « disapparaissant » ne recouvre pas exactement ce que nous appelons des « apparences ». Si le vocabulaire de Montaigne, d'une part, et la correction de la langue, d'autre part, imposent de préférer ce terme-ci à celui-là, pour autant les présupposés théoriques du thème de l'apparence sont parfaitement absents du dispositif sémantique des *Essais*. Car on n'y trouve aucune espèce de « dialectique » de l'essence inaccessible et des apparences sensibles, et celles-ci ne forment pas l'épiderme ontique d'une chair ontologique à jamais recouverte et hors de portée de notre regard. Si nous n'avons « aucune communication à l'être », ce n'est pas pour cette raison que nous ne nous tiendrions qu'à la seule portée de ses éruptions, comme si nous parvenions malgré tout à en apercevoir fugitivement les « effets », mais non les « raisons ». L'apparence est pour ainsi dire seule, car il n'y a de monde que pour nous, et c'est dans l'espace de ce « pour nous » que s'originent et se dessinent à la fois les contours des choses, d'une part, de notre propre existence, d'autre part, de la pensée et de ses représentations, enfin. Les apparences ont une efficace, mieux même, sont l'efficace de la « réalité », ou bien la « réalité en acte », car elles sont le mouvement dans lequel naissent et périssent à eux-mêmes aussi bien les phénomènes que les systèmes sémantiques dans lesquels nous les accueillons et nous nous les approprions – dans la figure des *Essais* sans doute, mais plus ordinairement, et plus simplement, dans l'extrême diversité des représentations et des opinions humaines qu'ils suscitent.

β) Où l'on doit par conséquent reconnaître la seconde caractéristique du concept montaignien de « passage », qu'éclaire le texte de la fin de l'« Apologie de Raimond de Sebonde »[1]. « Si de fortune, y écrit Montaigne (2.12, 929/601), vous fichez votre pensée à vouloir prendre son être, ce sera ni plus moins que qui voudrait empoigner l'eau : car tant plus il serrera et pressera ce qui de sa nature coule partout, tant plus il perdra ce qu'il voulait tenir et empoigner. Ainsi vu que toutes choses sont sujettes à passer d'un changement en autre, la raison qui y cherche une réelle subsistance, se trouve déçue, ne pouvant rien appréhender de subsistant ni permanent. » Propos qu'il est permis d'apprécier de deux manières distinctes. En un premier sens, il signifierait l'impossibilité de rien connaître, donc un scepticisme à la fois ordinaire et radical, nulle représentation n'offrant les conditions de stabilité nécessaires et suffisantes à une détermination précise de sa valeur de vérité. Mais en un autre sens et à la lumière de l'analogie de la pensée et de l'eau, il signifie, non pas que le monde défile devant le sujet de la représentation, qui demeure pour sa part impuissant à le saisir dans sa vérité, mais que le défilement du monde rencontre celui de la pensée, que le mouvement de l'un s'articule à celui de l'autre, et que tout uniment l'être du monde et l'être de la pensée sont « passage » et, très précisément, « d'un changement en autre ». « Passage » ne concerne par conséquent pas des états et n'est pas scandé, pour le dire en une analogie anachronique, par la différence qu'il y a sur une pellicule d'une image filmique à une autre. Le « passage » concerne le changement en lui-même, et consiste fondamentalement dans un *procès d'instabilisation* de ce qui, parfaitement instable, se commue en un autre aussi parfaitement instable

---

1. Désormais cité : « Apologie… ».

– passage non d'un stable *à* un autre stable, mais, en vertu d'une dynamique différenciante des choses et des significations, d'un instable *dans* un autre instable. Ce ne sont donc pas précisément des « choses » qui passent là devant, mais le « passage » faisant lui-même écho au « passage », la mobilité des étants s'exprime dans celle des pensées, et celle des évaluations dans celle des paroles et de la mémoire qu'on en conserve. Il y a ainsi continuité et fluidité des événements du monde à eux-mêmes et de ceux-ci aux pensées qui les saisissent et les disent, continuité et fluidité de l'étant à lui-même, en tant qu'il est non tel « ceci », mais de l'étant passant dans de la pensée de l'étant, un système d'« apparences » en somme qui « s'entr'empêchent par leurs contrariétés et discrépances » (2.12, 928/601). L'idée de mutation ne prévaut pas seule, mais elle évoque une accommodation ou un ajustement des choses entre elles, des pensées entre elles, enfin des choses et des pensées dans le système de notation que constituent toutes réflexions en général, et en particulier la prose des *Essais*, en laquelle se dessinent aussi bien « le visage du monde » (1.22/23, 176/115) que « le visage des choses » (*ibid.*, 178/116).

« Passer » consiste donc dans un événement ontique, si l'on entend par là le processus concret en vertu duquel une chose advient, non à ce qu'elle est ou devrait être, car la problématique de Montaigne ne se positionne nullement dans un héritage téléologique, mais à son « passage » même, c'est-à-dire à son entre-deux, entre naissance et mort – « parce que tout ou vient en être, et n'est pas encore du tout[1], ou commence à mourir avant qu'il soit né » (2.12, 929/601). « Passage » nomme ainsi une corrélation entre éruption et engloutissement qui fait que les choses sont

1. Tout à fait.

dans un possible perpétuel, non en défaut par rapport à une forme idéale, ni en excès par rapport à une condition caduque ou dépassée, mais tout simplement ouvertes, tendues vers un être-autre qui n'est ni exactement un moindre être, ni exactement un plus être. Sans doute le processus de l'engloutissement peut-il être superficiellement et selon un point de vue idiosyncrasique conçu comme participant d'une « corruption » des choses, aussi bien qu'on rattachera la survenue d'un événement à quelque chose comme une « génération » – l'un et l'autre concepts participant cependant d'une « sorte de parler […] pleine d'indiscrétion et d'irrévérence » (2.12, 820/526). En vérité, l'événement ontique du « passage » est celui de la singularisation perpétuelle, par quoi ce qui est, dans son fond, n'est que « ce qui peut advenir » (1.20/21, 160/106) et qui ne cesse de se tenir, instable, entre ce qui n'est pas tout à fait du non-être sans parvenir à participer tout à fait de l'être.

Une branloire pérenne

La conception montaignienne du « passage » se situe à la racine d'une espèce de métaphysique comportant trois piliers principaux : une théorie du mouvement, une théorie de la fortune et, enfin, une psychologie rationnelle.

α) La *théorie du mouvement* qui traverse les *Essais* présente elle-même deux aspects, puisqu'elle concerne d'une part « le monde » en tant que tel et dans son indifférenciation et, d'autre part, plus précisément, la nature physique ou, mieux encore, la disposition des continents et celle des astres.

« Le monde n'est qu'une branloire pérenne », écrit Montaigne dans l'essai « Du repentir » (3.02, 1255/804), signifiant par là que le mouvement en est la loi unique et universelle. L'application universelle du concept de mouvement n'interdit cependant pas qu'on puisse y distinguer des registres ou qu'il permette de qualifier des situations ontiques diverses. Au premier chef en effet, il s'agit assurément du mouvement dont toutes choses sont affectées, c'est-à-dire de l'advenir même des choses à leur « réalité ». Être n'est pas exactement être, avons-nous vu, mais c'est fluctuer tout uniment du non-être à l'être et de l'être au non-être. En ce sens, « mouvement » ne signifie nullement que les choses se déplacent, mais plutôt qu'elles s'altèrent en elles-mêmes et sont altérées tout à la fois par d'autres, c'est-à-dire qu'elles deviennent autres selon le double point de vue de leurs mutations immanentes et d'affections qui leur sont transcendantes. Cela revient dès lors à comprendre le « branle du monde » (1.25/26, 246/160) comme la figure physique et matérielle – qu'elle soit ou non empiriquement perceptible – de la *temporalité* des étants, ou bien encore comme l'expression « au dehors » des « mouvements du temps » (2.01, 536/333) qui entrelace les choses dans un destin qu'on pourrait formuler dramatiquement en termes de « natalité » et de « mortalité ». Cela signifie que le temps comme le mouvement ne sont pas à proprement parler des propriétés des choses et qu'ils ne leur peuvent à proprement parler pas être attribués. Le temps, ce sont les choses, pour autant précisément qu'elles participent de l'être, c'est-à-dire pour autant qu'elles sont de l'étant-passant, et il est à cet égard la forme universelle d'une temporalisation ininterrompue de l'existence des existants. La théorie montaignienne du mouvement ne constitue ainsi pas un moment dans une physique, elle forme le cœur de ce qu'il faut bien par commodité appeler une « métaphysique », c'est-à-dire en l'occurrence une conception de l'indicibilité de l'être en tant qu'être, qui jouxte celle de la descriptibilité infinie des étants en tant qu'étants. Déterminant l'inconstitution de l'expérience, le temps et le mouvement forment la double fondation d'une théorie de la prolixité de la parole et de l'écrit[1].

Il existe cependant, chez Montaigne, un autre registre que celui d'une « métaphysique » où la théorie du mouvement sera également développée. Sur un plan empirique, en effet, le mouvement est perceptible et à certains égards compréhensible comme principe de variation des choses, et notamment des êtres naturels. Sur le plan de la *cosmographie*, les continents, par exemple, trahissent une étonnante similitude de leurs transformations avec les nôtres propres, avec celles de notre corps, voire de notre esprit. « Il semble qu'il y ait des mouvements naturels les uns, les autres fiévreux en ces grands corps, comme aux nôtres », écrit Montaigne dans l'essai « Des cannibales » (1.30/31, 315-316/204), tandis qu'il considère d'un côté la découverte du Nouveau Monde, et que « ce n'est point une île, ains[2] terre ferme, et continente » (*ibid.*, 315/204) ; et de l'autre « l'impression[3] que [sa] rivière de Dordogne fait de [son] temps, vers la rive droite de sa descente » (*ibid.*, 316/204). Ici, assurément, le mouvement est l'effet empiriquement déterminable et descriptible de la temporalité qui traverse les phénomènes, dont nous parvenons à avoir une représentation relativement assurée et intelligible. De

1. Sur ce point, voir *infra*, « La doctrine de l'ignorance », p. 173 *sq.*
2. Mais.
3. Érosion.

même, sur le plan de l'*astronomie*[1], qui s'intéresse à étudier « le branle de ses étoiles » (2.12, 836/537), on est évidemment témoin de similaires transformations dans l'apparence manifeste des astres, qui se déclinent dans le vocabulaire de Montaigne en termes de « rétrogradation, trépidation, accession[2], reculement, ravissement[3] » (*ibid.*), toutes sortes de mouvements, en somme, dont on peut prétendre tout au plus approcher la connaissance.

Ces remarques ne permettent pas seulement de conclure qu'il y a une manière d'uniformité apparente entre le mode de production des événements terrestres et celui des événements célestes. Au-delà, elles permettent au moins deux choses : *d'une part*, de postuler une manière d'univocité de la réalité tout entière, c'est-à-dire une continuité ontologique entre le grand et le petit, un dedans et un dehors. Du « ciel » à « nous-mêmes » et à notre « contexture », des « astres et corps célestes » à « ce pauvre petit corps humain » (*ibid.*), il y a une continuité structurale, voire une unité destinale dont les différences ne sont que grossièrement empiriques, car ce sont de simples différences d'échelle, non d'être ni de statut « ontologique ». C'est unanimement et de manière univoque que le temps et le mouvement traversent les existants, les rythmes de cette traversée étant fondamentalement insignifiants, à défaut d'être pour nous sans conséquence, puisqu'en effet nous naissons et mourons, souffrons ou nous réjouissons, en un mot existons et éprouvons cette existence. Mais *d'autre part*, la considération du temps et du mouvement emporte

1. Conformément à l'usage de l'époque, Montaigne emploie indifféremment les deux termes d'« astronomie » et d'« astrologie ».

2. Apparition.

3. Disparition.

des conséquences épistémiques importantes, parce qu'ils ne sont, en tant que tels aussi bien que dans leurs effets, connaissables qu'en vertu de formations conceptuelles purement intellectuelles et arbitraires. C'est que dans nos tentatives de nous expliquer « ce grand corps que nous appelons le monde » (2.12, 887/572), « nous embrassons tout, mais nous n'étreignons que du vent » (1.30/31, 314/203). La « science de la Cosmographie » (2.12, 886/571-572) fait usage, selon une métaphore de Montaigne, de « cordages », d'« engins » et de « roues » (2.12, 836/537) pour décrire ce dont l'amplitude aussi bien que la temporalité restent hors de portée de toute véritable certitude : « la science [...] nous donne en paiement et en présupposition, les choses qu'elle-même nous apprend être inventées : car ces épicycles, excentriques, concentriques, [...] elle nous les donne pour le mieux qu'elle ait su inventer à ce sujet » (*ibid.*)[1]. Montaigne semblerait ainsi entrevoir l'idée d'un constructivisme de la science, sans évidemment disposer de l'appareil conceptuel requis pour développer une telle intuition, mais s'en servant pour amorcer une théorie sceptique et historique à la fois de la connaissance. « Le ciel et les étoiles ont branlé trois mille ans, écrit-il ailleurs dans l'"Apologie..." (2.12, 884/570), tout le monde l'avait ainsi cru, jusques à ce que Cleanthes le Samien, ou (selon Théophraste) Nicetas Syracusien, s'avisa de maintenir que c'était la terre qui se mouvait, par le cercle oblique du Zodiaque tournant à l'entour de son essieu. Et de notre temps Copernicus a si bien fondé cette doctrine, qu'il s'en sert très réglément à toutes les conséquences Astrologiennes.

1. Dans le même passage, Montaigne parle de « fictions légitimes ». On devine quel usage anachronique il est possible de faire de cette expression, qui dans la langue des *Essais* concerne en fait la science juridique et ses propres constructions conceptuelles.

Que prendrons-nous de là, sinon qu'il ne nous doit chaloir lequel ce soit des deux[1] ? Et qui sait qu'une tierce opinion d'ici à mille ans, ne renverse les deux précédentes ? » L'idée d'une « loi naturelle » est manifestement aberrante, car nous sommes tout au plus capables de décrire des situations et des événements particuliers ou généraux, en disposant comme nous le pouvons les outils conceptuels que forge à sa mesure notre « capacité » ou intelligence. « C'est la seule enseigne vraisemblable, par laquelle [les philosophes] puissent argumenter aucunes lois naturelles, que l'université de l'approbation » (2.12, 898/580) – c'est la convergence des opinions et des savoirs qui valide la science, non la nature logique et formelle de ses élaborations conceptuelles.

β) À la théorie du mouvement, qui fonde une sorte d'ontologie et présente des répliques cosmologiques aussi bien que géographiques, doit être rapportée cette *théorie de la fortune* qui traverse les *Essais* et qui contribue à définir ce que nous appellerions un « ordre du monde », si précisément il pouvait y être question d'« ordre » ou de « désordre ». Car on ne peut admettre ni téléologie ni bonté des dieux, arguments que Montaigne révoque dans l'« Apologie… » en résumant Cicéron. Sur le monde, sur son ordre ou sur sa rationalité, par exemple, il évoque « des arguments de l'école même de la philosophie » (2.12, 825/530) et note avec une pointe d'ironie qu'ils trahissent une parfaite confusion d'esprit, comme si « la sagesse divine, et l'humaine sagesse n'[avait] autre distinction sinon que celle-là est éternelle » (*ibid.*, 826-827/531) – comme si, en somme l'une et l'autre étaient de même

---

1. Il ne doit pas nous importer de savoir laquelle des deux explications est la vraie.

nature, à défaut d'être de même durée. D'où la conclusion (2.12, 827/531) : « Quel patron et quel modèle ! Étirons, élevons, et grossissons les qualités humaines tant qu'il nous plaira. Enfle-toi, pauvre homme, et encore, et encore, et encore […]. » Contre le Stoïcisme, on se rendra à cette évidence que la question de l'ordre du monde ou de son désordre, de sa rationalité ou de son irrationalité, de sa nature même, est une question dénuée de sens et de fondement, excédant absolument notre capacité cognitive, et qu'il convient moins de la poser que d'observer idéologiquement ainsi qu'anthropologiquement de combien de diverses manières elle a pu être formulée, le plus souvent absurdement. C'est qu'en vérité, à la fois « sort » et « hasard », le concept de « fortune » vient se substituer à ce problème de l'ordre et du désordre, car il constitue une manière pour Montaigne de concevoir et de formuler l'idée d'une démultiplication du multiple ou d'une exponentialisation de la diversité qui caractérise les choses et leurs rapports, et notamment en l'occurrence le rapport des hommes à eux-mêmes et au monde.

« L'inconstance du branle divers de la fortune, écrit-il en effet, fait qu'elle nous doive présenter toute espèce de visages » et « qu'elle se joue à nous » (1.33/34, 340/220 et 341/220). Formellement, on ne peut considérer la « fortune », ni comme une réalité parmi d'autres, ni comme une figure univoque de la nécessité ou comme une puissance productrice de relations constantes entre les phénomènes dont nous sommes les témoins, si fortes soient les apparences d'une telle constance. Pour dire autrement, sans être une chose, la « fortune » n'est pas non plus une catégorie formelle tenant lieu de loi naturelle, comme s'il fallait y concevoir un substitut, précisément, à des lois que nous serions incapables de formuler, sinon de manière

métaphorique. Ce qui importe en revanche, c'est à la fois
la fonction de démultiplication qu'elle exerce sur les choses,
et le caractère aléatoire de cette démultiplication. Si les
choses sont diverses, si de surcroît elles se diversifient, la
« fortune » perturbe ou parasite en outre ce processus de
diversification et par voie de conséquence les représentations
que nous avons des réalités dont nous faisons l'expérience.
D'où, par exemple, que ce soit « chose vaine et frivole que
l'humaine prudence », puisque « la fortune maintient
toujours la possession des événements » (1.23/24, 194/127),
ou qu'elle « [réserve] toujours son autorité au-dessus de
nos discours » (1.22/23, 187/122)[1].

Les effets de la « fortune » sont ainsi conjointement
de deux ordres, à la fois parce qu'elle perturbe aléatoirement
le fil des événements mondains, et parce qu'elle trouble
les conceptions que nous pouvons en avoir. Or il ne faut
pas s'imaginer par là une manière de nécessité seconde,
ni un ordre subalterne de détermination des choses, qui
viendraient doubler l'ordre et la disposition des choses
dans leur multiplicité. En réalité, la « fortune » recouvre
la conjonction des « grands accidents » et des « moindres
choses » qui ensemble « tournevirent » le monde (2.12,
876/564) et altèrent indéfiniment le destin aveugle des
choses, s'il est permis de parler par oxymore. Car il s'agit
bien à la fois de nécessité et d'aveuglement, et si tout « se
remue » selon un principe de diversification infinie, c'est
sans marquage axiologique, sans que nous puissions en
déduire le moindre indice de « nuisance » ni de « bonté » :
« La fortune ne nous fait ni bien ni mal : elle nous en offre

1. Voir également la fin de l'essai « À demain les affaires » (2.04,
583/365) : « Mais quand tout est dit, il est malaisé ès actions humaines,
de donner règle si juste par discours de raison, que la fortune n'y maintienne
son droit. »

seulement la matière et la semence » (1.40/14, 417/67).
Disons autrement : la fortune est axiologiquement neutre,
elle altère un cours des choses dont il n'y a même pas lieu
de considérer, au sens propre, qu'il est altéré ou transformé,
puisqu'il n'y a nul horizon normatif à la lumière duquel
il serait possible de postuler une pareille altération. C'est
en fait sur la « désordination » même du désordre du monde,
de la nature et des choses humaines, que nous portons des
jugements de valeur dont il n'y a plus qu'à reconnaître le
caractère fondamentalement arbitraire, même s'ils sont
utiles. Si donc la « fortune » permet de penser le réel
comme n'étant nullement susceptible d'être rapporté à des
catégories de « mise en intelligibilité » – ordre, nécessité,
déterminisme, etc. – elle constitue également le fondement
d'une remise à plat du problème du *jugement*, et notamment
du problème de l'évaluation éthique des relations humaines[1].

γ) L'ontologie de Montaigne ne se réduit enfin pas à
la seule loi de diversification du monde, dont les deux
déterminations congruentes sont le « mouvement » et la
« fortune ». Surdéterminant ce double processus d'« aléatoi-
risation » de la réalité, le « *branle de l'âme* » complète en
effet par une sorte de psychologie rationnelle – pour dire
par commodité – le tableau montaignien du mobilisme
que dressent les *Essais*. « Je louerais une âme à divers
étages », écrit Montaigne dans l'essai « De trois commerces »,
« qui soit bien partout où sa fortune la porte » (3.03,
1281/821). Manière de dire que la qualité essentielle d'une

1. Par anticipation, on pourra se reporter à l'essai « De la gloire »
(2.16, 953/618 *sq.*) et remarquer qu'il est bâti autour de l'idée que « c'est
le sort qui nous applique la gloire » (959/621). – Pour une analyse plus
approfondie de l'évaluation éthique des relations humaines, cf. *infra*,
chap. 5, « La pratique des hommes », p. 249 *sq.*

« âme » est qu'elle soit « ployable et souple » (3.13, 1687/1083) et s'adapte ainsi aux moindres accidents de la vie. Seulement ce n'est pas en ce seul sens que Montaigne entend la flexibilité de l'esprit. Car « l'âme décharge ses passions sur des objets faux, quand les vrais lui défaillent », comme dit le titre du chapitre 4 du Livre I, parce qu'« il semble que l'âme ébranlée et émue se perde en soi-même, si on ne lui donne prise » (1.04, 74/22). Nous ne pouvons donc nous-mêmes nous assurer de nos jugements qu'à la condition de n'être pas tout à fait ramenés à nous-mêmes, c'est-à-dire à condition de tenir à quelque chose, d'être en quelque sorte arrimés à une réalité objective, pour le moins intersubjective : des croyances communes, des mœurs, des opinions publiques. Or cela n'est pas sans faire difficulté, précisément pour cette raison que de l'âme, Montaigne dit aussi, dans « De la solitude », qu'« il la faut ramener et retirer en soi » (1.38/39, 371/240). Penser le « branle de l'âme », ce n'est donc pas simplement s'inquiéter de l'inconstance d'un esprit qui tergiverse sans cesse, mais c'est principalement rendre raison de cette double contrainte d'une connexion individuelle et concrète aux choses, objets mobiles de pensée, et d'un retrait en soi-même, truchement d'une relative distance et liberté aux affections mondaines.

Cette apparente contradiction se dénoue si l'on porte son attention à la diversité des registres dont il est ici question. Sur un plan *épistémique*, le retrait en elle-même de l'« âme » garantit selon Montaigne l'authenticité de sa réflexion, c'est-à-dire que l'intelligence déploie son activité selon un principe d'autonomie susceptible de garantir autant que possible au jugement rigueur et pertinence. Se retirer, ce n'est ni fuir le monde, comme le montre l'essai « De la solitude », ni se fermer à la parole d'autrui et à l'effervescence du discours, comme en atteste l'essai « De trois commerces », notamment lorsqu'il y est question d'analyser les effets et la portée des livres et de la lecture. En revanche, sur un plan *ontique*, évoquer les mouvements de l'âme, c'est comprendre que son isolement l'ébranle ou l'abîme dans une sorte de chaos de sa propre puissance imaginative, où elle reste seule aux prises avec des représentations plus ou moins délirantes : « L'âme par son trouble et sa faiblesse, ne pouvant tenir sur son pied, va quêtant de toutes parts des consolations, espérances et fondements, dit l'"Apologie…" […]. Et pour légers et fantastiques que son invention les lui forge, s'y repose plus sûrement qu'en soi, et plus volontiers » (2.12, 860/553). Argument qui ne fait que décliner cet autre (1.04, 75/22) : « Et nous voyons que l'âme en ses passions se pipe plutôt elle-même, se dressant un faux sujet et fantastique, voire contre sa propre créance, que de n'agir contre quelque chose. » Nous sommes donc réduits par nous-mêmes à l'impuissance, pour peu du moins que notre « âme » perde pied ou ne sache se tenir ferme. Venant s'ajouter aux mouvements des choses et de la fortune, les perturbations ontiques de la représentation tiennent à une « faiblesse » ou à une « insuffisance » qui pourraient nous inciter à nous en remettre à une éthique dont l'arbitraire et l'externalité garantiraient à tout le moins une certaine tranquillité d'esprit.

Mais il faut y revenir, et comprendre au moins deux choses. La *première*, c'est que si le trouble de l'âme n'est pas un principe démultiplicateur de la « réalité » des choses, il l'est en revanche des représentations que nous en avons et, en ce sens, il surdétermine, non le champ ontique des choses, mais celui de leur convertibilité en images, pensées, opinions ou évaluations. Certes, le trouble de la représentation ne « crée » pas des réalités nouvelles, mais il altère le rapport à la réalité, surdétermine l'intelligence que nous en avons et, par conséquent, contribue à infléchir une « réalité » qui est à la fois sensible, parce qu'elle recouvre des « choses », et intelligible, parce qu'elle se présente comme la texture de nos représentations. Or *deuxièmement*, cette perturbation de la représentation, due aux troubles de l'âme, ne constitue pas exactement une figure pathologique, mais tout au plus une figure limite de sa normalité. C'est qu'en effet « les secousses et ébranlements que notre âme reçoit par les passions corporelles, peuvent beaucoup en elle : mais encore plus les siennes propres : auxquelles elle est si fort prise, qu'il est à l'aventure[1] soutenable, qu'elle n'a aucune autre allure et mouvement, que du souffle de ses vents » (2.12, 879/567). La question de la représentation et celle de l'action, qui lui est corrélative, ressortissent donc manifestement à une double causalité, spirituelle en même temps que corporelle. Penser aussi bien qu'agir, c'est au « plus vraisemblable » affaire organique, puisque l'« âme », semble-t-il, « loge au cerveau » (2.12, 850/546). Ce n'est pas qu'elle ne soit pas susceptible d'« opérations » propres, comme lorsque « par sa faculté [elle] ratiocine, se souvient, comprend, juge, désire et exerce toutes ses autres opérations par divers instruments du corps » (*ibid.*). En tout état de cause, la distinction de l'âme et du corps n'est qu'affaire de convenances rhétoriques, et c'est précisément cet entrelacs, et qu'il soit indémêlable, qui fait le « branle » de l'« âme ».

---

1. Peut-être.

LE PLUS UNIVERSEL MEMBRE DE MA LOGIQUE

La théorie du « passage » détermine dans les *Essais* un espace métaphysique dont le spectre théorique est assez large et les catégories clés celles de la pluralité et de la variation. Ce que Montaigne dit du reste de trois façons congruentes. *D'abord* en évoquant, non la diversité seulement, mais la mutabilité des étants : « En toutes choses, sauf simplement aux mauvaises, la mutation est à craindre : la mutation des saisons, des vents, des vivres, des humeurs » (1.43, 441/270). « À craindre », non pas exclusivement au sens où il faudrait s'en offenser, mais plus prosaïquement au sens où la diversité n'a pas seulement le sens du multiple, mais aussi celui de la mutabilité, et qu'elle exclut tout caractère de stabilité, sinon sur le plan très général des lois naturelles, si l'on n'entend pas par là quelque rapport particulier d'une chose à une autre, mais très généralement que Dieu « leur a donné quelque ancienne durée » (*ibid.*). Aussi ne faut-il pas prendre « loi naturelle » en un sens moderne, mais y concevoir seulement une persistance de la mémoire que nous avons, comme observateurs des choses, d'une régularité en surface de leurs relations réciproques. *Ensuite* en insistant sur le fait que le pluriel ne se pense pas simplement parmi les choses, mais en chaque chose en tant que telle : « car chaque chose a plusieurs biais et plusieurs lustres » (1.37/38, 364/235), c'est-à-dire qu'elle présente des caractères qui sont relatifs aussi bien à elle-même, qui est pour ainsi dire polymorphe, qu'au point de vue de l'observateur, qui conditionne la signification que ces derniers peuvent prendre. *Enfin* : « Ta raison n'a en aucune autre chose plus de vérisimilitude et de fondement, qu'en ce qu'elle te persuade la pluralité des mondes » (2.12, 815/524) et que toutes choses doivent consécutivement être comme démultipliées par l'esprit et conçues « en quelque nombre » (*ibid.*, 816/524).

La loi de la multiplicité doit par conséquent être appliquée à tous les individus, ce qui signifie non tant que les êtres, par exemple les animaux ou les mondes, sont purement et simplement multiples, mais aussi et surtout que cette multiplicité détermine à leur égard un principe d'individuation à la lumière duquel il faut conclure à une certaine configuration fondamentalement polymorphe en même temps que « pointilliste » de ce qui est. Pour dire autrement, la réalité n'est pas faite de classes d'objets, sinon pour l'intelligence et le langage[1], elle est faite de « points ontiques » résultant d'un pluriel individuant de déterminations, d'une configuration individuante de leur éruption et de leur engloutissement. Non seulement, montre Montaigne (*ibid.*, 817/525), « nous voyons en ce monde une infinie différence et variété », mais, s'il faut admettre qu'« il y a plusieurs mondes », « que savons-nous si les principes et les règles de cettui-ci touchent pareillement les autres ? » Rien ne permet de déduire de la connaissance que nous avons du monde présent à nos capacités représentationnelles et intellectives, une connaissance quelconque des mondes dans leur pluralité postulée, ni par conséquent de conclure à une homogénéité réelle de la structure *du* monde, c'est-à-dire *des* mondes ; ou encore, de ce que nous savons ce que nous savons sur ce que nous savons, rien ne nous autorise à inférer que nous connaissons les choses et leurs relations selon une quelconque universalité d'existence ou de détermination.

---

1. « Quelque diversité d'herbes qu'il y ait, tout s'enveloppe sous le nom de salade » (1.46, 447/276).

Le phénomène du vivant et la complexité de sa disposition organique, tout comme des relations qu'il entretient avec son milieu forment une figure emblématique, dans la pensée de Montaigne, de cette *loi de la continuité du multiple* qui permet de caractériser le mode d'existence de l'ensemble des étants. Dans « De la ressemblance des enfants aux pères », il fait par exemple état d'une sorte de « loi de l'hérédité », dont il ne conçoit évidemment pas le caractère normatif, mais dont il remarque la constance et qu'elle s'explique selon une dynamique de la singularisation du vivant. « Quel monstre[1] est-ce, écrit-il (2.37, 1188/763), que cette goutte de semence, de quoi nous sommes produits, porte en soi les impressions, non de la forme corporelle seulement, mais des pensements[2] et des inclinations de nos pères ? » Le paradoxe, c'est que la continuité séminale ne confine pas à l'identité, mais bien à la différence absolue. « Ressemblance », à cet égard, ne signifie qu'une manière de rapporter à grands traits une chose à une autre, un homme à son père ou à ses aïeux. La différence en revanche gît au cœur du vivant, des « divers accidents et contraires qui nous pressent souvent ensemble, et qui ont une relation quasi nécessaire » (*ibid.*, 1209/774). La multiplicité des « ressorts » ainsi que des « circonstances » (*ibid.*, 1208/773) font du vivant un complexe inconcaténable, c'est-à-dire dont il n'est pas possible de comprendre le tout en tant que tout, et sur lequel il n'est pas plus possible d'agir dans l'espoir d'une régulation globale de ses fonctions vitales. La critique montaignienne de la médecine qui se dessine ici s'adosse donc à une conception critique du vivant lui-même, conçu par Montaigne comme ce qu'il est impossible

1. Prodige.
2. Pensées.

de se représenter en tant que tel et dans sa vie. C'est que
« la totale police de ce petit monde […] est indigestible »
(*ibid.*, 1210/774), ou bien encore que du microcosme au
macrocosme, le changement d'échelle ne constitue pas
pour autant un changement de structure ni de nature, par
conséquent des modes d'être diversement intelligibles.
« Il ne s'engendre rien en un corps que par la conspiration
ou communication de toutes les parties : la masse agit tout
entière, quoique l'une pièce y contribue plus que l'autre,
selon la diversité des opérations » (*ibid.*, 1219/780). Une
tension se fait ainsi jour entre le tout du vivant, qui paraît
tenir par l'action des parties qui y « conspirent », et le
travail de ces mêmes parties, dont les opérations ne sont
pas réductibles à la constitution de l'ensemble mais œuvrent
selon un principe indéterminé de diversité. Dès lors, dire
que le vivant est un « petit monde », c'est, d'une part,
affirmer à la fois sa complexité et sa multiplicité et, d'autre
part, postuler qu'il est irréductible aux fonctions que nous
y percevons et à l'idée que nous nous faisons de sa vie et
de sa normalité. D'où la thématisation de la monstruosité :
« Ce que nous appelons monstres, écrit Montaigne (2.30,
1106/713), ne le sont pas à Dieu, qui voit en l'immensité
de son ouvrage, l'infinité des formes, qu'il y a comprises. »
Il n'y a rien de « substantiellement » monstrueux dans le
monde, mais des singularités uniquement qui expriment
« ce où notre raison ne peut aller » (1.26/27, 276/179). De
la monstruosité des siamois dans l'essai « D'un enfant
monstrueux », à cette autre de la semence dans celui « De
la ressemblance des enfants aux pères », il y a donc
ontiquement aussi bien que linguistiquement une même
loi de continuité qui traduit des phénomènes analogues de
singularisation, l'un par son « anormalité », l'autre par sa
« normalité ».

C'est ainsi que la pensée montaignienne du « passage »
se déploie en une espèce de métaphysique de la multiplicité
et de sa dynamique créatrice qui confine à une théorie des
« indiscernables ». Dans l'essai notamment « Comme notre
esprit s'empêche soi-même », on peut lire (2.14, 943/611) :
« Il se pourrait dire [...] qu'aucune chose ne se présente
à nous, où il n'y ait quelque différence, pour légère qu'elle
soit : et que ou à la vue, ou à l'attouchement, il y a toujours
quelque choix, qui nous tente et attire, quoique ce soit
imperceptiblement. » On dira par conséquent que
l'expérience de la « réalité » présente certes deux aspects
très étroitement solidaires, les propriétés que nous percevons
et par lesquelles elle nous est approximativement connaissable, et les propriétés par lesquelles des préférences
intellectuelles aussi bien que pratiques se font jour, qui
nous déterminent comme à notre corps et notre pensée
défendants, mais que nous ne percevons pas. Ou bien l'on
dira également que deux registres conscientiels sont
mobilisés dans toute expérience ontique, mais que nous
n'avons effectivement conscience que de l'un d'eux, par
lequel nous nommons les choses et nous orientons parmi
elles en fonction de nos perceptions et de nos croyances.
Mais c'est dès lors que le processus réel de l'expérience
nous demeure au moins partiellement étranger, non tant
par la faute de notre impuissance à l'achever, que par la
diversité concrète de la « réalité » et par l'insondable
diversité de ses qualités propres.

D'où ce coup de force de Montaigne de tenter une
réplique intellectuelle et formelle de la réalité telle qu'elle
est appréhendée dans son détail : « *Distinguo*[1], écrit-il
(2.01, 540/335), est le plus universel membre de ma
Logique. » Il ne faut évidemment pas y lire la moindre

---

1. L'exemplaire de Bordeaux porte la forme fautive *distingo*.

prétention à discerner parmi les choses et les êtres leurs propriétés individuelles, ni à reconnaître l'ensemble des caractéristiques par lesquelles ils se distinguent effectivement les uns des autres, comme si la description du monde pouvait se résoudre en un tableau de ses éléments. L'intelligence ne peut s'efforcer de suivre la logique du monde qu'asymptotiquement et dans l'ordre de son imperfection, à supposer seulement qu'on puisse parler comme d'une logique de ce qui est précisément distinction perpétuelle, c'est-à-dire éruption, engloutissement et en somme *singularisation infinie*. Nous ne pensons pas moins catégoriellement, au moyen du nom, « qui n'est pas une partie de la chose, ni de la substance, [mais] une pièce étrangère jointe à la chose, et hors d'elle » (2.16, 953/618). Autrement dit nous identifions, classons, assimilons les choses les unes aux autres, ou ne parvenons à percevoir que des différences de surface, qui n'expriment qu'approximativement la « réalité » intime du monde. La tentative de saisir les petites différences, les je-ne-sais-quoi qui traduisent le divers dans le détail de la singularité de ses éléments, se heurte inexorablement au fait que les « événements [...] sont toujours dissemblables » (3.13, 1656/1065). Non qu'ils soient simplement innombrables, en vertu de la « diversité et variété » des « choses », mais c'est l'advenir, c'est l'*événementialité* elle-même qui fait le fond de la variation ontique dont nous ne parvenons pas même à être les témoins assurés. Très paradoxalement, donc, non seulement nous n'atteignons pas la « réalité » dans la singularité de ses points ontiques, mais tout effort que nous entreprendrions pour réaliser, par art, de l'uniforme, est lui-même voué à l'échec, puisque la puissance du pluriel atteint jusqu'à « nos ouvrages », « nul art [ne pouvant] arriver à la similitude » (*ibid.*).

Ce à quoi il faut donc conclure avec Montaigne, c'est à l'inappropriabilité, voire peut-être à l'irreprésentabilité du monde, du moins en tant que tel. Si tous les efforts de l'esprit tendent à « joindre et apparier » les événements, il y reste toujours « quelque circonstance et diversité, qui requiert diverse considération de jugement » (3.13, 1657/1066) – c'est-à-dire une autre manière de voir, d'évaluer ou de croire à ce qui est. Autrement dit, l'évaluation que nous pouvons faire d'un événement implique que la représentation en soit pointue et, pour ainsi dire, polymorphe à la fois. La représentation, donc, c'est-à-dire non seulement la perception, mais aussi le système des interprétations qui l'accompagnent, et les opinions ou les pratiques qui en résultent, ne peuvent épuiser le « réel » ni le rapporter aux formes conceptuelles de l'intelligence. « Si nous voyions autant du monde, dit Montaigne (3.06, 1422/908), comme nous n'en voyons pas, nous apercevrions, comme il est à croire, une perpétuelle multiplication et vicissitude de formes. » Le regard que nous portons sur le monde n'est pas seulement confronté à une espèce d'infini mathématique, comme si le nombre des choses se situait au-delà de tout nombre, mais il doit plutôt affronter l'infinité dynamique des processus de réplication, de transformation ou d'altération de la « réalité ». C'est ce qui donne à la catégorie du multiple une dimension résolument métaphysique, s'il faut entendre par là qu'elle dénote une fonction ontogénétique de la « réalité » et non pas seulement une description de son immense diversité. De ce que « le monde n'est que variété et dissemblance » (2.02, 544/339), il ne faut pas seulement déduire que nous n'en pouvons dresser la moindre nomenclature, mais aussi et surtout que nous n'en pouvons pas même concevoir véritablement la dynamique générationnelle, ni cette force inhérente des choses par laquelle elles paraissent se sublimer par elles-mêmes en une infinité d'autres qu'elles-mêmes. Pour nous, nous sommes donc en défaut, en tout cas hors de proportion avec l'ensemble de ce qui est. « En subdivisant [les] subtilités, on apprend aux hommes d'accroître les doutes, constate Montaigne (3.13, 1659-1660/1067) : on nous met en train, d'étendre et diversifier les difficultés : on les allonge, on les disperse. » Si donc il y a une métaphysique de Montaigne et si son objet est le multiple en son « passage », elle aboutit immanquablement à une conception des limites de la représentation qui, en leur fond, sont les limites de l'humanité elle-même.

CHAPITRE II

NOTRE CONDITION FAUTIVE

Se rappelant Plutarque et *Sur les moyens de réprimer la colère*, Montaigne écrit dans « De l'expérience » (3.13, 1697/1090) : « D'essayer à regimber contre la nécessité naturelle, c'est représenter[1] la folie de Ctésiphon, qui entreprenait de faire à coups de pied avec sa mule. » Ce que raconte en effet Plutarque, c'est que « le pancratiaste Ctésiphon se jugeait intéressé d'honneur à rendre ruades pour ruades à sa mule » (VIII, 475a), comme s'il pouvait de la sorte, non venir à bout seulement, mais bien infléchir durablement les manières de celle-ci. Conduite évidemment absurde et mue par le sentiment d'une disponibilité des choses et de pouvoir les ordonner à sa guise. C'était oublier que les choses sont comme elles sont, réfractaires, ordonnées à elles-mêmes, et fortes des contraintes qu'elles font peser sur la vie et son cours, en forme de « nécessité naturelle ». Or paradoxalement, et quoique d'inspiration stoïcienne, cette idée de nécessité naturelle ne sert pas chez Montaigne à désigner un ordre inamissible des choses, mais plutôt à qualifier la manière dont l'existence des hommes s'inscrit dans l'existence du monde. Elle décrit donc à la fois la relation physico-physiologique du corps propre à la nature

1. Imiter.

dans son ensemble et le système des représentations qui accompagnent cette inscription, qui n'en sont pas détachables, mais lui donnent au contraire son amplitude et sa signification précisément existentielles. D'où une dimension résolument herméneutique de l'idée de nécessité naturelle, qu'il est impossible de réduire à la formule ordinaire d'un déterminisme physique ou théologique. Car si c'est à juste titre qu'on parle ici d'« inscription », c'est parce que « nécessité » ne désigne pas un ensemble de processus affectant extérieurement des existences individuelles, mais exprime les modalités toujours perspectives de la relation que chacun entretient en première personne avec l'ensemble de ce qui est : « être », c'est « être parmi », et « être parmi », c'est éprouver très diversement et en propre la complexité et les effets du milieu dans lequel on est immergé, ou encore projeter d'emblée, sur ce qui est, ses représentations, ses évaluations et leur efficace pratique ou cognitive.

Dans l'essai « De la solitude », Montaigne discute de sa manière d'appréhender « la faveur de la fortune », affirmant en substance que l'essentiel est de se « préparer à sa défaveur » (1.38/39, 376/243). Si la « fortune » constitue un véritable ordre de contrainte, ce n'est pas sur le mode d'un déterminisme linéaire et comme si nous étions purement et simplement assujettis à sa loi, mais à la manière d'un nœud de forces dont l'entrelacs reste plastique, à défaut de n'être pas déterminant. La « fortune » contraint, mais non pas de manière univoque ou linéaire, elle noue comme elle dénoue une existence ou plutôt, l'ayant nouée, elle la noue encore d'une autre manière, elle l'altère et en conditionne les changements. C'est pourquoi le rapport au nécessaire n'a rien d'un accablement aveugle sous un déterminisme absolu : « Je vois jusques à quelles limites va la nécessité naturelle, écrit encore Montaigne (*ibid.*, 377/243) : et considérant le pauvre mendiant à ma porte, souvent plus enjoué et plus sain que moi, je me plante en sa place : j'essaie de chausser mon âme à son biais ». Le nécessaire ne manque ainsi jamais de nécessiter, mais il n'est pas pour autant réductible à lui-même, il est toujours intégré à la représentation, aux évaluations qui l'accompagnent, c'est-à-dire à un ensemble de conceptions, sommaires ou approfondies, par lesquelles la vie se réfléchit immédiatement en une existence amortie ou contournée, altérée, fantasmée par la pensée. Et se réfléchissant ainsi, la vie s'approprie dans le mouvement même de sa dépropriation, elle se convertit dans un système de représentations qui l'altèrent en retour, la rendent supportable ou insupportable, joyeuse ou éreintée, maîtrisée ou aveugle à elle-même. L'idée de nécessité naturelle sert donc sans doute à marquer le poids qu'exercent les choses sur cet être qu'est un homme dans sa singularité, mais aussi à dire l'irréductibilité de cette emprise à un système de processus aveugles et contraignants. Le nécessaire est inextricablement lié aux imaginations qui l'accompagnent, à un ensemble de projections intellectuelles qui ressortissent autant à la « morale » qu'au sentiment du plaisir ou de la peine – autant à des systèmes d'évaluation « culturels » qu'aux jugements affectifs spontanés que suscite l'épreuve du réel.

Explicitons. « Il faut apprendre à souffrir[1] ce qu'on ne peut éviter », dit l'essai « De l'expérience » (3.13, 1697/1090) ; et Montaigne ajoute : « Notre vie est composée, comme l'harmonie du monde, de choses contraires, aussi de divers tons, doux et âpres, aigus et plats, mols et graves : Le Musicien qui n'en aimerait que les uns, que voudrait-il

---

1. Supporter.

dire ? Il faut qu'il s'en sache servir en commun, et les mêler. Et nous aussi, les biens et les maux, qui sont consubstantiels à notre vie. Notre être ne peut sans ce mélange ; et y est l'une bande non moins nécessaire que l'autre. » Ces remarques paraissent recouvrir une manière de stoïcisme, dans la version ordinaire et populaire que nous donnons à ce terme, c'est-à-dire moins une philosophie que l'endurance mise à subir la loi du monde. Endurance qui reste cependant conditionnelle et en tout cas subordonnée à un travail de la représentation : nous ne sommes pas stoïques par nature, mais parce qu'il se trouve que le système de nos conceptions aboutit à des postures qui ont partie liée à une idée culturellement identifiable comme « stoïcisme ». Seulement de la sorte, le concept sous-jacent de nécessité naturelle ne peut évidemment plus simplement recouvrir un strict déterminisme naturel, qu'il soit physique ou psychique, puisque l'ordre de la vie et les nuances de sa coloration participent autant de la disposition même de l'ensemble des étants que de la façon que nous avons de les appréhender et de les apprécier pour notre propre compte. Du macrocosme et de ses mouvements au microcosme et à ses états, il y a une continuité qui traverse le crible de nos jugements de valeur, de la façon dont nous estimons que sont les choses, qui ne sont précisément, eu égard à nous, que selon la façon dont nous les apprécions. « Que notre opinion donne prix aux choses, écrit Montaigne (1.40/14, 411/62), il se voit par celles, en grand nombre, auxquelles nous ne regardons pas seulement, pour les estimer, ains[1] à nous. Et ne considérons ni leurs qualités, ni leurs utilités, mais seulement notre coût à les recouvrer : comme si c'était quelque pièce de leur substance : et

1. Mais.

appelons valeur en elles ; non ce qu'elles apportent, mais ce que nous y apportons. » À coup sûr, cela ne signifie pas que les choses mêmes, ou plus généralement la « faveur de la fortune » ou sa « défaveur », ne sont que ce que nous en croyons. En quoi il y a bien un problème de la façon dont nous percevons les choses et de la manière dont elles nous affectent, parce que leur existence s'articule immanquablement aux jugements que nous y portons. Dans l'essai « Que le goût des biens et des maux dépend en bonne partie de l'opinion que nous en avons », Montaigne interroge une tradition stoïcienne qui voudrait que « les hommes [soient] tourmentés par les opinions qu'ils ont des choses, non par les choses mêmes » (1.40/14, 394/50). Or la substitution de la représentation aux choses qu'elle recouvre n'est pas le cœur de l'argument, car le monde n'est pas purement et simplement notre perception et ne se réduit pas aux notions plus ou moins complexes que nous y associons. S'il faut parler des choses, s'il faut parler de « faveur » ou de « défaveur » de la « fortune », cela doit signifier que les unes et les autres ne peuvent pas ne pas être projetées, imaginées, construites ou reconstruites, et que par conséquent sans pouvoir prétendre imaginer seulement la nécessité qui nous tenaille, nous composons toujours avec elle et inscrivons notre désir dans son fait, tout en intégrant, le plus souvent confusément, ses contraintes à notre désir.

Dans l'analogie de « notre vie » avec « l'harmonie du monde », Montaigne reconnaît sans doute une différence d'échelle de l'un et de l'autre registres, mais il établit également leur identité de structure en une espèce unique d'« ontologie ». Vie ou monde, ce qui est participe d'un même tourbillon ou d'un même aléatoire. Il n'y a dès lors pas de privilège de l'humanité sur le reste des « créatures », les hommes étant eux-mêmes des choses parmi d'autres choses. Si les modalités de l'action humaine sont à maints égards différentes et incontestablement plus riches que celles de l'action physique des choses les unes sur les autres, les hommes n'en sont justement pas moins choses interagissantes, en tant qu'ils créent un ordre de leur monde en ne cessant jamais de l'altérer ou de le perturber. Au surdéterminisme naturel du « monde » et de la « fortune » fait donc écho une structure existentielle humaine dont la loi n'est que l'accumulation et la variation des possibles qui lui sont propres. Parler dès lors de « condition », c'est comprendre en quel sens l'humanité est assujettie à un système de déterminations qui la traversent d'abord ontiquement, c'est-à-dire physiologiquement, psycho-logiquement, en un mot : effectivement. Seulement l'ensemble de ce qui nous affecte prend immédiatement une amplitude représentationnelle, de sorte qu'immanqua-blement la structure générale de ce qui est et l'entrelacs des mouvements du monde et de la « fortune » se laissent traduire en un chaos d'opinions et de jugements axiologiques qui forment la matrice ordinaire de l'existence individuelle et concrète. Et c'est bien en cela que « notre condition [est] fautive » (2.12, 875/564)[1], non pour des raisons éthiques ou religieuses, mais tout simplement parce que notre faculté représentative est à la fois radicalement limitée et irrépressiblement prolixe de discours. Ainsi nous sommes incapables de saisir et de comprendre un sens univoque des choses, si bien qu'en somme ce qui est ne se laisse jamais réduire à des schèmes intellectifs homogènes, qu'ils soient cognitifs ou moraux. Pour dire encore autrement,

---

1. L'édition Villey-Saulnier donne ici le vieux français « fautiere » au lieu de « fautive ».

le problème de « la nihilité de l'humaine condition » (2.06, 605/380) n'est pas chez Montaigne un problème strictement ou exclusivement éthique, comme on pourrait s'y attendre, mais c'est avant tout, en un sens, un problème ontologique, si l'on entend par là l'examen de l'ordre des relations qu'entretiennent entre eux les existants ; et, en un autre sens, un problème épistémique, si l'on entend ici l'examen de la façon dont se constitue, se diversifie, et se réfléchit discursivement la faculté représentative en tant que telle.

C'est ainsi en effet qu'il faut comprendre cette remarque de l'« Apologie… » (2.12, 838/538) : « Notre condition porte, que la connaissance de ce que nous avons entre mains, est aussi éloignée de nous, et aussi bien au-dessus des nues, que celle des astres. » L'équivoque de « ce que nous avons entre les mains » ne fait paradoxalement nullement problème, si l'on y entend conjointement deux choses : *d'une part*, qu'il s'agit de notre environnement immédiat et de ce que nous en savons du fait de l'expérience que nous sommes capables d'en acquérir, qui est sans doute incertaine, mais néanmoins disponible ou même tangible. Ainsi, ironiquement, des compétences de régisseur de Montaigne : « Je suis né et nourri aux champs, écrit-il dans "De la présomption" (2.17, 1007/652), et parmi le labourage », mais « je ne connais pas seulement[1] les noms des premiers outils du ménage, ni les plus grossiers principes de l'agriculture, et que les enfants savent. » La connaissance des choses est à portée de main, elle est disponible, mais rien évidemment ne permet de conclure de cette disponibilité à la maîtrise effective de ses contenus. Or c'est en outre et *d'autre part* nous-mêmes « que nous avons entre les mains », nous dont nous ne sommes guère plus aguerris

1. Pas même.

que du monde extérieur : « Nous empêchons nos pensées du général, et des causes et des conduites universelles, dit Montaigne (3.09, 1486-1487/952) : qui se conduisent très bien sans nous : et laissons en arrière notre fait : et Michel qui nous touche encore de plus près que l'homme ».

Si nous nous échappons ainsi à nous-mêmes, du fait de l'encombrement ou de l'embarras d'un esprit « empêché », ce n'est pas simplement que nous nous divertissons de nous-mêmes en raison d'une crainte diffuse et confuse pour ce qui est ; mais c'est justement que ce qui est abonde, nous traverse de toutes parts, nous encombre en effet, et que la pléthore des représentations qui en résulte est hors de proportion avec une « raison » dont nous espérons pourtant légitimement tirer toutes sortes de savoirs. Dire de notre « condition » qu'elle est « fautive », ce n'est donc pas stigmatiser une faute ou un péché, c'est purement et simplement remarquer un état de fait, et que l'humanité est un phénomène déterminé parmi d'autres, expressive de certaines « capacités », mais non point marquée par une manière quelconque d'élection ni de « damnation » – sinon, peut-être, quant au « soin de s'augmenter en sagesse et en science » (2.12, 776/498). Reprenant, paraphrasant, et détournant le *Théétète* de Platon[1] : « tout philosophe ignore ce que fait son voisin, écrit Montaigne (2.12, 838/538), oui, et ce qu'il fait lui-même ». Non que nous soyons absents à nous-mêmes, mais il n'y a tout simplement pas de coïncidence entre la conscience que nous avons de nous-mêmes et de nos savoirs, et l'ordre de l'existence ou la position exacte que nous y occupons.

Il faut donc admettre une certaine déconnexion de la problématique montaignienne de « l'humaine faiblesse » ou de « notre imbécillité et imperfection » (2.12, 740/473),

1. 174a.

et de la problématique morale et téléologique du bien et
du mal, de la destination de l'homme, voire du sens qu'il
est individuellement permis d'espérer donner à sa propre
existence. Ce n'est pas que le problème de l'humanité
comme mode de qualification de « l'homme en général »
(2.10, 658/416)[1] et dans l'unité d'une « condition » soit
en lui-même dénué de signification éthique. Mais c'est
plutôt que cette dimension éthique ne sera proprement
développée qu'à la lumière d'une analyse du positionnement
ontique de l'humanité considérée dans sa diversité, « en
gros et en détail » (*ibid.*), à la lumière de descriptions
d'hommes vivant dans tels et tels milieux cosmographiques,
l'Ancien et le Nouveau mondes, dans tels et tels milieux
sociaux, à la Cour ou parmi les paysans, avec telles et telles
croyances, « naïves » ou « philosophiques », etc. Les
préalables à la problématisation proprement éthique de
« l'humaine condition » sont primordiaux, dans la mesure
où ils permettent d'*installer* la pensée de « l'homme » dans
la réalité effective « des accidents qui le menacent » et qui
sont la loi propre de sa condition ; et ce qui permet de la
comprendre en tant que telle, non comme marquage
métaphysique, mais comme un tissu de déterminations
concrètes qui font *et* qu'il est ce qu'il est, *et* qu'il n'est que
ce qu'il peut – notre « condition » étant pour ainsi dire le
tissu des circonstances qui nous « capacitent ».

   Le registre de la « faiblesse humaine » (2.12, 1010/654)
est donc fondamentalement celui de l'être-au-monde de
« l'homme » et des possibilités cognitives et pratiques
qu'il recouvre. En comprendre la thématique, c'est donc
rendre compte de la manière dont Montaigne sécularise le
fait de l'humanité, considérée dans son rapport effectif à
la réalité qu'elle investit de ses représentations et de son

---

1. Comparer à l'expression, sensiblement infléchie, en 2.17, 1017/659.

faire comme de son dire. Ce travail renvoie, dans les *Essais*, à un double processus spéculatif. *D'une part*, tout à fait déconnectée de l'ordre du divin et de la Création, l'humanité est pensée au point de vue de la matérialité de son existence, comme entée au monde et traduisant langagièrement ou pratiquement son rapport à lui. Il y a comme un double fond à l'analyse de Montaigne, qui porte sur ce point aussi bien sur la question de Dieu, évacuée comme principe d'explication de l'humanité de l'homme, que sur la question de l'âme, rabattue sur celle de son existence corporelle – non parce que l'âme serait matérielle, mais tout simplement parce qu'elle est réduite à des affections et des fonctions qui toutes relèvent peu ou prou d'une existence corporelle. Par voie de conséquence, *d'autre part*, le problème de la condition humaine devient celui de la corporéité et donne lieu, de la part de Montaigne, à une analyse quasi phénoménologique de la vie du corps et de sa mortalité. Être homme et dans la finitude, c'est s'éprouver dans son être-*vers*-la-mort, que Montaigne n'interprète précisément pas d'emblée comme être-*pour*-la-mort[1]. De l'écartement de la problématique du divin à la mise en coïncidence de la vie et de la mort dans l'espace de son épreuve représentationnelle réside en somme toute la conception montaignienne de l'humanité comme « humaine faiblesse » autant qu'« humaine capacité ». Pour dire autrement, « l'homme est capable de toutes choses, comme d'aucunes » (2.12, 871/561), et c'est entre cette totalité et ce néant, et mieux encore dans le balancement incessant d'un extrême à l'autre, que se dessine en demi-teinte le phénomène concret de l'existence humaine.

---

1. Sur cette distinction importante, comparer 1.19/20, 128/84 avec 3.12, 1633/1051-1052. – Voir également la discussion de ce point *infra*, chap. 6, « Être à soi », p. 280 *sq*.

Au-dessus de l'humanité

À la fin de l'« Apologie… », paraphrasant et commentant tout à la fois les *Questions naturelles* de Sénèque, Montaigne écrit qu'il est « absurde et monstrueux » à l'homme de prétendre qu'il « s'élève au-dessus de l'humanité » ou même qu'il « se monte au-dessus de soi », « car il ne peut voir que de ses yeux, ni saisir que de ses prises » (2.12, 932/604). La question de la condition humaine est celle de la position que l'homme occupe dans la nature et celle de son ancrage à elle. Il n'y a pour lui d'élévation possible que « si Dieu lui prête extraordinairement la main » (*ibid.*) par une « grâce » rigoureusement inintelligible et dont nous n'avons rien à attendre. « Concevez l'homme accompagné d'omnipotence, écrit encore Montaigne dans l'essai "De l'incommodité de la grandeur" (3.07, 1439/919), vous l'abîmez : il faut qu'il vous demande par aumône, de l'empêchement et de la résistance. Son être et son bien est en indigence. » La position sociale et le pouvoir ne changent du reste rien à la réalité de l'humanité, qui confine au manque le plus absolu, ce qui ne signifie d'ailleurs pas strictement « impuissance », mais que « l'imbécillité » ressortit à la fois à la puissance de comprendre et d'agir, et à l'incapacité de dominer les processus et finalités de la compréhension et de l'action[1]. Et dire ainsi du « manque » qu'il est la marque de l'existence humaine, c'est admettre que sa « vraie nature » ou le sens authentique qu'elle pourrait avoir ne sont pas de notre ressort, et que nous n'y avons pas vraiment de part. Et même le bien : « Dieu

1. « Imbécillité » n'a donc pas un sens exclusivement négatif, mais désigne une forme de puissance intellecive et pratique, une puissance toutefois radicalement incompréhensible, et quant à sa source, et quant à l'exacte étendue de ses ressources.

pourrait nous octroyer les richesses, les honneurs, la vie
et la santé même, quelquefois à notre dommage », tandis
qu'au rebours « si au lieu de la guérison il nous envoie la
mort, ou l'empirement de nos maux [...], il le fait par les
raisons de sa providence » (2.12, 894/577). Strictement
incompréhensibles, l'existence humaine et son rapport à
l'ordre du monde peuvent au mieux être éclairés par un
soupir de la foi. Or ce recours exclusif par Montaigne à la
foi comme principe de représentation du divin trahit
l'absence de commune mesure entre le problème général
de l'existence, auquel se rapporte celui de l'humanité, et
l'intelligence que nous pourrions avoir de notre sort ou de
notre destin, personnel ou générique, même éclairés par
la grâce de Dieu.

C'est d'ailleurs au moins partiellement le point
d'achoppement du rapport de Montaigne à Raimond
Sebond, l'« Apologie... » se présentant au moins partiellement comme un commentaire de certaines lignes directrices
de la pensée du théologien. Une objection maîtresse que
les Chrétiens font en effet, selon Montaigne, à son texte
de la *Théologie naturelle*[1], c'est de « vouloir appuyer [la]
créance par des raisons humaines », alors même que tout
ce qui touche à Dieu « surpass[e] de si loin l'humaine
intelligence » (2.12, 694/440). « Si elle n'entre chez nous
par une infusion extraordinaire, [...] elle n'y est pas en sa
dignité ni en sa splendeur » ; et réciproquement, « si nous
avions un pied et un fondement divin, les occasions humaines
n'auraient pas le pouvoir de nous ébranler » ; enfin « si ce

---

1. À la demande de son propre père, Montaigne en avait donné une
traduction dès 1569. Le titre original de l'ouvrage peut se traduire *Livre
des Créatures, ou de la Nature, ou Livre de l'Homme, pour qui sont les
autres créatures.*

rayon de la divinité nous touchait aucunement[1], il y paraîtrait partout » (*ibid.*, 695/442). Cette thématique de l'écart absolu entre le pouvoir de l'intelligence humaine et les ressorts divins de ce qui existe constitue une position constante de Montaigne et sa propre critique de la question de l'originaire.

Ce dont nous pouvons espérer acquérir une connaissance, de quelque étendue soit-elle, ce à quoi nous pouvons espérer avoir un rapport pratique, c'est purement et simplement le fait de l'existence, le fait qu'elle forme un ensemble aléatoire du donné et que, dans la perspective de notre « imbécillité », le donné est en quelque sorte à lui-même sa propre origine, révélant par là qu'il n'y a pas à proprement parler, pour nous, d'origine intelligible ni même repérable des choses. Prétendre dès lors poser la question de l'origine, comme les cosmographes et philosophes de l'Antiquité, c'est vaine prétention, et l'on est ainsi balancé de l'idée que « la naissance du monde est indéterminée » à celle que « Dieu a quelquefois été créateur sans créature » (2.12, 887/572). En vérité, ainsi visée, la question de l'origine du monde, à l'intérieur de laquelle se pose celle de la nature de l'homme, est proprement une question sans objet, ou du moins sans signification pour nous. Il y a chez Montaigne une totale déconnexion entre le fait supposé de l'action de Dieu et de son efficace, d'une part, et l'interprétation, d'autre part, qu'il est possible d'associer arbitrairement à un tel fait. Dieu « est bien notre seul et unique protecteur, mais il use bien plus souvent de sa justice, que de son pouvoir » (1.56, 514/318), et son action en ce sens ressortit bien plutôt aux mystères de la Création qu'aux mécanismes pratiques et naturels de la production efficace. Nous n'avons

---

1. De quelque façon que ce soit.

rien à entendre des raisons de Dieu et ne pouvons que supposer arbitrairement une espèce inimaginable ou irreprésentable de puissance efficace. Mais supposer ne suffit pas à prouver, ne suffit pas à relier l'ordre de l'humain, qui ne peut être dit « ordre » que par commodité, et l'ordre de l'être, que rien, sinon *de* la foi, ne permet de qualifier d'« ordre » – « [en] somme, il est malaisé de ramener les choses divines à notre balance, qu'elles n'y souffrent du déchet » (1.31/32, 335/216). « Du déchet » ? Soit par excès à nous de ce qui en est inappropriable, soit par excès de notre fait de ce que nous en discourons hors de propos.

Très paradoxalement, cette dernière remarque de Montaigne ne signifie donc pas qu'il soit impossible de rapporter la volonté divine au rang de l'intelligence humaine, puisqu'il reste les ressources de la parole, c'est-à-dire de la théologie, des Écritures et de leur usage, voire du bavardage. Ce qui au plan d'une métaphysique est proprement inconsistant, prend dans une perspective tout anthropologique une dimension considérable. C'est que « les hommes recherchent cette folle fierté de langage pour ramener Dieu à leur mesure » (2.12, 822/528) et qu'ils aspirent donc au discours et le forcent hors de son ordre, le projetant dans une espèce de science bancale et incertaine. Ainsi nous pouvons toujours dresser le tableau de prétendues propriétés de Dieu, bien que quand nous le faisons, « notre parole le dit, mais notre intelligence ne l'appréhende point » (*ibid.*). Peut-être en sens inverse serions-nous capables à certains égards de rapporter à l'action de Dieu celle de l'homme, pour autant que nous serions capables de supposer dans le système de nos pratiques une activité sous-jacente de Dieu, ou bien encore que celle de Dieu est comme le parfait archétype de la nôtre, quoique dans l'ordre de sa puissance. Enfin nous pourrions conjecturer une logique des choses et du monde dont pourtant nous-mêmes serions incapables de reconnaître et de comprendre la loi. De fait, les « motifs incompréhensibles de ses œuvres » (1.31/32, 334/215) sont très diversement interprétables, ce qui est une manière de supposer qu'ils ne sont pas hors de portée de l'imagination et de l'invention langagière, à défaut d'être accessibles à une véritable intelligence. Seulement c'est précisément à nouveau sur le mode de la foi ou bien encore de la folie, et donc d'une hétérogénéité absolue de celles-ci aux règles de la connaissance, seraient-elles empiriques ou proprement rationnelles. « Notre créance a assez d'autres fondements, écrit Montaigne, sans l'autoriser par les événements » (*ibid.*, 335/216). Comprenons : la foi n'est nullement adossée à l'expérience, pas plus qu'elle ne représente un passage à la limite de l'enseignement que nous tirons de l'expérience : « Tu ne vois que l'ordre et la police de ce petit caveau où tu es logé, au moins si tu la vois : sa divinité a une juridiction infinie au-delà » (2.12, 814/524). Trahissant l'incapacité et la faiblesse humaines, la disproportion du monde des hommes à l'ordre divin des choses ne laisse la place qu'aux rapprochements spéculatifs les plus arbitraires, mais aussi les plus incertains, et, dès lors, potentiellement les plus abondants.

Ainsi dans l'« Apologie… » (2.12, 814/523) : « Cette infinie beauté, puissance, et bonté, comment peut-elle souffrir quelque correspondance et similitude à chose si abjecte que nous sommes, sans un extrême intérêt et déchet de sa divine grandeur ? » Montaigne admet que nous puissions rapporter par force l'ordre du divin aux possibilités de l'intelligence et que c'est en procédant de la sorte que nous témoignons, non pas tant de la grandeur du divin, qui est inintelligible, que de la faiblesse des hommes, qui ne parviennent pas à penser sans faute Dieu et la puissance

créative qui est la sienne. Montrer que « l'humaine faiblesse »
est marquée par l'inaptitude à penser Dieu et à dépasser
l'ordre de la foi, c'est faire apparaître cette tension
constitutive du destin humain qui consiste à la fois à ne
pas pouvoir éviter de parler de Dieu et à ne pas pouvoir
au sens propre problématiser le divin. Ou l'on peut dire
en sens inverse : toute problématisation de Dieu n'est que
la formalisation scolastique arbitraire d'une parole
fondamentalement bavarde et inconsistante. Avec l'idée
d'une distance absolue de l'homme à Dieu, il y a donc
chez Montaigne un refus catégorique d'admettre la
problématicité du divin, et ce refus à son tour détermine
une position moins sceptique que *critique*, consistant à
contourner la question du sens de l'humain et de son rapport
au divin à la faveur d'un examen de l'existence concrète
et de ses vicissitudes. « Critique » signifie que la problématisation humaine du divin est pour Montaigne un
égarement anthropomorphique de l'intelligence et même
une « blasphémeuse appariation » (2.12, 823/529) qui
trahit, d'une part, notre « arrogance » (*ibid.*), et qui confine,
d'autre part, à l'arbitraire d'un imaginaire où « s'engendrent
toutes les rêveries et erreurs » (*ibid.*, 822/528). De Dieu
en somme nous pouvons beaucoup dire ; mais aussi de
Dieu, il n'y a pour nous rien à dire !

   Neutralisant ainsi le problème du divin, à la mesure
duquel il n'est possible de rien penser de positif concernant
« l'humaine condition », Montaigne va prendre à sa charge
de décrire l'humanité à partir de la « vie » et de ses infinies
variations mondaines. La vraie question n'est pas une
question métaphysique de sens, c'est une question
anthropologique de fait et d'existence. Tout va dès lors se
jouer autour du complexe pratique que désigne le concept
de « vie humaine ». Car c'est d'événements qu'il va

désormais s'agir, qui concernent aussi bien la santé et la maladie que la richesse ou la pauvreté, l'« action », le « train », « l'heur », les « accidents » au total auxquels nous sommes aléatoirement assujettis. La « vie » est l'élément dans lequel Montaigne interprète le problème de « l'humaine condition », non dans les termes d'un ordre onto-théologique, mais dans ceux d'une position ontique tout événementielle, ce qui importe n'étant pas le rang de l'homme dans l'échelle des êtres – comme cela paraît être le problème auquel fait droit la *Théologie naturelle* de Raimond Sebond – mais la mise en coordonnées, le positionnement existentiel ou le tracé événementiel marquant la vie individuelle et collective des hommes concrets et de leurs « affaires ».

DU CORPS ET DE L'ÂME

Cette problématique « positionnelle » de l'humanité de l'homme commence avec la difficulté à identifier ce que peut signifier « homme » à partir des catégories d'« âme » et de « corps », la « vie » s'apparentant à quelque chose comme *de* l'« âme » et *du* « corps », l'un et l'autre affectés l'un par l'autre, sans qu'il soit possible d'en fixer les préséances. S'il importe de parler avec prudence, c'est précisément parce que Montaigne ne se sert de ces notions issues d'une tradition pluridisciplinaire ancienne que par défaut et parce que, si elles sont terminologiquement commodes, elles n'en sont pour autant pas parfaitement exactes. « Pouvons-nous pas dire, écrit Montaigne (3.05, 1400/893), qu'il n'y a rien en nous, pendant cette prison terrestre, purement, ni corporel, ni spirituel : et qu'injurieusement[1] nous

---

1. Injustement.

démembrons[1] un homme tout vif […] ? » La torture laisse crûment apparaître qu'il n'y a pas seulement de la vie dans les membres d'un homme, mais bien de l'humanité ; ou que l'humanité ne s'exprime pas strictement dans la spiritualité, mais doit être comprise et assumée dans l'entrelacs d'une vie physiologique vibrant de ses propres résonances spirituelles. Par extension, dans l'essai « De l'institution des enfants », on trouve la formule d'une exigence disciplinaire stricte eu égard à l'entreprise pédagogique (1.25/26, 254/165) : « Ce n'est pas une âme, ce n'est pas un corps qu'on dresse, c'est un homme, il n'en faut pas faire à deux[2]. » Il y a donc bien chez Montaigne comme une idée de l'« union de l'âme et du corps » ou, pour reprendre la lettre de son texte et son évocation de l'« instruction » chrétienne, une « jointure du corps et de l'âme » (2.12, 987/639). Mais il ne faut certainement pas l'interpréter comme relevant d'une problématique de la juxtaposition ou de la mise en coïncidence de deux substances étrangères, pour dire classiquement, mais plutôt comme une manière de parler et de décrire l'univocité de l'existence et d'affirmer qu'à certains égards, la distinction de l'une et de l'autre chose importe moins que la compréhension de la vie dans son effectivité pratique.

À moins qu'il ne faille reconnaître dans l'analyse montaignienne un jeu sémantique qui tient à la diversité de ses stratégies, le traitement de la question de la « jointure » dépendant du contexte et des finalités du passage qu'y consacrent les *Essais*. Il faut en effet distinguer deux points

---

1. Retenant une correction de l'Exemplaire de Bordeaux, l'édition Villey-Saulnier donne ici « dessirons » au lieu de « démembrons ». Montaigne a quant à lui biffé « dépieçons » et « deschirons » outre « démembrons », imprimé sur les éditions de son vivant.

2. Séparément.

de vue dans le traitement de la question des rapports de l'« âme » et du « corps », selon que la préoccupation de Montaigne est pour ainsi dire « phénoménologique », ou bien qu'elle est « éthique ».

α) Sur le plan *éthique*, Montaigne reprend à sa charge des traditions insistant sur la distinction de l'« âme » et du « corps », d'une part, et sur l'efficace de l'« âme » sur le « corps », d'autre part. Si, par exemple, nous voulons soutenir sans impatience la douleur, explique Montaigne, il nous faut pouvoir « prendre notre principal contentement en l'âme […] qui est seule et souveraine maîtresse de notre condition » (1.40/14, 404/57). Le contexte importe, et c'est ici celui de la résistance à la douleur, non comme une posture héroïque et morale ou l'exigence d'une conduite à tenir sous le regard d'autrui, mais comme un accommodement de cette douleur elle-même et une manière de mieux la supporter en première personne, à effet de « notre repos et conservation » (*ibid.*). Supporter la douleur, c'est se rendre autant que possible indifférent à l'état du corps et apprendre à se concentrer tout entier sur *soi-même*, pour ainsi dénommer la conjonction de « âme » et de « corps ». Car rien n'autorise à faire coïncider l'idée de la « personne propre » ou du « sujet individuel » – expressions dont l'anachronisme est d'ailleurs patent – avec celle de « l'union de l'âme et du corps », moins encore avec celle de l'« âme » seule. Fonctionnellement, « âme » désigne une puissance intellective et discursive à registres multiples, qui s'accomplit dans un exercice contrasté de la pensée. Ce qui ne signifie certainement pas « raison », mais qui permet de nommer le sentiment d'une intériorité de la faculté représentationnelle, qui s'éprouve assurément comme du propre, sans être pour autant le principe d'identification d'un quelconque « Soi ». « Je donne à mon âme tantôt un visage, tantôt un autre, selon le côté où je la couche, assure Montaigne (2.01, 539/335). Toutes les contrariétés s'y trouvent, selon quelque tour, et en quelque façon. » Il y aurait donc, métaphoriquement, une « vie » de l'âme que traduisent des activités protéiformes d'affection, de passion, de ratiocination s'exerçant dans le surgissement impromptu comme ordonné, selon les circonstances, de représentations et d'évaluations incessamment transitoires. Effectivement, Montaigne reconnaît à l'âme une véritable puissance efficace, du moins sous certaines conditions : « L'âme qui loge la philosophie, écrit-il (1.25/26, 248/161), doit par sa santé rendre sain encore le corps : elle doit faire luire jusques au-dehors son repos, et son aise. » Affirmation résolue de la différence de l'âme et du corps et de ce que c'est à elle qu'il appartient de « triompher de la misère du corps, de sa faiblesse, et de ce qu'il est en butte à toutes offenses et altérations » (3.04, 1312/839). Mais c'est selon le biais ou la perspective d'une morale, la question de l'âme et du corps étant celle de la liberté et de l'aliénation, de la pensée et de son autonomie face aux diverses contraintes qui s'exercent sur la vie concrète et sur le corps. Or précisément : si une problématisation morale des rapports de l'âme et du corps conduit à une telle distinction, pour autant l'un et l'autre ne sont pas *réellement* distincts, c'est-à-dire qu'ils ne permettent nullement, l'un sans l'autre, de penser en quelque façon que ce soit la « vie » dont ils forment *conjointement* le lieu et le mode d'être.

β) Sur un plan qu'on pourrait dès lors dire *phénoménologique*, ce qui importe est pour Montaigne « l'étroite couture de l'esprit et du corps s'entre-communiquant leurs fortunes » (1.20, 158/104). Autrement dit, l'un et l'autre sont tout un ou, si l'on préfère, deux perspectives

distinctes, deux manières d'être du phénomène unique de
« la vie humaine ». L'idée directrice de l'analyse de « la
vie humaine » est effectivement que rien de ce qui est
corporel ne peut de notre point de vue être compris sans
une certaine référence à nos facultés représentatives et aux
significations qu'elles associent aux événements corporels ;
tandis que réciproquement, rien de ce qui est spirituel ne
peut être conçu, dans son effectivité, sans un rapport au
tissu physiologique et naturel auquel ressortit toute activité
mentale elle-même. Autrement dit, rien de ce qui est
proprement humain n'est intelligible en soi et isolément,
et rien de ce qui nous rattache à la nature, à la matière, aux
choses n'est exempt d'un sens dans lequel transpire quelque
chose de notre humanité. Si l'on se rappelle l'épisode de
« l'arquebusade » et de l'évanouissement qui s'ensuivit,
et que relate Montaigne dans l'essai « De l'exercitation »
– récit d'une chute de cheval, qu'il a quelques instants cru
due à un coup de feu, alors qu'elle n'était que la conséquence
d'une ruade – on peut aisément se persuader que la question
de la « vie humaine » est très intimement liée à la façon
dont on est capable de dire, c'est-à-dire de désigner et de
décrire dans son unité, la conjonction de l'âme et du corps.
« Quant aux fonctions de l'âme, peut-on lire en effet (2.06,
595/374), elles naissent avec même progrès que celles du
corps. » Ce à quoi fait allusion Montaigne, c'est au fait
que recouvrant ses esprits, il éprouve la conjonction de la
réactivation de ses fonctions vitales et de celle de ses
fonctions intellectuelles, qui paraissent ainsi accompagner
les premières. Or précisément, il ne s'agit pas simplement
d'accompagnement, ni d'une mise en parallèle des fonctions
corporelles et des fonctions spirituelles : il s'agit d'un
processus un et complexe dont les multiples impulsions

sont immédiatement plurivoques, sensorielles, d'abord, mais tout aussitôt éprouvées, partant signifiantes dans le même temps.

Premièrement, en effet, on note chez Montaigne l'élaboration au plan formel d'une homologie structurelle entre l'événementialité des phénomènes du corps et celle des phénomènes de l'âme. Ainsi dans le chapitre « Comme nous pleurons et rions d'une même chose » (1.37/38, 362/234) : « Et tout ainsi qu'en nos corps ils disent[1] qu'il y a une assemblée de diverses humeurs, desquelles celle-là est maîtresse, qui commande le plus ordinairement en nous, selon nos complexions : aussi en notre âme, bien qu'il y ait divers mouvements, qui l'agitent, si faut-il qu'il y en ait un à qui le champ demeure[2] ». Ni âme ni corps ne sont en eux-mêmes choses unes, mais tous deux sont traversés de turbulences qui les apparient au mouvement de l'ensemble de ce qui est selon des hiérarchies signifiantes qui traduisent bien plutôt leur entre-expression qu'une causalité réciproque. La distinction des puissances corporelles et spirituelles ne constitue par conséquent qu'une manière de formalisation de la « vie », qui est plus justement décrite par les rapports qu'elle englobe, qu'elle déploie et qu'elle signifie.

Or *deuxièmement*, la forme de cette homologie n'est pas un « parallélisme » – en une manière de bijection entre les phénomènes corporels et les actes de l'esprit –, mais un « correspondantisme » recouvrant, non seulement l'idée d'une inséparabilité de « âme » et de « corps », mais encore une entre-expression continue des faits qui animent l'un et des faits qui percutent l'autre. « Il n'est rien plus

1. On dit.
2. Qui domine.

vraisemblable, que la conformité et relation du corps à l'esprit », dit l'essai « De la physionomie » (3.12, 1643/1057), évoquant alors une relation de conformité entre la beauté d'une âme et celle du corps qu'elle paraît habiter – exception faite de Socrate, dont on peut regretter, en l'occurrence, « un corps si disgracié, comme ils disent, et si disconvenable à la beauté de son âme » (*ibid.*). Or bien plus fondamentalement, rapporter l'âme au corps et parler de « couture », c'est pour Montaigne postuler qu'il n'y a rien de corporel qui n'ait son expression spirituelle, ni de spirituel qui n'ait son véhicule corporel. Encore parle-t-on ainsi par métaphore. De fait, écrit-il : « À quoi faire démembrons-nous en divorce, un bâtiment tissu d'une si jointe et fraternelle correspondance ? Au rebours, renouons-le par mutuels offices : que l'esprit éveille et vivifie la pesanteur du corps, le corps arrête la légèreté de l'esprit, et la fixe » (3.13, 1737/1114). Si la conjonction de l'âme et du corps ne peut jamais être modélisée que comme un certain type de rapport, la vie de ce « bâtiment » qu'est l'homme vivant et singulier n'est quant à elle rien, sinon une parfaite jointure de l'un et de l'autre, c'est-à-dire une réalité ontologiquement une et comme telle inintelligible, ontiquement inscrite dans le réseau infini des choses naturelles et comme telle indéfiniment descriptible.

« Âme » et « corps » sont donc effectivement des dénominations renvoyant à des fonctions distinctes, mais interdisent de conclure de la réalité de ces fonctions à leur prétendue substantialité sous-jacente. Qu'il y ait un système de la représentation auquel correspond le nom d'« âme », et un système des affections auquel correspond le nom de « corps », n'implique pas qu'il y ait quelque chose comme une âme substantielle ou quelque chose comme un corps substantiel et susceptible d'exister et de « vivre » par lui-même. Il y a un homme et en cet homme se reconnaissent et s'éprouvent des fonctions corporelles et spirituelles tout à la fois, sans pour autant que rien ne soutienne ou ne fonde cet homme individuel et singulier qui est dans son entièreté l'existant auquel nous avons effectivement affaire.

Parler par métaphore d'une « fraternelle » jointure, c'est rapporter « âme » et « corps » à une même origine : non pas dire que l'âme est corporelle, ni que le corps est spirituel, mais dire que l'existence est le fonds commun de l'un et de l'autre, et qu'ils ne s'expliquent précisément l'un et l'autre que l'un *avec* l'autre. En tant que tel, le corps ne fait pas problème ; en tant que telle, l'âme reste une abstraction ; ensemble, « âme » et « corps » forment l'homme dans la concrétude de son existence et dans la complexité de l'épreuve physiologique et tout à la fois spirituelle qu'il en fait. En ce sens, le concept de « la vie humaine » sert à caractériser, au centre de la description qu'il devient possible de faire de l'existence individuelle et singulière, le système des « correspondances » qui traduit la jointure de l'âme et du corps. À cet égard, l'essai « De la présomption » va outre la précision de celui « De l'expérience » : « Ceux qui veulent déprendre nos deux pièces principales, et les séquestrer l'une de l'autre, ils ont tort, affirme Montaigne (2.17, 986/639) : Au rebours, il les faut r'accoupler et rejoindre : Il faut ordonner à l'âme, non de se tirer à quartier, de s'entretenir à part, de mépriser et abandonner le corps [...] mais de se rallier à lui, de l'embrasser, le chérir, lui assister, le contrôler, le conseiller, le redresser, le ramener quand il fourvoie ; l'épouser en somme et lui servir de mari ; à ce que leurs effets ne paraissent pas divers et contraires, ains[1] accordants et

1. Mais.

uniformes. » Pour prendre à revers cette longue stance, on remarquera que l'enjeu de l'analyse de Montaigne est bien qu'on puisse rendre compte des « effets » conjoints et réciproques de l'âme et du corps, c'est-à-dire tout simplement de l'action et de la diversité de ses modalités : pensées, gestes, paroles, mouvements, etc. Mais en rendre compte, c'est de surcroît y postuler une manière de normativité, et que nous courons toujours le risque d'une cassure, d'une rupture entre la puissance représentationnelle de l'âme et la faculté affective du corps. Or le risque n'est pas tant celui de l'abandon de soi et de la capitulation devant les injonctions du corps ; c'est plutôt celui de l'exaltation de la spiritualité et qu'avec elle ne se dessine une vie dont l'impossibilité soit trahie par l'hypocrisie morale : « Entre nous, ce sont choses, que j'ai toujours vues de singulier accord : les opinions super-célestes, et les mœurs souterraines. [...] Ils veulent se mettre hors d'eux, et échapper à l'homme. C'est folie : au lieu de se transformer en Anges, ils se transforment en bêtes : au lieu de se hausser, ils s'abattent » (3.13, 1739/1115).

DES RELATIONS OCCULTES À LA VIE

Il devient dès lors évident que la « jointure » de l'âme et du corps recouvre une « jointure » analogue de l'homme et de la « vie », et que ce qui est visé par Montaigne n'est pas de tracer une figure idéale de l'homme en soi, mais de décrire dans ce qu'elle peut avoir d'absolument contingent une existence profondément enracinée dans l'épaisseur du monde, de ses mouvements, de son balancement comme de sa matière. La « vie humaine » est affaire d'« expérience », c'est-à-dire une épreuve de la réalité et de sa résistance, du fait qu'elle traverse notre propre existence tout comme notre existence s'inscrit dans la sienne. L'isonomie d'une loi naturelle régit en continuité les choses aussi bien que les hommes, tous uniformément soumis au « branle » irrégulier du monde, qui se répercute par exemple au niveau individuel et singulier par les mouvements intempestifs du corps : « Nous voyons bien que le doigt se meut, et que le pied se meut, qu'aucunes parties se branlent d'elles-mêmes sans notre congé » (2.12, 838/538). Ce qui ne veut pas simplement dire que le corps échappe à l'emprise de la volonté, et qu'ailleurs nous sommes, ailleurs notre corps ; cela signifie plutôt que du monde des choses au lieu singulier du corps propre, une loi unique commande à tous les étants, qui est celle du mouvement, du devenir, de l'inconstance et du changement – pour l'homme : les affections et la maladie, la sexualité ou la joie, « l'heur » ou la mort. Isonomie et continuité sont ainsi les catégories sous lesquelles il faut ranger et comprendre l'humanité, dont le concept est du même coup lui-même subverti, parce qu'il ne désigne pas un degré d'élévation de ceux parmi les étants qui présentent le caractère de l'intelligence, mais qu'il signifie plutôt que les étants qui présentent le caractère de l'intelligence, du fait des notions qu'ils ont de leur monde et de leur finitude, sont isomorphes à l'ensemble des autres étants soumis aux mêmes lois du « branle » des choses. Il y a en somme, « en la police[1] du monde », égalité et uniformité (2.12, 716/456). Seulement par ailleurs, si la « jointure » de l'âme et du corps doit s'énoncer en termes normatifs et s'il faut faire l'effort d'éviter le risque du « démembrement » de l'homme, ce n'est pas seulement qu'une philosophie « supercéleste » présente un attrait

---

1. « Police » désigne chez Montaigne l'organisation ou l'ordre des choses, par exemple de la société politique ; mais aussi, comme c'est le cas ici, du monde lui-même dans son ensemble.

considérable pour la vanité, mais c'est aussi que les forces
du corps peuvent manquer à soutenir celles de l'esprit, ou
bien tout au contraire les excéder de manière à les exalter.
L'entrelacs de l'un et de l'autre donne par conséquent à
penser quelque chose comme la « vie » en son excès, si
l'on entend par là une événementialité de l'existence au
détour de laquelle nous sommes confrontés plus qu'à
nous-mêmes, à nos limites – en vérité à l'universel de la
« vie » : le sexe et la mort.

α) La considération de l'excès du corps sur l'âme ne
concerne pas précisément l'éthique, mais plutôt la description
des conditions matérielles de « la vie humaine ». Au premier
chef desquelles le tableau que dresse Montaigne de la
sexualité humaine, qui lui permet de postuler une manière
de différence, voire d'étrangeté du corps à lui-même, qui
parvient à excéder la différence que l'âme prétend devoir
lui imposer. Reprenant le *Timée* (3.05, 1344/859) : « Les
Dieux, dit Platon, nous ont fourni d'un membre inobédient
et tyrannique : qui, comme un animal furieux, entreprend
par la violence de son appétit, soumettre tout à soi[1]. De
même aux femmes le leur, comme un animal glouton et
avide, auquel si on refuse aliments en sa saison, il forcène
impatient de délai ; et soufflant sa rage en leurs corps,
empêche les conduits, arrête la respiration, causant mille
sortes de maux : jusques à ce qu'ayant humé le fruit de la
soif commune, il en ait largement arrosé et ensemencé le
fond de leur matrice. » Où il ne faut pas seulement lire une
description limite du désir, mais bien l'intuition d'une
capacité corporelle à produire des affections en forme de
prescriptions, et des appétits en forme de jugements de

---

1. La même idée se trouve formulée de manière fort piquante en
1.20/21, 154/102.

valeur. Si notre désir est commandé par notre corps, pour cette raison que notre « membre » seul paraît y pourvoir, ce n'est pas que notre corps offre sa puissance au désir, mais c'est que sa puissance est le désir auquel il s'est converti. Il existerait donc une « volonté de vie » du corps, qui ne se laisserait pas contraindre aux règles du vouloir et de l'arbitre humains. « Car je vous donne à penser, écrit Montaigne dans l'essai "De la force de l'imagination" (1.20/21, 154/102), s'il y a une seule des parties de notre corps, qui ne refuse à notre volonté souvent son opération, et qui souvent ne s'exerce contre notre volonté. » Ce n'est donc pas que le corps résiste au vouloir, mais c'est plutôt qu'il s'exerce en forme de vouloir contre le vouloir, « mais aussi [contre] notre pensée » (*ibid.*). On n'en conclura pas que le corps « pense », mais on comprendra en revanche que sa résistance d'une part, son activité propre d'autre part, sont l'une et l'autre comprises comme des manières d'action, et en cela comme relevant d'une signification propre de la corporéité, et non pas seulement du fait de l'organisation physiologique de la matière. Ce n'est ni par façon de métaphore, ni pour l'exemple seulement que Montaigne parle des organes qui servent à « décharger les rognons » ou de cet « outil » « si turbulent et revêche », si « indiscret et tumultuaire » comme le derrière d'un chacun. La thématique du déchargement, c'est celle de l'aléatoire corporel, par quoi nous nous rapportons immanquablement à l'aléatoire de la nature. Le sens propre de la corporéité, c'est la convertibilité dont atteste le corps propre des mouvements de la matière dans ceux de l'esprit, des ébranlements du corps dans les représentations de l'âme. Ce n'est donc pas sous l'effet d'un anthropomorphisme littéraire que Montaigne paraît personnifier le corps et ses organes, c'est plutôt pour exprimer l'idée que l'incrustation de l'homme individuel dans la « vie » est incrustation de l'esprit dans la matière, marque d'une convertibilité de certaines inflexions de celle-ci dans une certaine organisation conscientielle de celui-là.

Or la convertibilité du corporel en spirituel ne se résume pas au fait que les affections du corps ont toutes leur expression dans l'âme, pour conserver ces catégories commodes. Cela va pour Montaigne jusqu'à signifier que tous nos faits et gestes, en tant qu'ils relèvent tout uniment de la « vie » et de l'humanité, sont susceptibles d'une évaluation en termes de bien et de mal, non d'ailleurs dans l'absolu, mais pour le moins selon les normes doxologiques en cours. Et ainsi, emblématiquement, de la sexualité, que Montaigne distingue par exemple du manger et du boire, qui « ne sont pas actions qui empêchent les offices de notre âme » : « Partout ailleurs vous pouvez garder quelque décence : toutes autres opérations souffrent des règles d'honnêteté : cette-ci[1] ne se peut pas seulement imaginer, que vicieuse ou ridicule » (3.05, 1375/878). On serait tenté d'admettre que la sexualité est ainsi dans les *Essais* le point de rupture de l'humanité, son point d'affaiblissement extrême, parce qu'elle est précisément une sorte d'espace d'oubli de soi et le moment qui rend l'âme pour ainsi dire absente à elle-même. Seulement plus loin dans l'essai « Sur des vers de Virgile », « je m'y plaisais, écrit Montaigne, mais je ne m'y oubliais pas » (3.05, 1397/891). Bien plus : « C'est une vaine occupation, il est vrai, messéante, honteuse, et illégitime : Mais à la conduire en cette façon, je l'estime salubre, propre à dégourdir un esprit, et un corps pesant : Et comme médecin l'ordonnerais à un homme de ma forme et condition, autant volontiers qu'aucune autre

1. Celle-ci.

recette » (*ibid.*, 1398/891). La perspective de Montaigne sur la sexualité n'est donc que secondairement morale, et bien plus, si une problématisation morale de la sexualité est possible, c'est parce qu'elle est radicalement une inflexion de notre condition et quelque chose par quoi se fait jour la vérité de notre « faiblesse » – elle ressortit à l'équivocité de la « vie » et à sa « couture » tout uniment corporelle et spirituelle, participant de l'agitation des choses et des représentations et jugements dont nous les enveloppons.

β) La sécularisation du problème de la finitude humaine culmine dès lors avec l'analyse que donnent les *Essais* de l'être-*vers*-la-mort. Ce qui intéresse à cet égard Montaigne est le phénomène processuel de la mort, c'est-à-dire plus exactement la présence de la mort au cœur même des processus vitaux les plus ordinaires. Le fond du problème de la mort n'est pas immédiatement sa représentation éthique mais le phénomène du devenir en tant qu'il concerne le vivant : « n'y a rien qui demeure, ni qui soit toujours un », écrit Montaigne vers la toute fin de l'« Apologie… », de sorte notamment « que l'âge et génération subséquente va toujours défaisant et gâtant la précédente » (2.12, 930/602). Il ne s'agit pas ici seulement d'une certaine idée de la succession des générations, mais celle-ci permet bien plutôt de penser la mort dans la vie et la vie à proximité de la mort. Le point fondamental reste celui du « passage », dont la mort est un phénomène relatif à la spécificité du vivant. Ce qui n'est pas une manière encore d'accepter la mort, mais seulement de la désigner et pour ainsi dire de la factualiser, et par là même d'en neutraliser autant que possible par avance l'imaginaire ou le système des représentations et des affections qui l'accompagne : terreur, fascination, justification, etc. Ainsi, pour dénoter le fait même de la « vie » et sa proximité à la mort, Montaigne réinvestit la catégorie de « passage » : « Le même passage que vous fîtes de la mort à la vie, sans passion et sans frayeur, refaites-le de la vie à la mort » (1.19/20, 140/92). « Mort » ici ne désigne manifestement pas le processus phénoménalement inévitable de la perte de la vie, mais nomme de façon purement logique la négation de la vie, puisque l'éternité antérieure au vivant est tout autant que l'éternité qui lui succède une détermination simplement formelle de son propre intervalle existentiel. Cette « normalisation » ou « logicisation » du thème de la mort participe peut-être d'une stratégie éthique, mais elle sert d'abord à décrire les différents états mécaniques des processus naturels complexes à l'intérieur desquels la mort peut cristalliser des moments fondateurs et de successives régénérations. Ainsi par exemple « la défaillance d'une vie, est le passage à mille autres vies » (3.12, 1639/1055). De même donc que le concept de « passage » sert dans la cosmologie à dire la suite infinie des états de l'ensemble de l'étant, de même il sert à comprendre le devenir de la vie comme un processus ininterrompu de la vie à la vie, en passant par la mort qui la dialectise.

On dira donc très simplement de la mort qu'« elle est inévitable » (1.19/20, 127/83), c'est-à-dire que certains processus mutationnels concernent l'ensemble du règne vivant, les hommes ayant par-dessus les bêtes « la faculté d'imaginer et conclure la mort » (3.12, 1639/1055). Mais il ne suffit pas d'admettre que la mort trahit la puissance mutationnelle du vivant. Si elle résulte en effet de l'altération du vivant, soumis à la même loi du devenir que toutes les autres choses, elle signifie par-delà ce phénomène de la disparition des individus vivants sa propre et incessante présence dans la vie et dans son cours, et non pas seulement

un terme, un après et donc un à-côté. La maladie en est
d'ailleurs le symptôme le plus éloquent, avec parfois la
vieillesse, parce qu'elles semblent marquer la présence de
la mort dans la vie du vivant, non du fait qu'elles la
menacent, mais du fait qu'elles l'affectent dans son actualité
et la transmuent. La maladie n'est nullement l'assurance
d'une mort future, elle est plutôt la marque d'une invasion
du vivant par la mort, dans son présent même, « tant les
Parques détordent artificiellement[1] notre vie » (3.13,
1722/1105). « Voyons à ces mutations et déclinaisons
ordinaires que nous souffrons, écrit Montaigne (1.19/20,
137/90), comme nature nous dérobe la vue de notre perte
et empirement. » La maladie nous accoutume à la mort,
non en nous la représentant continuellement, mais en la
rendant insensible par son propre renforcement et par son
amplification. Légèrement altérée, l'idée renaîtra d'ailleurs
plus tard dans les *Essais*, quand il sera question de Montaigne
en personne : « J'ai au moins ce profit de la colique[2], dira-
t-il (2.37, 1184/760), que ce que je n'avais encore pu sur
moi, pour me concilier du tout, et m'accointer à la mort,
elle le parfera. » Par quoi la maladie ne signifie pas seulement
une forme d'implication de la vie et de la mort, ou si l'on
veut une coïncidence des contraires, elle marque le caractère
absolument essentiel de la mort à la vie et que celle-ci ne
peut être quelque chose qu'à travers la première.
Fondamentalement, la mort « est une partie de notre être,
non moins essentielle que le vivre » (3.12, 1638/1055).
Non parce que nous ne saurions l'éviter, mais bien plutôt
parce que nous ne saurions être vivants sans être mourants.
« La mort se mêle et confond partout à notre vie » (3.13,

---

1. Avec art.
2. Il s'agit de la maladie rénale de Montaigne.

1718/1102), de sorte que l'amour de la vie lui-même, sans être absurdement amour de la mort, reste amour de la vie jusque dans la mort, reçue, acceptée, agréée. Plus même, puisque la mort est elle-même envahie par la vie, « plusieurs choses mortes [ayant] encore des relations occultes à la vie » (1.03, 73/21). Vivre avec humanité, c'est donc vivre dans l'atmosphère de la mort, c'est-à-dire accepter la mort jusque dans le cœur de la vie en déployant la vie jusqu'au point de la mort : « Le continuel ouvrage de votre vie, c'est bâtir la mort. Vous êtes en la mort, pendant que vous êtes en vie : car vous êtes après la mort, quand vous n'êtes plus en vie » (1.19/20, 140/93).

« Pauvre et calamiteux animal » (2.12, 762/489) – tel se dessine donc l'homme des *Essais*, dont l'humanité ne ressortit pas tant à un privilège d'intelligence qu'à la faculté de réfléchir sa propre condition et d'anticiper sa mort, et ainsi de se représenter sa finitude et lui-même en propre comme en un destin. Entendons par là que la faculté de l'intelligible ne constitue pas à elle seule, ou bien en tant que telle, le fait de l'humanité, ou que le fait de l'humanité ne se pense pas particulièrement par référence à la « raison », dont rien n'interdit de penser que nous la partageons avec d'autres créatures[1]. Mais inversement, la « faiblesse » qui forme comme le centre de gravité du concept de l'humanité ne se pense pas plus chez Montaigne dans un rapport au « péché », et elle ne doit pas être comprise comme la conséquence de la « chute » et de l'humiliation de l'homme. En vérité, le concept de « faiblesse » n'est que marginalement

---

1. Sur ce point, voir l'« Apologie… », et notamment 2.12, 709/452 *sq.*

axiologique, car il est fondamentalement descriptif et anthropologique : « Il faut contraindre l'homme, écrit Montaigne dans l'"Apologie…" (2.12, 720/459), et le ranger dans les barrières de cette police. Le misérable n'a garde[1] d'enjamber par effet[2] au-delà : il est entravé et engagé, il est assujetti de pareille obligation que les autres créatures de son ordre, et d'une condition fort moyenne, sans aucune prérogative, préexcellence vraie et essentielle. ». Par là on doit comprendre, *et* quel est le privilège de l'humanité sur les autres créatures, *et* combien ce privilège ne tient nullement à un statut ontologique particulier de l'homme, mais à un concours infiniment complexe de circonstances dont on renvoie le plus ordinairement l'explication à un imaginaire théologique. « Humanité » ne désigne que l'emboîtement, pour parler par métaphore, de l'action et de la parole humaines dans le cours des affaires du monde. Et son privilège n'est que d'éprouver en la subissant la nécessité opposée à son vouloir, c'est-à-dire d'appréhender le monde comme négativité et son « ivresse naturelle » (3.02, 1255/805) comme opératoire de sa propre décrépitude. De fait, si les hommes réfractent en eux-mêmes les contraintes de la réalité, ils existent très exactement comme existent les autres « créatures », du moins de leur « ordre ». Il n'y a pas de différence radicale et de nature entre les hommes et les bêtes, et si à coup sûr les hommes ne sont pas soumis au devenir comme les choses, s'ils ne sont pas absents à eux-mêmes et à leur sort comme les bêtes, néanmoins ils sont dans le monde comme y sont les bêtes, et même à certains égards ils y évoluent et s'y entendent comme elles.

1. N'a pas la capacité.
2. Effectivement.

Évoquant à la fin de l'essai « De la cruauté » certaines théories de la métempsychose, et que de « ce cousinage-là d'entre nous et les bêtes, [il] n'en fait [lui-même] pas grande recette » (2.11, 686/434), Montaigne ne manque pourtant pas de remarquer la familiarité qu'il y a entre la société humaine et celle des animaux. Non simplement que ceux-ci agrémentent celle-là, car au-delà d'une commodité domestique « il y a quelque commerce entre [les bêtes] et nous, et quelque obligation mutuelle » (*ibid.*, 687/435). La communauté des hommes et des bêtes n'est pas chez Montaigne dénuée de sens et destinée seulement à dénoter un vague amour de la vie dans le vivant, ni plus d'ailleurs à laisser émerger une conception naïve de l'intelligence partagée de l'homme et de l'animal. Sans doute faut-il en revanche y reconnaître l'idée d'un fonds existentiel commun. Comme nous, les bêtes participent à la faculté de l'intelligence, comme en attestent les longues analyses de l'« Apologie… », où Montaigne décrit les infinies modalités de la communication animale et humaine, mais aussi les preuves sans nombre de l'intelligence pratique des bêtes.

La discussion du rapport des hommes aux animaux est en vérité le symptôme de ce qu'il faut entendre par l'humanité et sa « condition fautive ». *D'une part* en effet, l'isonomie qui régit l'existence animale et humaine et qui interdit de postuler un quelconque véritable privilège de l'humanité, c'est celle de la nature : « Nature a embrassé universellement toutes ses créatures : et n'en est aucune, qu'elle n'ait bien pleinement fourni de tous moyens nécessaires à la conservation de son être » (2.12, 715/456). Le fonds existentiel commun auquel hommes et bêtes puisent leurs ressources est l'événementialité au sein de laquelle « nous devons conclure de pareils effets, pareilles facultés » (2.12,

721/460), car la vérité est que dans tous les cas « c'est une même nature qui roule son cours » (2.12, 731/467). Aussi les animaux ont-ils comme les hommes certains traits moraux, des marques d'intelligence, des relations sociales, une sexualité, etc. Et c'est pourquoi *d'autre part*, notre « privilège » n'est pas dans l'élévation de notre nature, mais plutôt dans sa propre disqualification morale, c'est-à-dire dans la « présomption » par quoi nous prétendons injustement nous démarquer du monde dont nous participons à pied d'égalité avec les bêtes. « Le privilège de quoi notre âme se glorifie, dit Montaigne (2.12, 751/481), de ramener à sa condition, tout ce qu'elle conçoit, de dépouiller de qualités mortelles et corporelles tout ce qui vient à elle […] : ce même privilège, dit-[il], semble être bien évidemment aux bêtes ».

Notre disqualification et notre « faiblesse » viennent donc de ce que nous nous rehaussons aveuglément et sans comprendre que nous tenons dans la nature le rang de toutes les autres créatures, qui y participent sinon identiquement à nous, du moins de manière analogue bien qu'inintelligible : « La présomption est notre maladie naturelle et originelle » (2.12, 710/452), ce qui nous désigne le plus formellement en exprimant le caractère fautif de notre représentation cognitive aussi bien qu'axiologique du monde et de notre propre « vivre ». C'est dans le désir naturel de la connaissance et dans l'éthicisation spontanée du monde, c'est dans la conversion du réel en termes de domination, de supériorité ou de haut et de bas, dans l'arraisonnement enfin de toutes choses, que s'épuisent symboliquement les ultimes répliques telluriques de « l'imbécillité humaine ».

Chapitre III

LA DOCTRINE DE L'IGNORANCE

S'il fallait très vite résumer la conception montaignienne de la connaissance, peut-être faudrait-il s'en tenir à cette instruction de l'essai « Que philosopher, c'est apprendre à mourir » (1.20/21, 129/84) : « Regarde plutôt l'effet et l'expérience ! » Sachant qu'une « vie » est tout entière éprouvée par « le branle du monde » et les distensions consécutives de la représentation, peu capable par elle-même de s'assurer de son assiette propre, la difficulté devient extrême de penser le savoir et son établissement, ou bien ses procédures de validation et de confirmation, enfin une certaine régularité et une permanence de ses contenus. Pourtant quelque chose découle des « effets », qui désignent l'état actuel des choses, et de « l'expérience », qui en est un tissage utile et conséquent, à défaut d'être véridique et constant. Postuler que nous pouvons avoir profit à observer les événements du monde et des hommes, et que nous pouvons y puiser un savoir qui traduirait notre aptitude à regarder et à envelopper les choses de significations pertinentes, c'est affirmer qu'une question du vrai et du faux se pose à juste titre, et malgré l'incessante variation de l'état des choses. Si nous ne sommes assurés de rien, du moins ne sommes-nous pas ignorants de tout, et si inversement nous avons quelque connaissance des choses, cela ne nous rend pas pour autant savants de ce qu'elles sont.

Aux confins de la science et de l'ignorance, le principal de la difficulté tourne ainsi autour du *scepticisme*, dont le rattachement à Montaigne ne paraît plus souffrir la moindre discussion. La recherche dans laquelle on s'engage consiste non à déterminer comment Montaigne se compare au scepticisme, notamment de l'Antiquité, mais à comprendre suivant quelles contraintes spécifiques se construit dans les *Essais* la problématique de la connaissance et comment à partir d'un souci de la vérité, elle donne paradoxalement lieu à une authentique mais positive « doctrine de l'ignorance » (2.12, 777/498). Ce qui est en jeu, dans le fond, c'est le propre de cette « figure nouvelle » de la philosophie en laquelle entend se projeter Montaigne et qui, eu égard à l'économie traditionnelle des savoirs, porte le nom commun de « scepticisme ».

La problématique montaignienne de la connaissance se situe effectivement au point de jonction de trois thématiques solidaires. D'une manière assez classique, puisque cela fait penser au tout début du livre A de la *Métaphysique* d'Aristote, Montaigne reprend *premièrement* à son compte l'idée d'un appétit irréductible de connaître, qu'on pourrait considérer comme le ressort initial, sinon de la connaissance, du moins de l'aspiration ou de la prétention – même illégitime – à connaître : « Il n'est désir plus naturel que le désir de connaissance », dit le début de l'essai « De l'expérience », et « nous essayons tous les moyens qui nous y peuvent mener » (3.13, 1655/1065). Du fait de la « vie » seule, nous sommes pris dans des processus représentationnels et par conséquent cognitifs dont rien ne garantit qu'ils soient féconds, mais dont chaque moment donne à penser que leur actualité est à la fois absolument irréductible et toujours douée de sens. Nous passons littéralement notre temps à interpréter les images que nous avons des choses, en les qualifiant notamment à la lumière des impressions que nous en laissent les sens. Seulement *deuxièmement*, et tout uniment, « il n'y a point de plus notable folie au monde » que de ramener les choses et ce que nous en concevons « à la mesure de notre capacité et suffisance[1] » (1.26/27, 276/179). Nous ne pouvons prétendre être la mesure des choses, précisément parce que des choses à nous il n'y a nul lieu commun, nulle communication de leur être propre à nos facultés. Savoir, pourrait-on par conséquent dire, ce n'est que vouloir savoir, et dans le contexte d'un monde qui nous est structurellement étranger et qui, à la limite, pourrait même n'être pas nommé « monde », mais être conçu comme un simple tissu sémantique de nos représentations sensibles[2]. En contrepoint de l'appétit de connaître, il faut donc poser une obscurité radicale, en tout cas une indécidabilité du connaissable, et que ni le monde ne se plie à nous, ni nous-mêmes n'avons la capacité de nous conformer rigoureusement à un ordre quelconque des choses. On comprend enfin – et c'est le *troisième* point – que ce soit « chose vaine et frivole que l'humaine prudence[3] » et que « la possession des événements[4] » soit du seul ressort de la fortune (1.23/24, 194/127). L'ordre que nous projetons et grâce auquel nous nous orientons et agissons dans le monde des savoirs et

---

1. La « suffisance » désigne en général chez Montaigne l'étendue et la portée de l'esprit, une certaine manière de « compétence » ou de « savoir », parfois de « sagesse ».

2. Sur ce point, cf. *supra*, « Un philosophe imprémédité et fortuit », note 1, p. 32.

3. Sagesse.

4. L'ordre des choses.

des pratiques est en un sens le nôtre, parce qu'il ne dépend pas d'un état objectivement ordonné des choses ; mais c'est en un autre sens un ordre qui nous est étranger, parce que la vraie cause n'en est pas l'esprit mais la fortune, non pas le « sujet » mais les opinions qui en déterminent l'usage et la très relative puissance. Le principe de tout ordre n'est ni une nécessité ni une raison immanentes, mais la pure contingence d'une coïncidence éprouvée entre une activité propre de l'esprit et ce qui, du « dehors », y occasionne du mouvement. L'évidence d'un scepticisme de Montaigne gît donc au cœur de cette triple postulation, qui n'affirme pas simplement le caractère irrémédiable de l'ignorance, mais fait du procès de la connaissance une manière de lutte constante de l'esprit avec lui-même et avec les choses, c'est-à-dire avec le tissu ou le système muable de ses représentations et évaluations.

Où surgit à l'évidence un paradoxe. C'est que Montaigne ne vise pas simplement à l'humiliation de la puissance de connaître et à en marquer l'impossibilité – « pour le châtiment de notre fierté » (2.12, 860/553). Car ses analyses ne consistent pas à aller de la prétention de savoir à la fatalité de l'ignorance ; pas plus évidemment qu'elles ne visent à mettre en place les conditions empiriques ou logiques d'une constitution de la connaissance, en contradiction flagrante avec l'atmosphère de scepticisme des *Essais*. Mais très certainement, le mouvement de sa pensée va des savoirs aux savoirs, c'est-à-dire témoigne d'une entreprise critique cherchant non à mettre au jour les soubassements de ce que nous savons, mais à faire comprendre comment nous sommes toujours en quelque façon *déjà* installés dans des savoirs, soit parce que nous évaluons spontanément les choses et les événements, soit parce que nous nous faisons spontanément les relais des opinions qui nous préexistent et qui circulent pour ainsi dire naturellement parmi nous. « L'opinion est une puissante partie, écrit Montaigne (1.40/14, 410/61), hardie, et sans mesure. » Non seulement nous sommes pour ainsi dire saturés de connaissances dont nous ignorons le sens ou l'origine véritables, et dont la valeur de vérité nous échappe immanquablement ; mais surtout nous sommes toujours et déjà, d'emblée, naturellement, fondamentalement traversés par des savoirs, des significations, des « opinions » précisément, c'est-à-dire des schèmes perceptifs, cognitifs, axiologiques, au regard desquels se définissent nos positions existentielles et spéculatives propres, efficaces et passagères à la fois.

Le mouvement qui va des savoirs aux savoirs explique en réalité doublement le désir de connaissance. D'abord, parce qu'il trahit la méconnaissance dans laquelle nous sommes eu égard à ce que, d'une façon ou d'une autre, nous savons déjà, à tort ou à raison : « Quoi que ce soit qui tombe en notre connaissance et jouissance, écrit Montaigne (1.53, 502/309), nous sentons qu'il ne nous satisfait pas, et allons béant après les choses à venir et inconnues, d'autant que les présentes ne nous soûlent[1] point. » L'avidité que nous avons de connaître vient en excès de l'illusion même que nous avons de maîtriser des savoirs et de la conviction que nous nous forgeons de leur caducité. « Nous sommes chacun plus riche, que nous ne pensons, ajoute-t-il (3.12, 1612/1038) : mais on nous dresse à l'emprunt et à la quête. » Le désir naturel de connaissance, dont le thème est hérité d'Aristote, devient dans le contexte de « l'imbécillité humaine » une « forcenée curiosité de notre nature » (1.11, 98/41) – « *literarum intemperantia* »

—————————————

1. Satisfont.

(3.12, 1612/1038), une intempérance pour la culture. D'où que le désir de connaissance s'explique aussi comme une « maladie naturelle de [l']esprit » (3.13, 1661/1068) qui ne se marque pas tant par son impuissance que, paradoxalement, par son emballement : « Il pense remarquer de loin je ne sais quelle apparence de clarté et vérité imaginaire : mais pendant qu'il y court, tant de difficultés lui traversent la voie, d'empêchements et de nouvelles quêtes, qu'elles l'égarent et l'enivrent » (*ibid.*). Pour le dire formellement, le mouvement cognitif de l'esprit s'effectue sur un mode contradictoire, la recherche de la connaissance naissant du sentiment de la caducité du savoir, et ce sentiment engendrant à son tour un mouvement en raison duquel ce qu'on sait se confond et s'épuise, s'altère et s'invalide en « tant d'interprétations [qui] dissipent la vérité et la rompent » (*ibid.*, 1660/1067). Nous ne souffrons donc pas d'ignorer, ni plus de l'impuissance d'acquérir des connaissances, nous souffrons d'une incapacité constitutive à nous *ancrer* dans des savoirs qui, si nous en avions la capacité, pourraient être légitimement évalués en fonction de leur usage et ainsi confinés de façon critique dans les limites de leur pertinence : le scepticisme n'est pas aveu d'ignorance, il est constat d'instabilité et, corrélativement, de volubilité.

Les principes de l'orientation générale du scepticisme de Montaigne résident par conséquent dans la façon dont nous circulons parmi nos représentations et parmi les évaluations cognitives ou axiologiques qui les accompagnent. Connaître, ce n'est pas dans un tel contexte déterminer une chose ou son concept, c'est plutôt répliquer en discours diversement, abondamment et sans doute aléatoirement, les états donnés de la représentation et des opinions qui l'accompagnent, dont la dissémination est calquée sur celle des hommes et de leurs infinies façons de vivre[1]. La différence des opinions n'est pas une propriété purement contingente de nos contenus de connaissance. Elle indique plutôt le lien extrêmement étroit qu'il y a entre la position existentielle de tout être et les représentations qui sont de ce fait et actuellement les siennes. Que les hommes aient des opinions comparables, assimilables, apparemment identiques, cela ne fait l'objet d'aucune contestation véritable, d'autant plus que la coutume et les usages ne concernent pas seulement les manières d'être, mais aussi celles de penser. Mais il n'est pas permis de conclure de l'indiscernabilité des différences à leur inexistence. Le scepticisme de Montaigne est une théorie différentialiste de la connaissance, non une théorie de son impossibilité : elle postule que l'inscription différentielle du connaissant dans la mosaïque du monde et des affects implique de rattacher le procès intellectuel de la représentation au procès effectif du mouvement des choses.

Mais comment comprendre « rattacher » ? Le monde n'est assurément pas notre représentation et comme une projection des facultés cognitives donnant corps et forme à la diversité des « effets ». Rien n'assure non plus que la succession et l'organisation de nos représentations soient l'ectype d'une pareille succession et organisation des faits. « Rattacher », ce serait dès lors plutôt tâcher de rendre compte de la façon dont l'enchaînement de nos représentations, si diverses soient-elles en nombre comme en nature, *exprime* les états du monde et, plus précisément, nos propres états dans les états du monde. D'après la leçon

---

1. « Et est impossible de voir deux opinions semblables exactement », écrit Montaigne dans le chapitre « De l'expérience ». – Sur ce thème de la variété des opinions, cf. *infra*, chap. 4, « L'empire de la coutume », p. 188 *sq*.

des *Essais*, en effet, rendre compte d'une réalité de la connaissance est la faire dépendre des « circonstances », qui n'en sont pas seulement les causes, mais aussi la texture : « L'homme peut reconnaître, écrit Montaigne (2.12, 860/553), qu'il doit à la fortune et au rencontre, la vérité qu'il découvre lui seul »[1]. Or rapporter toute vérité « à la fortune et au rencontre », c'est déclarer n'avoir finalement pas à en rendre compte, plus même que s'avouer dans l'impossibilité de le faire. À moins qu'il ne s'agisse de l'indice que la connaissance et l'aptitude à *de* la vérité doivent être éclairées à la lumière des positions ontiques que trahissent invariablement nos représentations et, par conséquent, qu'elles doivent être passées au crible du « présentisme » qui vise à les modéliser.

De même, en effet, que la position ontique des êtres individuels suppose un ensemble de coordonnées contingentes et variables qui déterminent à la fois une expérience sensitive et des évaluations les accompagnant ; de même la sur-élaboration de leurs représentations en connaissances les explique comme autant d'événements complexes et singuliers dont l'enracinement est pour nous fondamentalement sensitif, mais dont la matrice sensitive n'est précisément jamais dénuée de signification et constitue bien au contraire le stade signifiant élémentaire de la formation de nos savoirs. Parce qu'ainsi tout savoir est d'abord sensible et corporel, la théorie montaignienne de la connaissance n'est pas un idéalisme ; parce qu'il repose essentiellement sur les laborieuses et parfois erratiques transformations de l'intelligence, elle n'est pas, *stricto sensu*, un réalisme ;

1. La question ne porte en effet pas sur les vérités révélées, qui par nature ne sont pas de notre ressort, mais sur celles que nous avons la prétention d'instituer de nous-mêmes, ou d'élaborer à partir de notre propre fonds sensitif et représentationnel.

enfin parce qu'il n'y a pas de bijection exacte entre l'ordre de la représentation et celui des choses, Montaigne ne peut être dit « paralléliste ». En revanche, le modèle du « présentisme », décliné ou explicité sous la forme d'un « pointillisme sémantique », est le moyen de formuler ceci : que des points représentationnels forment un halo de significations et les soubassements de toutes nos connaissances ; et que d'emblée, spontanément et confusément, des interprétations des choses et du monde s'expriment et s'organisent en nous, au gré de l'expérience directe ou langagière des choses, pour donner lieu à *du* savoir. C'est là faire droit au *fait* de connaître, certes déconnecté d'une problématique immédiatement assertive de la vérité, et entendre celle-ci au point de vue, non tant de ses normes que de son *maintenant* – le maintenant de l'intelligence, de ses hésitations et de ses réussites comme de ses échecs temporaires. « Scepticisme », en d'autres termes, ne désigne pas une position dogmatique – le dogme de la connaissance impossible – ce n'est pas le nom d'une épistémologie négative, mais bien celui d'une épistémologie de l'opérationnalité, le savoir ressortissant à des processus sans doute aléatoires, mais tout aussi bien aux jeux de langage d'une intelligence engagée.

La problématique de la connaissance s'avère dès lors, chez Montaigne, celle du *divers* et de son sens. Diversité, non seulement des points de vue qui distinguent les hommes les uns des autres comme chacun de lui-même « à diverses heures » (3.13, 1660/1067) ; mais aussi des significations, elles-mêmes diversement entendues, dont il faut parvenir à relever des coïncidences dans les manières que nous avons de les entendre, c'est-à-dire de *nous* entendre. Car précisément, nous nous entendons et communiquons les uns avec les autres, échangeons et élaborons des espaces de connaissance – les livres – ou de civilité – les États et leurs institutions. Tout y est assurément « incertitude et débat », reconnaît Montaigne (2.12, 860/553), et si c'est « par notre faiblesse » (*ibid.*), celle-ci ressortit moins à la puissance entropique de l'ignorance qu'à la faculté de démultiplication discursive de nos évaluations. Le double cœur de la problématique de la connaissance concerne donc autant la conversion de ce qui apparaît au point de vue des sens en systèmes sémantiques disponibles – c'est-à-dire susceptibles de réélaborations discursives *a posteriori* – que la mise en coïncidence de ces systèmes en méta-systèmes de l'accord interindividuel et de la communication. Quand nous sentons, nous sentons en effet, c'est-à-dire interprétons immédiatement le senti et y associons comme des conceptions – la retenue au plaisir, l'endurance à la douleur, etc. Or les significations que nous associons aux choses, ou plutôt qui s'inventent au gré de la fortune, font ou trouvent écho par la parole écrite ou orale dans les pensées et les discours des autres, que l'on croise et sur lesquels on s'accorde ou se désaccorde. Où le monde senti – qui n'est pas plus « monde » qu'il n'est « sensible » au sens où l'on oppose le sensible à l'intelligible – rencontre l'invention d'une multiplicité de systèmes sémantiques, l'arbitraire des métaphores, des notions, des mots, des opinions, et en somme du discours.

LE PRIVILÈGE DES SENS

De l'être, nous sommes séparés sur deux plans. Aussi bien sur un plan ontologique, l'expérience que nous avons des choses n'ayant nullement partie liée à leur « véritable essence » ; que sur un plan théologique – si l'on veut bien supposer que l'existence requiert un geste créateur – puisque de Dieu il n'est possible de rien dire qui se conjugue en forme de discours intelligible[1] : « ce serait péché de dire de Dieu, qui est le seul qui est, qu'il fut ou il sera » (2.12, 931/603) – il n'y a pas de déclinaison linguistique pour Dieu qui, échappant à toute temporalité, échappe aussi à toute intelligence humaine prise dans son effectivité mondaine. Prendre en charge le problème de la connaissance, c'est donc l'assumer dans une totale solitude de l'humanité, qu'aucune assurance d'un ordre transcendant du monde ne vient seconder dans sa quête incessante de savoir. Ce qui n'est pas dénué d'importance : l'entreprise de la connaissance s'appuie sur du désir seul, du désir brut, non sur un désir alimenté par une espèce de certitude sous-jacente que les choses sont intelligibles ou qu'elles finiront par livrer leur intelligibilité, même partiellement. S'il y a un fond sceptique de Montaigne, il tient au parti pris de penser l'aspiration au savoir comme totalement dénuée de fondement, totalement isolée de toute certitude que l'entreprise elle-même de connaître mérite les efforts qu'elle mobilise – une curiosité transcendantale, si l'on veut, caractéristique à la fois du tour de l'esprit humain et de son enracinement mondain. En cela certes le désir qui l'anime excède tout l'effet qu'il produit, il ne conditionne pas, mais il définit l'entreprise qui le réalise ; et qui ne fait que trahir la « vie » dans son cours, sa confusion et ses besoins. Le désir exprime en effet un sentir, car « c'est le privilège des sens, d'être l'extrême borne de notre apercevance » (*ibid.*, 910/588). Or on n'a pas affaire à une

---

1. Ce qui est à l'époque de Montaigne un lieu commun : « L'ignorance sacrée nous a enseigné un Dieu ineffable ; et cela, parce qu'il est infiniment plus grand que tout ce qui peut se compter ; et cela, parce qu'il est au plus haut degré de vérité. » (Nicolas de Cues, *De la docte ignorance*, I, § 26) – Même argument dans son *Dialogus de deo abscondito*.

théorie de l'application d'une certaine faculté judiciaire à un certain ensemble du donné, mais bien à une conception constructiviste du donné comme projet et objet à la fois de la faculté sensitive et du travail judiciaire qui l'accompagne ou, mieux, qui en est l'expression sémantique. Ce qu'il faut démontrer.

Sentir a bien partie liée aux « passions corporelles » (2.12, 879/567), mais immédiatement aussi aux opérations de l'âme en vertu desquelles le senti fait sens, quelle que soit la pertinence de celui-ci. Comme pour essayer de faire la part des choses et de discerner formellement le « sensible » de l'« intelligible », il y a dans l'« Apologie… » un argument qui s'étend assez longuement autour des « psychologies rationnelles » de l'Antiquité, prises entre Lucrèce – « on ignore en effet quelle est la nature de l'âme[1] » (*ibid.*, 844/542) – et une posture pyrrhonienne – « Laissons à part cette infinie confusion d'opinions, qui se voit entre les philosophes mêmes, et ce débat perpétuel et universel en la connaissance des choses » (*ibid.*, 874/562-563). L'objectif tactique qu'on peut reconnaître à cette longue stance argumentative, c'est de montrer que la question de la nature de l'âme est en tant que telle mal posée et, mieux encore, qu'elle ne se pose tout simplement pas. En vérité, la révocation de la question de l'origine de la connaissance ou du connaissable nous laisse avec le seul axiome selon lequel « nous pensons », qui est bien suffisant s'il faut chercher à en élucider, non les normes, mais le fait et l'événementialité. Sur le plan épistémique, l'âme et le corps ne sont pas à proprement parler deux « choses » distinctes, mais deux instances diversement descriptibles d'une même activité au cœur de laquelle se donnent le

1. En latin dans le texte : « *Ignoratur enim quæ sit natura animaï* » (*De la nature des choses*, I, v. 112).

sensible et l'ensemble des significations qu'il prend par et pour nous [1] – chaud ou froid, plaisant ou déplaisant, disponible ou non, etc. Et c'est bien ce qu'il faut parvenir à expliquer. La propriété essentielle de nos « facultés sensitives » (*ibid.*, 912/590) étant celle de la limitation, le travail des sens et celui du jugement participent d'un seul et même mouvement opératoire en vertu duquel se cristallise progressivement pour nous *de* la connaissance, *du* possible pour l'action, un ordre des choses, des autres, et en somme du monde.

Le premier de ces deux points concerne donc *le travail des sens*. Le principal du scepticisme de Montaigne tient de fait à cette formule : « Les sens, écrit-il, sont le commencement et la fin de l'humaine connaissance » (*ibid.*, 909/588). Cela s'entend d'abord assez aisément : le sensible constitue la matière première du savoir, mais aussi le savoir ne peut excéder la sphère du sensible, l'investigation de la réalité atteignant tout au plus une généralité de sentiment. Sous cette ligne assez convenue, pourtant, les choses sont bien plus complexes et traduisent une tension, chez Montaigne, entre le donné et le discours du donné, entre le monde tel qu'il est et l'esprit qui se l'approprie et en construisant son savoir. La sphère des sensibles se révèle en effet *conjointement* inappropriable *et* discutable, éclairante *et* fuyante, propre à édifier le sentant *en même temps* qu'à lui ajourner sans cesse sa leçon. Naturellement instables, les facultés s'appliquent à un monde lui-même instable et ne sont pas susceptibles de recevoir avec constance le sensible, ni d'établir avec assurance une extériorité homogène et

---

1. On distinguera donc le traitement épistémique du problème du rapport de l'âme et du corps, et son traitement éthique (cf. *supra*, chap. 2, « Notre condition fautive », p. 91 *sq.*).

durable. Il faut pourtant penser la connaissance, tout simplement parce que nous connaissons

Deux arguments alimentent dès lors solidairement le fonds sensualiste du scepticisme de Montaigne. D'une part, un argument « subjectiviste », pour dire par anachronisme, qui se rapporte au fait que nos représentations et les significations que nous y associons ressortissent à nous et, Montaigne y insiste, à nous *seuls* : « Que les choses ne logent pas chez nous en leur forme et en leur essence, et n'y fassent [pas] leur entrée de leur force propre et autorité, nous le voyons assez. […] Les sujets étrangers[1] se rendent donc à notre merci, ils logent chez nous, comme il nous plaît » (*ibid.*, 873/562)[2]. Le travail des facultés sensitives ne se rapporte nullement à une sorte de réceptivité passive du sujet : nous ne sentons pas les choses en vertu d'une capacité réputée univoque de sensation, éveillée et entretenue par elles, comme si l'extériorité, dans sa transcendance, venait tout bonnement s'imprimer sur des tablettes que, dans une sorte de suite logique, l'intelligence interprèterait par ses moyens propres et spécifiques. Nos « facultés sensitives en nature » (*ibid.*, 912/590) nous font, bien au contraire, *immédiatement* un « rapport » sur ce que les sens « nous charrient du dehors » (*ibid.*, 913/590-591) et ce sont elles qui nous permettent de conclure par synthèse ou par extrapolation à quelque espèce de connaissance. Les sens accueillent les choses – dont la nature nous demeure radicalement étrangère et inconnue – et, dans le mouvement même de cet accueil, élaborent *aussitôt* l'espace sémantique du sensible, de sa « réalité » et de quelque forme d'intelligibilité. C'est donc que, d'autre part, le

---

1. Les objets extérieurs.

2. Comparer à 2.01 : « Nous ne pensons ce que nous voulons, qu'à l'instant que nous le voulons : et changeons comme cet animal, qui prend la couleur du lieu, où on le couche. » (535-536/333)

sensible est en soi « étranger » et que, s'il existe comme il existe, c'est seulement sous couvert de l'activité représentationnelle le rendant « à notre merci » qu'il devient « réalité » en devenant potentiellement signifiant. Le monde n'est pas notre représentation, mais le monde n'est rien hors les représentations qui, de façon dynamique, en tissent la texture et la complexité. Cette activité, cette intelligence en acte, par quoi le sensible est d'abord le senti actuel du sentant, est au cœur du travail des sens et le premier ressort de toute connaissance.

La question du sensible et de sa *réalité* constitue donc un point d'achoppement et une « extrême difficulté » (*ibid.*) de la théorie montaignienne de la connaissance. « Si nos facultés intellectuelles et sensibles, sont sans fondement et sans pied, écrit Montaigne (*ibid.*, 873/562), si elles ne font que flotter et venter[1], pour néant laissons-nous emporter notre jugement à aucune[2] partie de leur opération, quelque apparence qu'elle semble nous présenter. » Non seulement il n'est rien qui, à titre de sensible, conditionne à proprement parler l'usage des facultés, mais le travail lui-même de l'intelligence est un processus instable et aléatoire. « Comme il nous plaît », cela veut dire sans fondement ni principe, mais selon « le rencontre » et comme effet d'une coïncidence entre ce qui est, dont nous ne savons rien, et ce que nous faisons et qui a lieu sans que nous en maîtrisions les procédures cognitives les plus fondamentales en jeu. Toute « connaissance », tout « jugement » sont issus de et se greffent sur des opérations mentales, corporelles et intellectuelles à la fois, par lesquelles se constitue de manière perpétuellement changeante le sensible de l'expérience.

---

1. S'agiter au vent.
2. À quelque.

Le « sensible » n'est donc pas l'essence du donné, il n'est pas un contexte pour toute connaissance possible, il est le procédé actuel de la représentation, l'activité mentale et une première construction mentale du sentant dans l'actualité de ses sensations. « Ce que je tiens aujourd'hui, continue effectivement Montaigne (*ibid.*, 874/563), et ce que je crois, je le tiens, et le crois de toute ma croyance […]. J'y suis tout entier : j'y suis vraiment […]. » De quoi l'on peut inférer que l'existence actuelle et signifiante des choses consiste simplement dans la possibilité actualisée qu'elles ont d'être construites dans la représentation. Le scepticisme de Montaigne s'adosse à une théorie de la représentation dans laquelle se donnent tout uniment le geste du connaissant – ce que les sens « nous charrient du dehors » – et le fait de la connaissance – les arguments, consécutions, ou vérités que nous formons « par la consultation et concurrence[1] de nos cinq sens » (*ibid.*, 913/560). Quelle que soit l'étendue ou la nature du savoir dont il est l'opérateur, le connaissant est identifiable à la pleine et entière adhésion, voire adhérence de l'activité de son esprit au maintenant de ses représentations, comme si toute sorte de vision était d'abord sans mémoire ou que la mémoire ne permettait par sa propre actualité que l'infléchissement du maintenant et de sa signification. S'il existe un espace cognitif ainsi que pratique pour la pensée comme pour l'action, ce n'est pas dans l'extériorité d'un monde qu'il faut en chercher les fondements, mais dans l'activité proprement dite qui le dessine et qui n'est pas plus, au sens strict, « intériorité », puisqu'il n'y a pas d'extériorité au regard de laquelle la caractériser de la sorte. L'activité de la pensée ressortit aux mouvements désordonnés de

---

1. Concours.

« l'âme », aux « passions corporelles » autant qu'aux siennes propres[1], à « quelque agitation déréglée » en somme (*ibid.*, 880/567) par laquelle se détermine de la croyance. Une croyance n'est en effet que l'actualisation présente et toute temporaire d'une configuration possible des constructions de l'esprit – « comme une impression qui se [fait] en notre âme » (1.26/27, 275/178) : une figure de la compréhension, sans doute, mais une compréhension relative à sa seule et propre événementialité. C'est pourquoi du reste la frontière entre le « croyable » et l'« incroyable » est peu nette ou même sans véritable signification eu égard aux jugements qu'ils induisent, à la sagesse même qu'on en peut extraire : « Il ne faut pas, écrit Montaigne (2.32, 1127/725), juger ce qui est possible, et ce qui ne l'est pas, selon ce qui est croyable et incroyable à notre sens » ; et quelles que soient les invraisemblances de Plutarque, il n'en est pas moins « le plus judicieux auteur du monde » (*ibid.*, 1123/723), en dépit de, voire en vertu de ses invraisemblances[2].

Seulement il ne suffit pas de reconnaître que « nous recevons les choses autres et autres selon que nous sommes, et qu'il nous semble » (2.12, 925/598) ; il faut y ajouter, en forme de triptyque, un tableau des perturbations qui altèrent incessamment la représentation et le jugement. Trois points sont en effet ici solidaires, selon Montaigne[3]. *Premièrement*, rien n'assure de l'exhaustivité herméneutique de l'espace représentationnel ouvert par les sens, car « je

1. Sur ce point, voir 2.12, 879/567, ainsi que *supra*, chap. I, « Le branle du monde », γ), p. 62 *sq*.
2. Comparer à 1.26/27, 276/179.
3. Pour la plupart, les arguments de Montaigne sont inspirés des *Esquisses pyrrhoniennes* de Sextus Empiricus et du livre IV du poème *De la Nature des choses* de Lucrèce.

mets en doute, écrit-il (*ibid.*, 910/588), que l'homme soit pourvu de tous sens naturels » ; et « le défaut de telles facultés, nous apporte l'ignorance de la vraie essence de telles choses » (*ibid.*, 912/590). Si la diversité du senti détermine la diversité des significations que nous fixons à notre horizon de vie, rien ne permet de conclure de cet horizon à l'épuisement de tous les possibles qu'il renferme, la connaissance étant ainsi rabattue sur le seul espace, relativement étroit, d'une vie sensible effective, individuelle et singulière. Nous ne voyons donc et ne comprenons que ce que nous pouvons voir et comprendre au gré de la « fortune » et des « rencontres », non ce que sont les choses et non pas mêmes des propriétés « objectives » de surface. Au fond, la catégorie même d'objectivité, *a fortiori* celle de vrai sont inapplicables aux processus représentationnels de base. De fait, *ensuite*, il y a « l'incertitude et faiblesse de nos sens », c'est-à-dire cette faillibilité par quoi « ils corrompent ou altèrent ce, qu'ils nous charrient du dehors » (*ibid.*, 913/590-591)[1]. Ce qui est en cause ici est la puissance même des sens ou des facultés qu'ils recouvrent (leurs possibilités), de laquelle il faut selon Montaigne distinguer les opérations proprement dites en lesquelles il y a également « erreur et incertitude » (*ibid.*, 915/592). Les deux choses se distinguent par le fait que la première concerne les capacités sensitives proprement dites, et qu'elles sont perpétuellement altérées, en réalité instables et sans règles ; et que la seconde concerne leur efficace, les sens provoquant

---

1. Montaigne n'écrit pas : « altèrent ce qu'ils nous charrient », mais bien : « altèrent ce, qu'ils nous charrient ». Il n'embrasse donc pas dans son propos l'ensemble du donné, mais le discrétise en autant de « ce » – en langage aristotélicien, on dirait : τόδε τι – qu'il y a d'appréhensions, d'impressions, d'interprétations ayant lieu dans les usages les plus ordinaires et les plus « naïfs » de l'esprit.

un brouillage permanent du jugement, c'est-à-dire de l'effort par lequel nous tentons de nous stabiliser autour de telles et telles significations pertinentes : « que les sens soient maintes fois maîtres du discours[1], et le contraignent de recevoir des impressions qu'il sait et juge être fausses, il se voit à tous coups » (*ibid.*, 916/592). Mais bien plus : « Cette même piperie, que les sens apportent à notre entendement, ils la reçoivent à leur tour. [...] Nos sens sont non seulement altérés, mais souvent hébétés du tout[2], par les passions de l'âme » (*ibid.*, 920-921/595-596). Montaigne refuse donc le schéma classique de l'univocité de l'erreur, le sensible étant tenu pour cause efficiente de la confusion de l'âme, et celle-ci couverte par une sorte d'innocence naturelle et constitutive. En vérité, considérer que les « empêchements » vont des sens à l'entendement aussi bien que de l'entendement aux sens permet de poser le problème de l'erreur en termes non plus de responsabilité épistémique, mais purement et simplement d'événementialité et de fonctionnalité : l'erreur structure la représentation, par quelque perspective qu'on l'aborde, que ce soit du point de vue de ce qu'on nomme par commodité « sensible », ou de ce qu'on nomme « intelligible ». Âme et corps forment un processus représentationnel unique, mais complexe et plurivoque, dont l'espace cognitif est une conséquence troublée et passablement hasardeuse, mais globalement efficace. Même si, *enfin*, le complexe des sens est par lui-même « fautif », puisque « nos sens mêmes s'entr'empêchent l'un l'autre » (*ibid.*, 925/599) et que la variété des sensations induit comme telle, potentiellement, une altération de chacune d'elles. Tandis qu'en somme les

---

1. Le terme désigne le plus souvent chez Montaigne la « raison ».
2. Complètement hébétés.

sens distillent du signifiant et qu'ils font des « ce » qui sont donnés un monde auquel ils donnent un visage et un usage à notre intention, il n'en faut pas moins conclure avec Montaigne que « l'incertitude de nos sens rend incertain tout ce qu'ils produisent » (*ibid.*, 926/600). Ce qui est une clé de son scepticisme, car les incertitudes qu'il décrit de la représentation n'en sont pas simplement les altérations, c'en sont tout aussi bien les possibilités : les sens ne forment pas une espèce de filtre déformant d'une réalité par ailleurs inaccessible, ils forment l'espace opératoire d'un système sémantique ouvert aux opportunités de la parole, du signifiant et, en un mot, du jugement.

Le deuxième point ayant trait au système opératoire de la connaissance concerne effectivement le *travail du jugement*. « Tout ce qui se connaît, il se connaît sans doute[1] par la faculté du connaissant, écrit Montaigne (2.12, 909/587) : car puisque le jugement vient de l'opération de celui qui juge, c'est raison que cette opération il la parfasse par ses moyens et volonté, non par la contrainte d'autrui[2] : comme il adviendrait, si nous connaissions les choses par la force et selon la loi de leur essence. » Encore une fois, nous ne sommes pas « victimes » de nos sens, qui ne sont à cet égard ni « innocents », puisqu'ils nous trompent, ni « coupables », puisqu'ils sont ce qu'ils sont et que nous sommes ce que nous sommes, et que nous ne savons ce que nous savons qu'à travers eux[3]. En revanche nous sommes pour ainsi dire solitaires en nos sens, si l'on entend par là que nous n'avons d'autre issue que de nous en tenir

1. Incontestablement.
2. D'autre chose.
3. Montaigne renvoie sur ce point dos à dos les deux conceptions épicurienne et stoïcienne du rôle cognitif des sens. Voir 2.12, 913 *sq.*/591 *sq.*

à eux, sans aucune espèce de garantie qu'ils nous apportent un savoir ou du moins que nous sachions mesurer la distance qui de leur fait nous sépare d'un savoir stable et pertinent. Ainsi sont immédiatement donnés dans la représentation, et ce qui participe des sens, et ce qui participe du jugement qui leur assigne une forme d'intelligibilité, non parce que le jugement vient s'adjoindre ou se surajouter aux sens, mais parce que les sens sont déjà et d'emblée par eux-mêmes jugement, qu'ils sont « nos propres et premiers juges » (3.08, 1456/930). Le « sensible », pourrait-on dire, est un événement perceptif à l'occasion duquel s'engendrent pour le percevant des possibilités judiciaires extrêmement diverses, pour ne pas dire infinies. Mais il ne forme pas un contexte. La fonction judiciaire est inscrite dans les sens eux-mêmes, qui proposent ce qu'on pourrait appeler une vectorisation intelligible de l'espace sensible qu'ils ouvrent dans le phénomène même de la perception. Nous n'avons jamais affaire à des *sense data* que nous aurions à recombiner *a posteriori* : nous avons affaire à un sensible qui est *immédiatement* un intelligible, à condition de ne pas postuler en même temps qu'il est connu avec certitude, mais d'admettre seulement qu'il fait sens, confusément et aléatoirement du reste, mais non moins réellement. Il n'y a pas un monde hors de nous, que nous ordonnerions par le jeu de nos facultés, il y a du sentant et du senti, et dans leur interconnexion une vectorisation effective de la représentation par laquelle se constitue pour nous un monde de signifiants, c'est-à-dire un monde dont la perception immédiatement intelligente suscite une intelligence cognitive aussi bien que pratique.

Jouxtant ainsi la thématique du sensible, la théorie montaignienne du jugement concerne au premier chef le balancement incessant de la délibération, et la difficulté qu'il y a de s'arrêter en ce qu'il faut bien reconnaître comme une succession de décisions épistémiques : savoir, c'est *arrêter son jugement* dans un contexte qui interdit toute stabilisation du regard et implique d'incessantes variations de la perception. La difficulté du connaître réside donc dans le fait qu'il faut satisfaire à une exigence de stabilité du jugement en même temps que consentir à la réalité du mouvement incessant auquel il est soumis. Une théorie du jugement est dans ces conditions moins une théorie de ses normes qu'une description de ses difficultés, moins une conception de la place privilégiée de l'esprit que l'aveu d'un lien inextricable attachant le percevant à l'ensemble du perçu. « Si notre jugement est en main à [1] la maladie même, et à la perturbation, demande Montaigne (2.12, 881/568), si c'est de la folie et de la témérité, qu'il est tenu de recevoir l'impression des choses, quelle sûreté pouvons-nous attendre de lui ? » Entendons : si juger consiste en évaluations et que celles-ci portent sur les « choses », si les « choses » à leur tour ne nous touchent que par le truchement des sens et sont constituées comme altérées par leurs désordres, alors juger paraît impossible ou, du moins, pourrait n'être que le vain idéal qui accompagne l'illusion de pouvoir connaître. Sauf à considérer que l'arbitraire du jugement et de ses arrêts est un effet pragmatique et légitime de la faculté de juger, son mode ordinaire et non pas fautif de fonctionnement. Ce qui importe, c'est qu'il faille « ici et maintenant » prendre une décision qui n'engage nulle vérité mais permet du moins de se tenir, « ici et maintenant », à une conception contextuellement pertinente des choses et de la façon dont elles engagent du savoir ou de l'action.

1. Aux prises avec.

Ainsi disent le début de l'essai « De Democritus et Heraclitus » et la description qu'y donne Montaigne de ses propres procédés judiciaires : « Le jugement est un outil à tous sujets, commence-t-il, et se mêle partout » (1.50, 490/301), toutes choses étant susceptibles d'être évaluées et chacune de manières extrêmement diverses. « De cent membres et visages, qu'a chaque chose j'en prends un, ajoute-t-il (*ibid.*, 490/302), tantôt à lécher seulement, tantôt à effleurer : et parfois à pincer jusqu'à l'os. [...] Semant ici un mot, ici un autre, échantillons dépris[1] de leur pièce, écartés, sans dessein, sans promesse : je ne suis pas tenu d'en faire bon[2], ni de m'y tenir moi-même, sans varier, quand il me plaît. » Juger consiste ainsi à apposer arbitrairement des mots aux choses, à créer du signifiant, non pour s'y arrêter, mais pour en évaluer la pertinence et l'efficacité spéculatives ou pratiques dans un simple ici et maintenant de la connaissance ou de l'action. La nature des choses restant hors de notre portée, il ne résulte pas qu'il soit vain de parler, c'est-à-dire de décrire ou, si l'on veut, de narrer la « réalité ». C'est bien au contraire la narration, le jugement lui-même qui, par ses arrêts, étend l'univers des significations dans lequel évoluent le discours ou la raison et, au-delà, une manière de science ou de sagesse. Ce qu'il ne faut pas comprendre comme une tentative de concéder une science par défaut, et littéralement défectueuse. Plutôt comme une manière de produire d'abord, de reproduire ensuite, et sur un mode de dissémination, les représentations langagières dans lesquelles prend corps cette « réalité » dont nous ne connaissons pas la nature, mais où notre vie est incrustée

---

1. Détachés.
2. D'en traiter exhaustivement.

et dans laquelle nous avons à nous orienter et à faire des choix pratiques, sans doute, mais épistémiques également.

Le jugement est donc une décision de rationalité, c'est-à-dire de plaquer des mots sur les choses et de mesurer les effets que de telles descriptions, voire de telles prescriptions peuvent avoir en termes de connaissance ou d'action. C'est pourquoi les arrêts judiciaires n'ont rien de définitif, mais sont éminemment et légitimement mobiles. « Je suis d'avis, dit par exemple Montaigne (3.11, 1600/1030), que nous soutenions[1] notre jugement aussi bien à rejeter, qu'à recevoir. » Sa position « sceptique » ne se caractérise pas comme purement et simplement suspensive, mais elle consiste à admettre ce qui est admissible dans l'idée que l'inadmissible lui-même pourrait selon les circonstances faire opportunément l'affaire. Le balancement de l'admissible à l'inadmissible, qui ne sont pas des notions éthiques mais de simples façons de dire l'adhésion perceptive et judiciaire du moment, ou qu'elle fait défaut, c'est aussi le pour et le contre, tout aussi défendables l'un que l'autre. « Il y a prou de loi[2], lit-on dans la reprise d'un vers de l'*Iliade*[3] (1.47, 457/281), de parler partout, et pour et contre[4]. » C'est du reste le sujet du chapitre « De l'incertitude de notre jugement », qui ne dit pas exactement que nous sommes toujours en défaut lorsque nous jugeons, mais plutôt que tout jugement auquel nous nous arrêtons est susceptible d'être décliné sous la forme d'un jugement divergent, voire exactement contraire. Dire par conséquent que le jugement

1. Retenions.
2. Maintes raisons.
3. Chant XX, v. 249.
4. On trouve un exemple très marqué de ce balancement dans le chapitre « Coutume de l'Île de Céa » autour de la question du suicide (2.03, notamment 562 *sq.*/351 *sq.*).

est « une décision de rationalité », c'est dire qu'on prend la responsabilité épistémique d'arrêter sa perception sur l'une de ses significations, et de déployer celle-ci pour en mesurer les possibilités. C'est en effet ainsi qu'il faut entendre le surplomb que Montaigne reconnaît à son propre jugement : « Le jugement tient chez moi un siège magistral, écrit-il dans l'essai "De l'expérience" (3.13, 1672/1074), au moins il s'en efforce soigneusement. » Comprenons : juger consiste à s'extirper des rets du sensible, non dans l'espoir de s'en rendre autonome, mais pour en produire, d'abord pour son propre compte, un tissu de significations dont l'organisation permet de se représenter un sens des choses et une contexture de la « réalité », même si d'elle nous ne savons rien de proprement substantiel.

Être « sceptique », ce n'est donc pas chez Montaigne se retenir de porter des jugements, c'est admettre que tout jugement souffre au moins virtuellement la concurrence d'une extrême variété de perspectives différentes de la sienne. La valeur d'un discours tient principalement aux possibilités épistémiques et pratiques qu'il renferme, aux contextes dont il permet de s'emparer, aux descriptions puis aux actions qu'il rend éventuellement possibles. Si le jugement « fait son jeu à part » (*ibid.*), c'est précisément en intégrant à ses énoncés la singularité du point de vue qu'il actualise d'abord sur un plan épistémique. « Je me hasarderais de traiter à fond quelque matière, si je me connaissais moins, et me trompais en[1] mon impuissance », note Montaigne (1.50, 490/302). Non seulement ce que nous disons « nous découvre » (*ibid.*), c'est-à-dire révèle quelque chose de notre propre position ontique, mais ce

---

1. Sur.

qu'il découvre est également l'idée que nous avons de nous-même et de la posture cognitive que nous occupons : nous sommes trahis dans notre impuissance par notre présomption, confirmés dans notre scepticisme par l'idée actuelle de notre ignorance.

La double théorie du sensible et du jugement permet en somme de rendre compte de la traductibilité du scepticisme de Montaigne en ce qui pourrait bien, encore une fois, en être une désignation plus explicite : le *présentisme*. Le perçu en effet est le senti, et le senti immédiatement pris en charge comme jugement, comme excès d'une décision sémantique sur les incertitudes du semblant de réalité sur lequel elle porte. Pour dire par métaphore, le jugement est comme l'arrêt du percevoir, sorte d'arrêt décisif sur image dans la mobilité incessante des représentations. Cela implique qu'on ne puisse supposer dans une telle théorie de la connaissance ou du moins de ses prémisses, la moindre postulation d'une conformité entre ce qui paraît être dehors ou que nous appréhendons comme tel, d'un côté, la perception effective que nous en avons et les dénominations que nous y associons, de l'autre. Quel que soit l'ordre cognitif ou pratique de la représentation, il ne correspond en tant que tel à nul ordre objectif de la « réalité » et ne permet par conséquent pas d'en parler comme d'une référence ou d'une pierre de touche de la connaissance. D'un autre côté, cependant, si des conceptions accompagnent nos représentations, elles ne présentent aucun caractère d'universalité et ne constituent pas des unités logiques transmissibles, partageables, communément reconnaissables et articulées à quelque matrice cognitive pure et intelligible.

Par « présentisme », on entendra donc la réduction par Montaigne de toute représentation des choses à ces synthèses signifiantes que sont avant tout nos sensations actuelles elles-mêmes, dont la propriété principale est à la fois l'hétérogénéité de leur constitution intime et la signification que leur donne l'intelligence sensible (c'est-à-dire le concours des cinq sens) en ses fonctions *immédiatement* judiciaires. Si le mot de « réel » peut avoir dans ce contexte quelque signification, ce sera celle d'une synthèse intellectuelle, mais toujours provisoire, de sensations hétérogènes et, par voie de conséquence, de dénominations disparates qui servent, pour le temps qu'elles servent, à décrire un état temporaire de la rencontre du percevant et des choses parmi lesquelles il se trouve enserré. Fondamentalement, la connaissance ou, du moins, ce qui en tient lieu, est cette rencontre dont il n'y a rien de substantiel à dire – notamment pas en termes de « sujet » ou d'« objet » – sinon sous la forme d'expériences temporaires éveillant une capacité de produire, avec prolixité pour ce qui est de Montaigne, les descriptions sémantiques que demandent la vie et le système de ses coordonnées ontiques.

LE DISCOURS DE LA RAISON

Explicitant le scepticisme, son interprétation présentiste permet de comprendre Montaigne comme l'auteur d'une *théorie positive de la connaissance.* Car son scepticisme ne se réduit pas à une simple exigence suspensive postulant que toute tentative de juger des choses et de leur assigner une place doive par avance être déclarée caduque. Plutôt que l'aveu d'une impuissance radicale à nommer les choses,

« scepticisme » recouvre paradoxalement une forme de certitude : que les dénominations effleurent les choses sans les révéler, qu'elles nous permettent de nous y retrouver et d'ordonner nos conceptions, mais également d'agir plus ou moins efficacement dans le monde et parmi les autres – en fait tout bonnement de nous entendre les uns avec les autres, quelles que soient les équivocités et les incertitudes de nos représentations et de nos évaluations. En contrepoint, l'incertitude ne concerne pas l'horizon sémantique dans lequel nous projetons les choses, car elles font toujours *en quelque façon* sens pour nous et, toujours, nous les déterminons effectivement, à tort ou à raison – car nous ne cessons jamais de penser ou d'intelliger, et, même « quand nous songeons, notre âme vit, agit, exerce toutes ses facultés, ni plus ni moins que quand elle veille » (2.12, 921/596). L'incertitude concerne plutôt le seuil de pertinence de nos dénominations, c'est-à-dire la qualification des choses et leur organisation sémantique. Dans le fond, parler d'une « théorie positive de la connaissance », c'est prendre le parti de privilégier l'efficace que Montaigne reconnaît à la puissance représentative, ainsi qu'au pouvoir de la parole et, par extension, de l'écriture. C'est par cette puissance que se constitue le monde, non tel qu'il est, mais tel que le tissu de nos perceptions le réalise. Le monde n'est sans doute que par les facultés du connaissant, non au sens d'une réalité qui prendrait corps à travers elles, mais dans la seule mesure où la perception sensible et les discours qui l'accompagnent créent une sorte d'équilibre sémantique métastable venant rencontrer, dans la parole et les opinions d'autrui, d'autres tels phénomènes d'équilibre sémantique avec lesquels se créent tantôt un accord et tantôt un désaccord. Du sensible au jugement, le processus de la connaissance n'est donc pas exhaustif, car il implique de rendre également compte d'une sorte de tissage discursif qui constitue, chez Montaigne, le problème même de la rationalité, qui à certains égards est aussi celui de l'altérité et de l'intelligence partagée.

En tant que tel, le jugement repose bien sur une puissance d'autonomie tenant purement et simplement en ceci que nous ne sommes que ce que nous sommes : « les plus fermes imaginations[1] que j'aie, et générales, dit de lui-même Montaigne (2.17, 1016/658), sont celles qui par manière de dire, naquirent avec moi : elles sont naturelles, et toutes miennes ». Il ne faut pas entendre par là que nous aurions quelques idées innées, mais plutôt que les ressources ultimes de la connaissance, c'est-à-dire principalement du jugement, relèvent des choix individuels et intimes que nous faisons de nous en tenir à telles significations déterminées auxquelles nous nous attachons selon qu'il y paraît[2]. Seulement si le jugement est discours assumé comme propre, le discours assumé comme propre est également « le discours de la raison » (1.29/30, 139/91), et celui-ci assumé avec l'ensemble de ses contradictions comme incertitude. Toute pensée est « tumultuaire et vacillante », écrit Montaigne (3.11, 1605/1033), si bien que « c'est par manière de devis[3], que je parle de tout, et de rien par manière d'avis. […] Vous sentant bandé et préparé d'une part, je vous propose l'autre, de tout le soin que je puis : pour éclaircir votre jugement, non pour l'obliger ». Dans cet ordre incertain du discours, ce qui se joue est le sens même de la rationalité, dont la structure

1. Conceptions.
2. Comparer avec 1.56, 523/323 : « Je propose les fantaisies humaines et miennes, simplement comme humaines fantaisies, et séparément considérées […]. Ce que je discours selon moi […]. »
3. Conversation informelle.

contradictionnelle[1] est pleinement revendiquée et délibérément assumée par Montaigne.

Car la « raison » est en elle-même, dans les *Essais*, un processus complexe et parfaitement irréductible à ses propres moments. Ainsi dans l'« Apologie… » (2.12, 877/565) : « J'appelle toujours raison, cette apparence de discours que chacun forge en soi : cette raison, de la condition de laquelle, il y en peut avoir cent contraires autour d'un même sujet : c'est un instrument de plomb, et de cire, allongeable, ployable, et accommodable à tout biais et à toutes mesures : il ne reste que la suffisance de le savoir contourner[2]. » Montaigne n'assimile pas la raison à une nature psychologique, mais à une fonction sémantique, non à une faculté mais à des processus discursifs. Or si elle est « un outil souple contournable, et accommodable à toute figure » (2.12, 839/539), c'est qu'elle consiste en un discours – un ensemble d'énoncés – servant lui-même à évaluer du discours ; ou, si l'on préfère, elle est une reprise en discours de ce qui existe déjà sous forme de discours. C'est pourquoi elle est investie par le jugement, en l'occurrence « la suffisance de [la] savoir contourner ». Être raisonnable, ce n'est pas avoir une capacité de discriminer entre le vrai et le faux, de reconnaître ce qui ne saurait signifier autre chose que ce qu'il signifie, c'est plutôt être capable de prendre discursivement en charge du donné discursif et d'assumer ainsi sémantiquement, en première personne et en pleine responsabilité toutes ces

1. On désignera par ce néologisme une relation dialectique au sein de laquelle le pour et le contre ressortissent à des positions, non pas contradictoires et inconciliables, mais diverses, opposées et par conséquent discutables, objets de « discours » ou de « raison » – termes équivalents chez Montaigne.

2. Comparer à 2.12, 814/523.

occurrences de la vie qui requièrent jugements et savoirs. En quoi c'est être capable de s'arrêter sur et de s'en tenir à certaines conceptions ou convictions qui en elles-mêmes, et quoi qu'on en ait, sont essentiellement volatiles ou manipulables. « Je n'ai guère de mouvement, dit Montaigne (3.02, 1268/813), qui se cache et dérobe à ma raison, et qui ne se conduise à peu près, par le consentement de toutes mes parties : sans division, sans sédition intestine : mon jugement en a la coulpe[1], ou la louange entière. » Ni parfaire certitude, donc, ni plus irresponsabilité ou paresse de la raison. « Raison » désigne un mode volatil d'évaluation de l'espace à la fois perceptif et discursif, en même temps que la pleine assomption d'une diversité impliquant puissance autant qu'impuissance et certitude autant qu'incertitude. Si, en effet, la raison habite d'un côté l'ensemble de nos discours[2], d'un autre côté nos élaborations rationnelles peuvent n'être jamais que d'arbitraires constructions rhétoriques ou idéologiques, sans véritables objets ni principes assurés, et pourtant être, logiquement, tantôt véraces et tantôt fallacieuses, pratiquement parfois efficaces, parfois vaines[3]. Pour dire par anachronisme, la connaissance ressortit d'abord à un certain jeu des facultés, les sens et le jugement se confondant pour faire discours, c'est-à-dire faire raison ; et elle ressortit ensuite à une manière d'intersubjectivité dans l'entrelacs, cette fois, non

---

1. Faute.

2. « La raison humaine est une teinture infuse environ de pareil poids à toutes nos opinions et mœurs » (1.22/23, 170/112).

3. Pointe extrême de la chose : « Quiconque est cru de ses présuppositions [c'est-à-dire sur la base de ses principes avoués], il est notre maître et notre Dieu », « le consentement et approbation que nous [lui] prêtons, [lui] donnant de quoi nous traîner à gauche et à dextre » (2.12, 841/540).

des sensations et des significations, mais des opinions d'un chacun – autant de cristallisations plus ou moins passagères – et des opinions rencontrées, reçues, reprises, répliquées. Ainsi l'une et l'autre choses, intelligence et discours, forment à leur tour l'espace muable et vivant du connaître, qui participe de et qui contribue à forger « l'expérience ».

Il faut effectivement intégrer à l'explicitation des processus rationnels de la perception la relation qu'ils entretiennent avec l'expérience, sans laquelle nous courons perpétuellement le risque de l'inconsistance ou de l'affabulation, « notre discours [étant] capable d'étoffer cent autres mondes [que le nôtre] et d'en trouver les principes et la contexture » (3.11, 1595/1027)[1]. Risque de manquer une réalité commune de la vie et le caractère indéfiniment manipulable et réappropriable de ses circonstances et de son sens. Or le rapport de la raison à l'expérience est lui-même dans les *Essais* ambigu, parce que tantôt « la preuve de la raison, [...] chacun y peut joindre ses exemples » (1.20/21, 160/105), et tantôt « la raison et l'effet sont [...] opposites » (2.14, 943/611) ; et s'ils sont « opposites », c'est tantôt que la raison sert à « ruiner l'apparence de l'expérience » (2.12, 886/571), et tantôt que « quand la raison nous faut[2], nous y employons l'expérience » (3.13, 1655/1065), comme il est requis « au sujet de la médecine, où la raison lui quitte toute la place » (*ibid.*, 1680/1079). Il ne faut pas en conclure que la raison et l'expérience délimitent deux registres hétéronomes de la connaissance, mais plutôt qu'elles participent ensemble d'une même stratégie d'appropriation du « réel » ou de ce

---

1. Comparer à 3.08, 1450/926 : « Qui a pris de l'entendement en la logique ? où sont ses belles promesses ? »
2. Fait défaut.

qui en tient lieu dans la représentation, dans sa diversité et dans ses contradictions. À la jointure de la raison et de l'expérience, il y a tout simplement les arrêts du jugement, c'est-à-dire les positions épistémiques qu'elles permettent ensemble de déterminer aussi fermement que temporairement. Connaître n'implique pas qu'on parvienne à se situer au plan d'un universel, mais qu'on réussisse à nommer du singulier et à en déterminer autant que possible le sens, de manière pour le moins à parler, écrire et, somme toute, à communiquer. Raison et expérience sont ainsi deux figures distinctes de cette mise en discursivité, la première adossée principalement aux possibilités du langage, la seconde aux contraintes de la vie et de ce qu'elle donne à *voir*[1], aux « rencontres » donc et à la « fortune ». Ce qui ne fait pas de l'expérience une empirie dénuée de portée, ni de notre raison une pure puissance d'intellection[2] : raison et expérience composent ensemble les méandres de notre discursivité, dont les détours varient selon les événements fortuits qui surviennent à la jonction de la sensation, de son monde et des autres.

Si « nous sommes nés à quêter la vérité, il appartient de la posséder à une plus grande puissance », écrit Montaigne, car « le monde n'est qu'une école d'inquisition[3] », et « nous sommes sur la manière, non sur la matière du dire » (3.08, 1452/928). La problématique du discours n'est fondamentalement, ni celle de sa forme logique, ni celle

1. On remarquera que parlant d'expérience, Montaigne use d'une expression aussi banale que récurrente : « Nous voyons par expérience… ».
2. « Car la vraie raison et essentielle, de qui nous dérobons le nom à fausses enseignes [abusivement], elle loge dans le sein de Dieu, c'est là son gîte et sa retraite, c'est de là où elle part, quand il plaît à Dieu nous en faire voir quelque rayon. » (2.12, 843/542)
3. D'enquête.

de sa puissance mimétique – les mots ne disant jamais les choses comme elles sont – mais plutôt celle de sa figure communicationnelle, c'est-à-dire de l'espace humain à l'intérieur duquel une entente devient possible, ainsi que certaines formes de partage et de réciprocité de l'intelligence. « Tout homme peut dire véritablement[1], continue Montaigne (*ibid.*, 1453/928), mais dire ordonnément, prudemment, et suffisamment[2], peu d'hommes le peuvent. » D'où il ne faut pas conclure que la volonté de vérité doive s'envelopper de la prudence qu'exigeraient les relations sociales. Il faut plutôt admettre que n'étant pas une valeur en soi, la vérité est inextricablement liée aux lieux de son énonciation et à son espace social de circulation. S'arrêtant au cœur des circonstances à déterminer le sens actuel d'un maintenant, le jugement exprime une « réalité » qui inclut les autres hommes, qui ne forment pas simplement la scène du discours, mais contribuent par la projection de leurs propres opinions à en élaborer la précaire harmonique. « La parole est moitié à celui qui parle, dit effectivement Montaigne (3.13, 1694/1088), moitié à celui qui l'écoute. » Ce qui fait sens ne le fait pas pour cette seule raison qu'est dit ce qui est dit, mais aussi parce qu'il est dit opportunément et au point d'une rencontre entre la chose dont il est question, la perception du connaissant et le discours qui le relie à l'intelligence ou au jugement de ceux pour qui ou, du moins, à qui il le dit. Reprenant Cicéron[3], Montaigne conclut (3.08, 1466/937) : « Il faut regarder non seulement ce que chacun dit, mais aussi ce que chacun pense, et même

---

1. Dire la vérité.
2. Sagement.
3. D'après le *De officiis*, I, xli, 147 (en latin dans le texte).

pour quelle raison il le pense » : on ne pense jamais qu'en contexte, on ne pense jamais que des contextes.

Le désir « enquêtant » de savoir que décrivent les *Essais* détermine donc un procès de la parole et de son partage que viennent étayer les conceptions de la « raison » et les observations de l'« expérience ». « Scepticisme » n'équivaut dès lors pas au seul aveu d'une ignorance et de l'impuissance de parvenir à une quelconque certitude. Il existe en fait un « dogmatisme sceptique » que Montaigne révoque tout autant que le positivisme de la connaissance : « La fierté, de ceux qui attribuaient à l'esprit humain la capacité de toutes choses, causa en d'autres, par dépit et par émulation, cette opinion[1], qu'il n'est capable d'aucune chose. Les uns tiennent en l'ignorance, cette même extrémité, que les autres tiennent en la science » (3.11, 1608/1035). Excluant les deux dogmatismes unilatéraux, positiviste et sceptique, l'authentique position du scepticisme montaignien est tierce, entrelaçant la prétention de savoir et celle d'y être parfaitement impuissant, alimentant même l'une par l'autre. S'il est impossible de qualifier objectivement des énoncés descriptifs ou normatifs, il n'en résulte pas que de tels énoncés ne soient pas assujettis à toutes sortes d'évaluations efficaces : « Quand on me contrarie, écrit Montaigne (3.08, 1446/924), on éveille mon attention, non pas ma colère : je m'avance vers celui qui me contredit, qui m'instruit. La cause de la vérité, devrait être la cause commune à l'un et à l'autre. » C'est donc qu'il n'y a pas à proprement parler une question du vrai et du faux, mais qu'il y a une question de l'entente autour de l'admissible et de l'inadmissible, de ce qui est pertinent pour le temps et l'ordre de la

---

1. À la lettre, il faut traduire « opinion » par le Grec « δόγμα », qui a donné « dogmatisme ».

discussion et de ce qui est dans le contexte d'une certaine actualité inconsistant ou hors de propos. « Enquêter », c'est paradoxalement « communiquer », c'est-à-dire non seulement échanger des opinions et des raisons, mais entrer discursivement en partage de significations, d'opinions, de convictions produisant une manière au moins temporaire d'accord des esprits et des consciences.

Une longue discussion du scepticisme considéré comme position dogmatique ou scolastique est à cet égard inaugurée dans l'essai de l'« Apologie… » par la question canonique de savoir « s'il est en la puissance de l'homme de trouver ce qu'il cherche » (2.12, 780/500). Or le tableau historique que dresse Montaigne des écoles sceptiques est d'emblée éclairé par la position épistémique qu'il définit comme la sienne propre. Les écrits philosophiques ne contenant « nulle certitude » qui le satisfasse, il affirme en effet ne pas faire « profession de savoir la vérité, ni d'y atteindre » (*ibid.*, 780/501), mais ne va pas pour autant s'enferrer dans le diallèle de l'ignorance, comme s'il prétendait défendre positivement la thèse de l'inaccessibilité de toute certitude. « J'ouvre les choses plus que je ne les découvre », écrit-il plutôt (*ibid.*), postulant ainsi qu'il n'expose pas ses convictions comme il les propose, qu'il ne les affirme pas comme il les questionne. Le discours est tout bonnement chargé de formuler des possibles et d'ouvrir des horizons pour l'intelligence. Voie de l'ignorance, certes, mais non pas confinement à l'ignorance. Abordant la question des scepticismes que la tradition des écoles a sédimentée, Montaigne s'écarte de l'illusion de la certitude pour glisser vers une posture épistémique et pratique centrée sur la parole, son travail et la variété des significations qu'elle est susceptible de produire. C'est pourquoi, dans le texte de l'« Apologie… », la reconstitution narrative des scepticismes passe non seulement par une évocation des « Épéchistes », philosophes que nous rattachons à Pyrrhon et à ses sectateurs, les sceptiques ; mais aussi par une véritable théorie du langage dont on mesure l'incidence très sensible sur la structure narrative et sur le style d'écriture des *Essais*.

α) La description de l'*épéchisme* accompagne une reconstitution toute formelle de la philosophie, « départie en ces trois genres » rassemblant ceux qui pensent avoir trouvé la vérité, ceux qui « ont désespéré de leur quête » et ceux, enfin – les pyrrhoniens – disant « qu'ils sont encore en cherche de la vérité » (*ibid.*, 782/502). Cette tierce voie, qui refuse autant le dogmatisme du vrai que celui du faux, fait fonds de l'idée de « l'ignorance qui se sait, qui se juge, et qui se condamne », en quoi elle « n'est pas une entière ignorance », ne s'ignorant pas elle-même (*ibid.*, 783/502). En une paraphrase de Sextus Empiricus, Montaigne reprendra dans la suite du texte à son compte le « mot sacramentel » des sceptiques : « ἐπέχω ; c'est-à-dire, je soutiens[1], je ne bouge » (*ibid.*, 786/505). Le rapport étroit est essentiel, entre la posture cognitive de la « quête » et le principe qui la rend possible et qui cristallise autour du sentiment de la liberté et du désengagement corrélatif vis-à-vis de la nécessité[2]. Paradoxalement, ne point bouger n'est pas se fermer aux représentations et à ce qu'elles peuvent signifier, c'est-à-dire aux faits et aux valeurs qui

---

1. Au sens de « soutenir un assaut », et non pas de « soutenir un argument ». Cela équivaut donc, à la lettre, à « je suspends », puisqu'il est essentiellement question de résister à la tentation de la certitude dogmatique.

2. *Cf.* notamment 2.12, 785/504 : « Pourquoi à ceux-ci [les sceptiques], ne sera-t-il pareillement concédé, de maintenir leur liberté, et considérer les choses sans obligation et servitude ? »

s'y agglutinent inextricablement, mais c'est se retenir de basculer dans une opinion qui remporterait l'adhésion ferme du connaissant et l'aliénerait à des contenus de signification consolidés et fixes. Aussi « je ne bouge » désigne une position épistémique et dit que celle-ci est dynamique et « enquêtante », non fixe et désespérée d'ignorance. Non pas du reste qu'il faille assimiler le scepticisme à une posture exclusivement éthique, quand bien même elle acheminerait à l'ataraxie, « qui est une condition de vie paisible, rassise, exempte des agitations que nous recevons par l'impression de l'opinion et science, que nous pensons avoir des choses » (*ibid.*, 783/503). En vérité, il s'agit d'un rapport à la parole ou mieux, à l'argumentation, dont les procédés – que Montaigne reprend à la tradition d'Ænésidème à travers Sextus Empiricus[1] – visent à « engendrer la dubitation et surséance[2] de jugement » (*ibid.*, 784/503). Il ne s'agit par conséquent pas de suspendre *stricto sensu* le jugement ou d'en refuser *a priori* et absolument une efficace opératoire, de manière définitive, mais de postuler qu'il requiert pour le moins un surcroît d'examen. Ce qui signifie : non pas que nous ne savons pas, mais que les convictions qui sont les nôtres et qui peuvent être nombreuses – celle d'avoir les pieds sur terre, par exemple – n'emportent pour autant pas les raisons de nos certitudes et donc que nos conceptions et le sens que nous donnons à nos sensations et, d'une manière plus générale, à nos représentations, sont relativement inconsistants, incomplets, amendables ou révocables.

---

1. *Hypotyposes pyrrhoniennes*, I [36]-[37]. – On trouve des informations comparables en Diogène Laërce, IX, [79].
2. Le fait de « surseoir », remettre à plus tard.

L'évanescence des contenus de savoir en est la figure la plus constante et, pour cette raison, n'en constitue précisément pas une propriété négative. Bien plutôt que de provoquer l'affaissement du désir de connaissance et une manière de désengagement épistémique, l'incertitude nécessairement associée à nos représentations est au principe d'un infini mouvement langagier qui va disséminant des jugements, les répliquant, ajustant, révoquant, ou les dérivant les uns des autres. Les « Épéchistes », dit en effet Montaigne, « ne mettent en avant leurs propositions, que pour combattre celles qu'ils pensent, que nous ayons en notre créance » (*ibid.*). Ce n'est donc pas la vérité qui leur importe, non à titre de fin d'ailleurs, mais même à titre d'adversaire ; et ce n'est pas plus la « raison », dont leurs propres figures propositionnelles – ce qu'on appelle par exemple les « tropes » d'Ænésidème et qui sont les diverses procédures argumentatives opposables aux dogmatiques[1] – forment autant de sédimentations polémiques ordinaires. L'important est du côté de la « créance » et de ce qu'elle est pour ainsi dire enracinée, incrustée dans notre esprit comme dans un corps, et qu'elle y produit des inflexions intellectuelles durables, sédimentaires, fossiles. Quand nous croyons, nous ne nous contentons pas de croire, nous oublions qu'il n'est question que de croyance et tenons à nos croyances comme à des principes inquestionnables. En sorte que pour cette raison que nous savons croire, nous croyons par là même savoir. On peut ainsi assimiler la tactique sceptique à une tactique de guérilla argumentative, consistant à harceler la croyance, c'est-à-dire à faire sans cesse ressurgir contre ses δόγματα des arguments destructeurs qui disparaissent aussitôt qu'ils ont surgi et produit leur

---

1. À la lettre : « ceux dont les croyances sont établies ».

effet. C'est pourquoi la dynamique du scepticisme n'est pas celle de la rétention, du silence ou d'un simple aveu d'ignorance, mais bien celle du mouvement et de la dissémination de la parole, qui est par elle-même démultiplication des points de vue, des perspectives représentationnelles et des donations de sens qui les accompagnent. Résistance – « je soutiens » – et assaut : « par cette extrémité de doute, qui se secoue soi-même, [les Épéchistes] se séparent et se divisent[1] de plusieurs opinions, de celles mêmes, qui ont maintenu en plusieurs façons, le doute et l'ignorance » (*ibid.*). Où il apparaît que l'extrême pointe du scepticisme n'est pas dans l'oblitération du vrai, elle est de mettre le doute en question.

β) L'essentiel de l'épéchisme est par conséquent du côté de la parole et de son ordonnancement, du côté, sinon de la logique, à strictement parler, du moins du discours et de son ordre. Ce qui veut dire que l'explicitation de la position sceptique ne passe pas seulement par la description d'une attitude polémique, mais aussi par la mise au jour des conditions de sa pertinence interne. Il existe évidemment ici une difficulté, qui tient au postulat selon lequel comme le dogmatique, le sceptique lui-même s'en tiendrait à une position épistémique logiquement admissible et non contradictoire, puisqu'elle ferait précisément écho à une exigence de « pertinence interne ». Or c'est bien à cela que résiste l'attitude épéchiste, dont le doute « se secoue soi-même ». La question du scepticisme est en réalité celle de la parole qu'il lui faudrait apparier. « Je vois les philosophes Pyrrhoniens qui ne peuvent exprimer leur générale conception en aucune manière de parler, écrit Montaigne dans l'"Apologie…" (*ibid.*, 820-821/527) : car

---

1. Se dissocient.

il leur faudrait un nouveau langage. Le nôtre est tout formé de propositions affirmatives, qui leur sont du tout[1] ennemies. » La pratique radicale du doute par les sceptiques semblerait effectivement s'anéantir par l'exigence de cohérence ontologique du discours, l'auto-affirmation de l'ignorance constituant une proposition contradictoire aussi bien au plan « formel » – affirmer qu'on n'affirme rien n'aurait aucun sens – qu'au plan « réel » – prétendre parler et tout à la fois ne rien désigner serait absurde[2]. Absolument cruciale, la réflexion de Montaigne sur le langage approprié au scepticisme est intimement liée à l'assomption de cette contradiction, qui n'est pas niée ni réfutée, mais plutôt maintenue et neutralisée tout à la fois. « Il leur faudrait un nouveau langage » doit s'entendre en deux sens au moins : *d'une part*, au sens où, dans ses formes classiques, l'usage du discours est effectivement inapte à dire, non l'incertitude seulement, mais l'incertitude de l'incertitude, et à « secouer » le doute lui-même. Précisément parce que tout langage est assertorique et que parler consiste à poser les choses. Parler la langue sceptique, c'est donc trouver le moyen d'une parole qui ne pose rien ou, pour reprendre une expression de Montaigne, qui « s'emporte hors quant et quant[3] elle-même » (*ibid.*). S'il faut dès lors, *d'autre part*, qualifier la position épistémique qui se dessine ainsi, ce n'est plus de scepticisme qu'il faut parler, puisque précisément celui-ci ne parvient pas à s'assigner les conditions linguistiques de sa propre énonciation. Par-dessus lui, le travail de

1. Tout à fait.

2. Formalisée pour la première fois contre les sophistes au livre Γ de la *Métaphysique* d'Aristote (1005b *sq.*), la critique du scepticisme s'adossera toujours – jusqu'aux années récentes – à l'argument de l'incohérence interne de la position qu'il prétend à la fois définir et tenir.

3. Avec.

l'« Apologie… » consiste à élaborer les rudiments d'un *hyper-scepticisme* fondé sur l'assomption directe de ses conditions linguistiques d'énonciation et de mise en œuvre. Et là en effet est le « nouveau langage » : « Cette fantaisie[1], dit Montaigne (*ibid.*), est plus sûrement conçue par interrogation : Que sais-je ? ». La question ne se pose pas *in abstracto* ou hors du monde et dans l'absolu, elle se pose réellement ou *in concreto*, c'est-à-dire dans l'expérience actuelle et immédiate qu'on a, non tant de son ignorance que de ses croyances ou de ses savoirs. Poser la question « Que sais-je ? », ce n'est pas interrogativement se demander si l'on sait bien quelque chose – on « sait bien » qu'on a les pieds sur terre et la tête sur les épaules ! – mais c'est reprendre, donc assumer, donc interroger, donc scruter, donc révoquer l'ensemble des connaissances auprès desquelles on trouve une sorte de réconfort épistémique ou pratique, pour révoquer cette révocation même, dans le mouvement interrogatif de la question « Que sais-je ? ». Celle-ci initie en vérité un processus indéfini de réarticulations successives, cohérentes ou contradictoires, par conséquent une manière d'expansion de la parole et de dissémination exponentielle de ses possibilités.

Être *hyper-sceptique*, c'est effectivement tenir un discours de la multiplicité, ce qui peut s'énoncer de la façon suivante : le simple étant lui-même du multiple, dire multiplement le multiple, multiplier les possibilités de signifier à la face de la multiplicité livrée dans la sensation, dans ses évaluations, dans cette confusion des représentations axiologiques requérant jugements et croyances, et révoquées à leur tour dans leur appel et leur exigence par une réitération renouvelée de la parole, de son sens, et enfin de son

1. Conception.

inventivité. Où il ne faut pas seulement voir le privilège d'une tournure rhétorique et littéraire. Il n'est pas insensé de faire au contraire l'hypothèse qu'il existe bien chez Montaigne une langue approchant les contraintes logico-formelles – si l'on peut dire – de l'hyper-scepticisme. « En notre langage, lit-on dans le chapitre "Sur des vers de Virgile" (3.05, 1369/874), je trouve assez d'étoffe, mais un peu faute de façon. Car il n'est rien, qu'on ne fît[1] du jargon de nos chasses, et de notre guerre, qui est un généreux terrain à emprunter. » Dans la variété de ses registres, notamment pratiques – ce qui en fait un dispositif enté sur la « vie » et ses exigences multiples et complexes – la langue française est pour Montaigne comme une source inépuisable de virtualités sémantiques. « Et les formes de parler, continue-t-il, comme les herbes, s'amendent et fortifient en les transplantant. » Façon de dire que de telles « formes » ne sont pas tant des formes, c'est-à-dire arrêtées, que des possibilités et des significations ouvertes et en mouvement. Comme si les dits et les écrits étaient d'eux-mêmes féconds, et non pas seulement de la seule intention de signifier du locuteur ou de leur auteur. Et cette force fécondante, ils la déploient, non enracinés dans leur terreau d'origine, mais entés sur d'autres dits et d'autres écrits et, plus généralement, sur d'autres représentations et d'autres évaluations en une toile infinie de renvois et de connexions réciproques.

L'hypothèse d'une langue hyper-sceptique est donc celle d'une langue « contournable », pour reprendre une expression montaignienne, c'est-à-dire en l'occurrence libre des sédimentations théoriques accompagnant les langues savantes. Pourtant celles-ci restent en quelque

---

1. Qu'on ne puisse faire.

façon vivantes, comme en atteste la relation dans le chapitre
« De l'institution des enfants » de l'apprentissage par
Montaigne du latin et du grec[1]. Il reste que la vernaculaire
offre une flexibilité propice aux écarts et aux déplacements
de l'hyper-scepticisme. Allant au rebours des pédants qu'il
estime se complaire dans les effets impondérables des
mots : « Je tords bien plus volontiers une belle sentence,
écrit Montaigne (1.25/26, 265/171), pour la coudre sur
moi, que je ne détords mon fil, pour l'aller quérir. » Manière
d'affirmer que l'écriture implique une torsion pour rapporter
les mots non aux choses, supposées données, mais aux
perceptions, c'est-à-dire là-même où se crée l'espace
sémantique de la dénomination et du sens.

Or cette opératoire langagière participe chez Montaigne
d'une exigence de naturalité – « un parler simple et naïf »
(*ibid.*) – qui traduit celle d'une plénitude existentielle et
sémantique tout à la fois, la parole n'étant pas la traduction
des perceptions mais leur sémantisation native et même
un mode spontanément linguistique d'existence. L'efficace
des langues se comprend selon le point de vue de leur
puissance fécondante, en référence non à l'érudition savante
qu'elles permettraient de cultiver, mais à la curiosité,
l'inventivité et la plénitude d'esprit qu'elles contribueraient
à produire, et à la constante réformation du connaissant
qu'elles encourageraient – « l'âme pleine » étant la fin
authentique de l'apprentissage, de la lecture, de l'« institution » (1.24/25, 212/138). C'est précisément cette puissance
fécondante qu'on retrouverait, selon Montaigne, dans le
latin de Lucrèce et de Virgile ou bien dans le français
d'Amyot. « Leur langage est tout plein, et gros d'une
vigueur naturelle et constante, écrit-il (3.05, 1367/873) :

1. *Cf.* 1.25/26, notamment à partir de 268/173.

Ils sont tout épigramme : non la queue seulement, mais la tête, l'estomac et les pieds. [...] Quand je vois ces braves formes[1] de s'expliquer, si vives, si profondes, je ne dis pas que c'est bien dire, je dis que c'est bien penser. » Or cette pleine et réciproque appartenance des auteurs latins à leur langue et de celle-ci à eux se retrouve en Amyot, « pour la naïveté et pureté [de son] langage » (2.04, 580/363). Penser, c'est décrire, dans la pure exactitude ponctuelle d'une signification opportune, la façon dont paraît ce qui paraît, et suivre les contournements des apparences dans les contournements de l'intelligence, et de ceux-ci dans ceux du discours lui-même. D'où que si la propriété fondamentale du discours doit être celle de la flexibilité, celle de la langue sera celle de la multiplicité des figures « naïves », c'est-à-dire naturelles ou, mieux, identifiées dans l'oubli des pratiques langagières auxquelles pourtant elles appartiennent. Ce qui s'entend d'au moins deux façons : au premier chef, par la plasticité des registres sémantiques convoqués dans le discours, c'est-à-dire par un travail sur les régimes de parole et par la plasticité qu'elle indique de l'intelligence : « J'aime ces mots, dit Montaigne (3.11, 1600/1030), qui amollissent et modèrent la témérité de nos propositions : à l'aventure[2], aucunement[3], quelque, on dit, je pense, et semblables. » Le vocabulaire d'une langue ne constitue pas une nomenclature disponible pour la pensée et le discours, et destinée à dénoter un ensemble de choses ou d'expériences. Bien plutôt, il intègre des fonctions de variation, d'inflexion du moins de la parole, c'est-à-dire qu'il recèle une variété de registres qui

1. Ces belles expressions.
2. Peut-être.
3. En quelque façon.

par eux-mêmes ne désignent rien, mais permettent de discerner parmi des manières de désigner le détail de ce dont il est question.

Seulement c'est par ailleurs la multiplicité des langues, c'est-à-dire la démultiplication des perspectives intellectuelles qu'elles engagent qui garantit la flexibilité du discours, le choix d'une langue – le français ou les langues assimilées de façon native – devant toujours traduire l'exigence de rapporter la parole et les mots à l'épiderme sémantique de l'expérience effectivement éprouvée du monde. Il y a comme une fonction apophantique de la parole, dont le tissu sémantique doit s'effacer derrière les processus de mise au jour de ce qui peut advenir à une certaine intelligence dans sa clarté langagière. « Je veux que les choses surmontent[1], dit Montaigne (1.25/26, 265/171), et qu'elles remplissent de façon[2] l'imagination de celui qui écoute, qu'il n'ait aucune souvenance des mots. » Or cela n'est possible qu'à la condition d'exprimer la multiplicité du « réel », non seulement dans une multiplicité de mots, mais également, possiblement, dans une multiplicité de langues : « c'est aux paroles à servir et à suivre, et que le Gascon y arrive, si le Français n'y peut aller » (*ibid.*). Le multiple n'est pas inscrit dans le monde des sens et de la perception seulement, mais aussi au cœur des modalités de son énonciation ; et non pas de manière technique ou linguistique seulement, mais bien de manière nécessaire et pour ainsi dire « métaphysique », comme s'il fallait voir dans le multiple la marque d'une utilité destinale. Ce que fait comprendre l'« Apologie... » (2.12, 861/553) : « La diversité

1. Dominent.
2. De telle façon.

d'idiomes et de langues, de quoi [Dieu] troubla cet ouvrage[1], qu'est-ce autre chose, que cette infinie et perpétuelle altercation et discordance d'opinions et de raisons, qui accompagne et embrouille le vain bâtiment de l'humaine science ? Et l'embrouille utilement. » Utilement à quoi, sinon à l'abondance communicationnelle ? De l'irrémédiable étrangeté du monde, on bascule avec Montaigne sur l'irréductible multiplicité de l'expérience sensible et des raisons qu'elle forge, et de celle-ci sur l'abondance langagière dans laquelle se traduit la « réalité ». La multiplicité du parler est à la fois le stigmate d'une « imbécillité » radicale et le retournement de celle-ci en l'inventivité inexorable de l'intelligence humaine, qui se décline non en science mais en savoirs, non en érudition mais en actions : parole, écriture, discussion, communication.

Nous pensons toujours ailleurs

Être sceptique et croire dans la mobilité de la représentation, postuler ainsi que toute croyance est propre à être questionnée, c'est fondamentalement concevoir que la pensée n'est pas aux prises avec un monde donné-là et « objectif », mais qu'elle est enserrée dans le système des sollicitations que provoque un monde aux caractéristiques volatiles, et qu'elle s'alimente des flux représentationnels qui s'y rencontrent. Le monde n'est pas un espace scénique fixe pour les sens et pour le jugement, il est comme un fonds pour des savoirs qu'on y anticipe ou qu'on imagine possibles. Une leçon importante de Montaigne, c'est que la théorie des processus cognitifs et pratiques – la pensée

---

1. Il s'agit de l'épisode biblique de Nemrod et de sa « Pyramide », Genèse, XI.

de la pensée – n'est pas une réflexion sur leurs structures logiques, mais la description de leur enracinement ontique. Ainsi « De l'expérience » : « Quand je danse, je danse, écrit Montaigne (3.13, 1726/1107) : quand je dors, je dors. [...] Je hais qu'on nous ordonne d'avoir l'esprit aux nues, pendant que nous avons le corps à table. » Le travail de la pensée, de son énonciation et de ses rationalités multiples, n'est pas un travail de pure intelligence, ou peut-être faudrait-il plutôt dire que la pure intelligence est l'intelligence qui se déploie non à proximité seulement ou à la surface de la nature, mais dans ses détours et ses lézardes, donc en un travail de la pensée qui coïncide avec sa propre réalité objectale et projective : au cœur des choses et de leur singularité, et dans les représentations plurivoques de ces choses. En ce sens, la pensée n'est pas à proximité de, mais coïncidente avec le monde : sans être le monde, elle est le mode langagier selon lequel le monde se fait monde pour nous, tandis que nous y évoluons et que nous l'éprouvons.

Ce postulat, non pas tant réaliste que sensualiste de Montaigne, voire pragmatiste, puisqu'il y est fondamentalement question d'une pratique de la pensée et d'un déploiement concret de sa normativité – le souci de la normativité informant l'assomption de la multiplicité – ne permet pas seulement de concevoir une logique de la dissémination et de la réplication des énoncés cognitifs, c'est-à-dire en fait l'ampleur quantitative du discours des *Essais*. Il détermine en outre chez Montaigne certaines constantes méthodologiques et argumentatives dont témoignent d'incessants va-et-vient entre ses propres « pensements » et les textes de la tradition qu'il convoque. De fait, la relation aux textes contribue substantiellement à la fabrique d'une rationalité proprement montaignienne, et elle est même doublement thématisée, à la fois comme théorie négative de l'érudition, et comme théorie positive du livre – lequel est conçu, non seulement comme dépositaire d'une légitimité théorique, mais comme opérateur actuel de l'hyper-scepticisme, c'est-à-dire comme démultiplicateur efficace des horizons de la représentation et de l'intelligence qui l'accompagne.

La pensée s'origine en et s'enrichit de ce qu'on appellera en un terme banal et général « l'altérité », qu'on peut comprendre à partir d'une expression relativement équivoque de Montaigne : « nous pensons toujours ailleurs » (3.04, 1303/834). Expression dont le caractère aphoristique excède largement le contexte dans lequel elle est employée. À la lettre, Montaigne dit simplement que nous nous écartons de la considération de notre condition actuelle par l'anticipation ou l'espoir d'une vie future, ce qui consiste à éluder sans cesse le présent de l'existence pour, comme on dit, « penser à autre chose ». Mais penser « ailleurs », c'est aussi penser dans des pensées qui ne sont pas siennes et qui peuvent accuser jusqu'à une profonde divergence avec soi. En ce sens, c'est bien faire l'expérience intellectuelle de « l'altérité », qui porte l'aveu d'un écart virtuellement irréductible entre des croyances, donc d'une diversité absolue de la pensée.

En quoi s'opère une synthèse des deux caractères fondamentaux de l'hyper-scepticisme montaignien, la circulation des savoirs et l'ébranlement du doute lui-même. Si « nous pensons toujours ailleurs », ce peut en effet être au sens où nos pensées requièrent des contenus dont nous ne pouvons être la source, et où les contenus dont nous sommes effectivement les auteurs sont surdéterminés par d'autres sources qui leur sont plus indispensables que nous-mêmes. Aussi penser est-il « faire circuler » des savoirs, consolider des croyances, les agglutiner, les répliquer tout en les altérant peut-être, voire en les trahissant. Auquel cas « penser » ne serait pas être le « sujet » de ses pensées, mais plutôt le témoin, dans le flux de ses imaginations ou sur le papier, de leur circulation et de leurs transformations. Mais aussi, c'est dans un même mouvement les questionner, tout en questionnant l'opportunité qu'il y a de le faire, si assurément les croyances dont nous sommes les héritiers forment légitimement une mémoire intellectuelle et notre histoire. La thématisation par Montaigne des cultures savantes et de la nature spéculative des livres n'est pas contingente ou un « sujet » dont il traite parmi une infinité d'autres témoignant de ses propres pratiques intellectuelles. Elle forme plutôt un point de jonction crucial entre l'interrogation qui porte sur les limites de la connaissance, dans la mesure où elle s'adosse à une critique radicale de l'érudition et de la science, et l'interrogation qui porte sur l'horizon langagier de l'intelligence, dans la mesure où symétriquement elle développe une théorie communicationnelle du livre et de ses contenus d'enseignement.

Et ce sont donc ces deux choses qu'il convient d'examiner successivement : la façon dont l'expérience hyper-sceptique des savoirs détermine une critique de la science, mais conjointement aussi une conception moyenne de la sagesse ; et la façon dont la sagesse vient reposer sur une bibliologie, une théorie du livre comme dépôt de la multiplicité caracté-ristique de tout discours « enquérant » ou « enquêtant ».

α) Être sceptique n'est pas affirmer l'ignorance mais la croyance, en accompagnant cette affirmation d'une croyance redoublée en l'incertitude de ses contenus. Pour le dire autrement, nous sommes irrémédiablement saturés d'opinions et, d'une manière ou d'une autre, nous y tenons, non d'une ténacité aveugle et avec l'opiniâtreté de la foi, mais avec naturel et parce que la « vie », tout simplement, requiert que nous ayons de telles opinions et de telles croyances. Opiner n'est pas savoir, ce n'est précisément qu'opiner, bien que ce soit également croire et qu'il y ait là une force et une constance. La « vie » exigeant de nous que nous pensions, nous ne pouvons faire l'économie des sédimentations mentales par lesquelles nous créons l'ordre auquel se rétrécit le monde selon celui de nos croyances. Cela n'implique pour autant pas que celles-ci soient légitimes ni pertinentes : « Mes opinions, écrit Montaigne (2.17, 1015/657), je les trouve infiniment hardies et constantes à condamner mon insuffisance. » Ce que nous opinons excède du tout au tout ce que nous sommes autorisés à penser des circonstances, qu'elles sont incertaines et mobiles. Avoir des opinions, c'est toujours fixer ce qui ne peut l'être, de telle sorte que se constituent des formations axiologiques solides et durables là où la « réalité » n'est qu'apparence et évanescence. C'est bien en quoi toute opinion accuse l'« insuffisance », c'est-à-dire l'ignorance de celui qui l'énonce. Paradoxalement, savoir, c'est-à-dire croire savoir, c'est aussi, pour peu qu'on y revienne, ne pas ignorer qu'on ignore. En sorte que le phénomène global de l'opinion ou de la croyance exprime en tant que tel les limites de la faculté de connaître, mais aussi une légitimité à s'en tenir à ces sortes de certitudes qu'enveloppe tout uniment l'incertitude. On ne fait alors que suivre un mouvement naturel de la puissance représentative qui a vocation à produire, avec le secours de l'intelligence, une « réalité » et donc un horizon de sens de la vie humaine.

Le noyau pour ainsi dire naturaliste de l'expérience cognitive n'est autre chose que ce que nous appelons désormais le « bon sens »[1]. « Le plus juste partage que nature nous ait fait de grâces, écrit Montaigne (*ibid.*), c'est celui du sens. » Et il ajoute aussitôt : « Je pense avoir les opinions bonnes et saines, mais qui n'en croit autant des siennes ? » Le mode d'émergence et d'existence des « savoirs » est bien celui de la multiplicité et de la concurrence. Mais au point de vue du « bon sens », nos savoirs ne sont à proprement parler ni vrais ni faux, ils ont tout simplement la légitimité d'une certaine efficacité que nous en éprouvons dans la « vie ». Car ils expriment un rapport perspectif au monde et aux autres et un ajustement de nos propres opinions aux leurs. Le « sens » est la faculté du présent de la « vie », c'est-à-dire non pas exactement du présent seul, mais de ce qu'il mobilise en termes d'évaluations, de savoirs, de compétences, de représentation globale de sa signification et de ses possibilités. Il se justifie par la coïncidence qu'il marque entre les circonstances qui s'imposent et l'exercice actuel du jugement qu'il engage, et par le rapport pratique au monde qu'il accomplit. « À quoi faire nous allons-nous gendarmant par ces efforts de la science ? », demande Montaigne (3.12, 1615/1040). « Regardons à terre, les pauvres gens que nous y voyons épandus, la tête penchante après leur besogne : qui ne savent ni Aristote ni Caton, ni exemple ni précepte. De ceux-là, tire nature tous les jours, des effets[2] de constance

---

1. Cette expression apparaît une fois dans l'essai « De l'utile et de l'honnête », où Montaigne fait une distinction avec le « bon heur » (3.01, 1241/795). – On ne peut manquer d'évoquer ici le début du *Discours de la méthode* où Descartes, de toute évidence, ne fait que reprendre à sa manière le propos de l'essai « De la présomption ».

2. Des actions.

et de patience[1], plus purs et plus roides[2], que ne sont ceux que nous étudions si curieusement[3] en l'école. » À la différence de la science, la « vie » et le jugement imposent un rapport plus ferme et par conséquent pratiquement plus louable aux choses et aux circonstances. Et c'est cela même qu'être dans le présent de la « vie » : être capable de tenir la place qu'on peut tenir, de résister aux circonstances, d'évaluer par conséquent ce qu'elles exigent et d'agir en connaissance de cause – ce qui impliquerait, non tant la science que la compétence, non tant le savoir que l'habileté pratique.

C'est précisément la fonction pragmatique des opinions du « bon sens » qui les distingue des compositions savantes. Car « les savants, à qui appartient la juridiction livresque, ne connaissent autre prix que de la doctrine ; et n'avouent autre procéder[4] en nos esprits, que celui de l'érudition et de l'art » (2.17, 1014/6557). L'opinion se distingue de la science par les médiations que celle-ci place entre la perception et son horizon. D'un côté en effet sont « les simples productions de l'entendement », de l'autre « la science, le style, et telles parties[5] » ; d'un côté « les âmes grossières et populaires », de l'autre « les savants » (*ibid.*). En vérité d'un côté se déploie un halo de réalité, celui de la « vie » et de ses exigences judiciaires, et de l'autre l'étrangeté[6] et la « hauteur » des ouvrages de l'art. La

1. Endurance.
2. Énergiques.
3. Minutieusement.
4. N'admettent autre méthode de connaissance.
5. Qualités.
6. Montaigne parle en effet d'« ouvrages étrangers », c'est-à-dire dont on n'est pas l'auteur. Si l'on veut poursuivre le propos, on peut aller jusqu'à le radicaliser et concevoir qu'il y a dans tout ouvrage quelque chose, non seulement de profondément étranger à soi-même, mais qui

distinction des opinions du « sens » et des constructions de la science recouvre donc celle, du reste assez ordinaire, du naturel et de l'artificiel. Elle présente cependant une fausse simplicité, car Montaigne ne vise pas à tracer une ligne de partage entre l'exercice naturel et « populaire » du jugement, auquel il faudrait assimiler le caractère raisonnable de la représentation, et un exercice scolaire et empesé de l'intelligence, source de tous les excès des sciences dogmatiques. Ou encore, la distinction qu'entend développer Montaigne n'est pas celle de la valeur du « sens », rehaussé par la grossièreté et l'innocence du peuple dans sa naïveté ; par opposition aux maniérismes et à l'impuissance de la science et des écoles, affaiblies par la complexité et la diversité arbitraire des médiations logico-discursives qu'elles cultivent. Son argument porte ailleurs, à la fois sur une distinction entre l'ordre pratique et sa nécessité, d'une part, et l'ordre du savoir et de ses variations, d'autre part ; et sur une distinction entre les manières de la « science », rompue par l'érudition, et la portée de son entreprise, par quoi il lui appartient de toucher à quelque chose comme à de la « sagesse ». Le rapport pratique au monde exclut que les livres soient les seuls instruments de la connaissance. Toutefois dans le registre même de la « science », ceux-ci exigent une authentique discipline de pensée, qui demande que le « sens » s'applique aux études et à la méditation. La critique montaignienne de la « science » n'est donc certainement pas une défense populiste des savoirs naturels, qui serait un banal

---

tend également à contraindre et amoindrir, du moins dans un premier temps. Le chapitre « Du pédantisme » le confirme d'ailleurs (1.24/25, 204/134) : « À recevoir tant de cervelles étrangères, et si fortes, et si grandes, il est nécessaire […] que la sienne se foule, se contraigne et rapetisse, pour faire place aux autres. »

ignorantisme, mais un effort pour penser le régime approprié de l'érudition livresque dans le cadre des pratiques cognitives traditionnelles, c'est-à-dire dans une culture de la science qui en assume à la fois les impossibilités, à la lumière du scepticisme, et les possibilités, à la lumière de la théorie du langage comme effervescence et inventivité assumées de la parole. C'est pourquoi elle est essentiellement une critique du langage savant et de sa rhétorique et non pas une critique de l'entreprise cognitive et de la « science » en tant que telles.

« Notre contestation est verbale », écrit de fait Montaigne dans le chapitre « De l'expérience » (3.13, 1664/1069), comme pour faire écho à ce propos de l'« Apologie... » : « La plupart des occasions des troubles du monde sont Grammairiennes » (2.12, 820/527). Si dans cette deuxième remarque se dressent en toile de fond les troubles religieux du temps, elle marque plus généralement l'impossibilité où nous sommes de qualifier dans leur être même les choses dont nous discourons. « Je demande que c'est que nature, volupté, cercle, et substitution. La question est de paroles, et se paie de même. [...] On échange un mot pour un autre mot, et souvent plus inconnu » (3.13, 1664/1069). Deux arguments solidaires se dégagent de ces propos, dont l'un est si l'on veut « théorique », et l'autre « pratique ». Le *premier* est l'argument du nominalisme de Montaigne, corollaire de son ontologie négative, s'il faut ainsi nommer l'incapacité assumée à dire les choses comme elles « sont ». Le début du chapitre « De la gloire », notamment, insiste sur la distinction substantielle et irréductible entre « le nom et la chose » (2.16, 953/618)[1]. Sans pouvoir sur les choses, la parole semble seulement capable de s'amplifier

---

1. Cf. *supra*, chap. 1, « Le branle du monde », p. 66.

formellement et de s'enfler elle-même. Lorsque nous parlons et varions nos propositions, ce ne sont pas les « choses » qui sont ainsi mieux qualifiées, mais c'est notre discours lui-même qui présente plus de nuances, de variété, ou de contradictions et qui offre ainsi un spectacle de plus en plus fin et délicat des œuvres de la pensée.

D'où le *second* argument, pratique, qui est celui du « pédantisme », exacerbation de l'incapacité à dénoter en paroles la moindre réalité assurée. Attaquer la science, c'est en effet pour Montaigne attaquer une manière de verbosité et non le désir de connaître ; c'est attaquer une manière d'académisme et non pas les savants en tant que tels, lorsque précisément la science rivalise en eux avec une existence empreinte de sagesse et d'excellence[1]. « Oyez dire métonomie[2], métaphore, allégorie, et tels autres noms de la grammaire, écrit Montaigne (1.51, 499/307) ; semble-t-il pas qu'on signifie quelque forme de langage rare et pellegrin[3] ? » Certes, « c'est une bonne drogue que la science, mais nulle drogue n'est assez forte, pour se préserver sans altération et corruption, selon le vice du vase qui l'estuie[4] » (1.24/25, 217/141). Or l'« étui » de la science, ce peut être la mémoire (2.17, 1005/651), mais

---

1. Montaigne réserve la toute fin du chapitre « De la présomption » à souligner la valeur, non de certains hommes d'action seulement, comme le célèbre connétable Anne de Montmorency ; mais d'hommes de lettres également, parmi lesquels certains convertis à la Réforme comme Théodore de Bèze ou l'écossais George Buchanan. En conséquence de leur mention, les *Essais* furent « châtiés selon l'opinion des docteurs moines », à Rome, au printemps de 1581 (*JV*, p. 119).

2. Métonymie.

3. Étranger. – On pourra comparer le passage cité à un autre du chapitre « De l'institution des enfants » : « Il ne sait pas ablatif, conjonctif, substantif, ni la grammaire ; etc. » (1.25/26, 261/169).

4. Qui lui sert de récipient.

ce sont surtout les mots. Ce qu'il faut en conclure, c'est que le statut de la « science » est incertain, non parce qu'elle est vaine, mais parce que la capacité à la situer dans l'ordre des pratiques intellectuelles requiert de « grands esprits [...] rassis et clairvoyants », non des esprits de « moyenne vigueur » qui n'ont pas la puissance d'en assumer les possibilités en même temps que les limites : « Il se peut dire avec apparence, qu'il y a ignorance abécédaire[1], qui va devant[2] la science : une autre doctorale, qui vient après la science : ignorance que la science fait et engendre, tout ainsi comme elle défait et détruit la première[3] » (1.54, 506-507/312). Autrement dit, la science ne peut valoir « en soi », mais seulement sous le contrôle judiciaire du « sens » : « *sapere aude* », écrit Montaigne en reprenant le latin d'Horace (1.25/26, 245/159), pour indiquer l'exigence d'une appropriation en première personne et en pleine responsabilité des innombrables contenus de savoir disponibles et appropriables. Exigence qui éclaire enfin cette remarque de l'essai « De l'art de conférer » (3.08, 1458/932) : « C'est chose de grand poids que la science, [beaucoup] fondent dessous : Pour étaler et distribuer[4] cette riche et puissante matière, pour l'employer et s'en aider : leur engin[5] n'a, ni assez de vigueur, ni assez de maniement. Elle ne peut qu'en une forte nature : or elles sont bien rares. »

1. Illettrisme.
2. Avant.
3. Montaigne inaugure ici une thématique de l'habileté qui fera long feu, notamment chez Pascal. Il en reproduit l'argument dans l'essai « De ménager sa volonté », où d'une « moyenne région » livrée aux « tempêtes », il distingue tout uniment les « hommes philosophes » et les « hommes ruraux », capables de « tranquillité » et de « bonheur » (3.10, 1585/1020).
4. Exposer et ordonner.
5. Esprit (latin : *ingenium*).

β) Montaigne aime assez stigmatiser l'enflure savante, dont le chapitre « Du pédantisme » dresse un assez réjouissant tableau[1], que résume cette ironique épigramme : « Mon vulgaire[2] Périgourdin appelle fort plaisamment *Lettreferits*, ces savanteaux, comme si vous disiez Lettreférus, auxquels les lettres ont donné un coup de marteau, comme on dit » (1.24/25, 213/139). Cela ne fait cependant pas argument contre la science et la sagesse, du moins pas dans l'absolu. « Plût à Dieu, lit-on un peu plus loin (*ibid.*, 215/140), que pour le bien de notre justice ces compagnies-là[3] se trouvassent aussi bien fournies d'entendement et de conscience, comme elles sont encore de science ». Assurément, les fonctions judiciaires des magistrats ne sauraient s'exercer sans une certaine « science » ; mais sans le jugement, la subsomption du présent sous une règle générale et son évaluation en termes de bien ou de mal seraient impossibles. La jointure entre la « science » et la « conscience » ou « l'entendement » traduit l'exigence de rapporter le complexe d'une situation donnée, non aux savoirs seulement, mais à l'épaisseur d'une présence dont les deux instances indissociables, l'observateur et ce qui est observé, forment un tout pratique ou cognitif unique. « Il ne faut pas attacher le savoir à l'âme, insiste Montaigne (*ibid.*), il l'y faut incorporer : il ne l'en faut pas arroser, il l'en faut teindre.[4] » La métaphore peut être ordinaire, elle

1. *Cf.* notamment à partir de 212/138.
2. Parler.
3. Il s'agit des Parlements et de leurs « officiers » ou magistrats.
4. On comparera avec « De l'institution des enfants » (1.25/26, 274/177) : « On leur donne [aux enfants] à coups de fouet en garde leur pochette pleine de science. Laquelle pour bien faire, il ne faut seulement loger chez soi, il la faut épouser. » D'où naissent d'autres enfants, que sont les livres.

n'implique pas moins de comprendre qu'il y a dans les *Essais* une théorie de la positivité de la science, qui n'indique certainement pas qu'il existe des intelligibles accessibles à l'esprit et formant un système de vérités incontestables ; mais certainement qu'il existe des sédimentations sémantiques, travaillées par une tradition de savants ou d'hommes de lettres, dont les enseignements constituent moins un trésor qu'un ensemble de dispositifs actualisables de réflexion, de méditation, d'action aussi, et qui permettent d'assumer le monde dans ses embarras propres et dans sa contemporanéité. Autrement dit, il n'y a nulle contradiction, ni même la moindre difficulté à admettre conjointement la valeur de la science, pourvu qu'elle soit accompagnée de « conscience », et la pertinence de l'hyper-scepticisme, qui rapporte la « doctrine de l'ignorance » à ses propres conditions logico-sémantiques de possibilité. « Sagesse » désigne effectivement ce retournement réflexif qui fait de la science une composante indispensable de l'hyper-scepticisme et un moment essentiel de la constitution de la « doctrine de l'ignorance » : « Nous savons dire, "Cicéron dit ainsi", "voilà les mœurs de Platon", "ce sont les mots mêmes d'Aristote", remarque Montaigne en paraphrasant Sénèque (1.24/25, 210/137) : mais nous que disons-nous nous-mêmes ? que faisons-nous ? que jugeons-nous ? » Dire soi-même, c'est assumer le risque et la responsabilité de faire face à, mais aussi de tenir contre la présence massive et puissante des traditions intellectuelles et de leurs personnifications symboliques : Cicéron, Platon, Aristote ne sont pas des individus passés, ce sont comme des commandeurs de la pensée dont le gouvernement ne cesse de s'exercer sur ceux qui aspirent à entrer dans le champ de la pensée vivante. Et dire soi-même, alors, ce n'est pas œuvrer dans le déni de leur présence expressive, mais plutôt tenter de se réapproprier en pleine conscience les espaces qu'ils ont déterminés ou laissés ouverts afin de contribuer comme nativement à l'élargissement d'une communauté de compréhension dont il existe des figures à la fois diachroniques et synchroniques.

Sur le *plan diachronique*, Montaigne pense la sagesse comme distribution partagée des savoirs et comme « communication ». « Le plus fructueux et naturel exercice de notre esprit, lit-on dans le chapitre "De l'art de conférer", c'est à mon gré la conférence », qui « apprend et exerce en un coup » (3.08, 1444/922-923). En termes contemporains, on parlerait de « discussion », considérée en un sens technique comme un processus langagier de production concurrente et collaborative à la fois de la rationalité, le terme de rationalité convenant précisément du fait que, dans le contexte du scepticisme, il n'est nullement question de produire des vérités, mais bien de l'entente. S'instruire et s'exercer d'un seul mouvement, c'est incontestablement contribuer à la production de discours pouvant tenir lieu, sinon de vérités, du moins d'ensembles d'énoncés probables ou pertinents. Ce que réalise effectivement la discussion dès lors qu'elle s'ordonne à une finalité commune et partagée. La « conférence » n'est cependant pas pur et simple rassemblement des esprits autour d'une préoccupation collective, elle implique bien plutôt une manière de normativité. « Notre esprit se fortifie par la communication des esprits vigoureux et réglés », dit Montaigne, tandis qu'« il perd, et s'abâtardit, par le continuel commerce, et fréquentation, que nous avons avec les esprits bas et maladifs » (*ibid.*). Or le postulat d'égalisation par l'excellence que traduit cette remarque ne paraît guère compatible avec l'idée d'un entrelacs structurel du monde et des discours qui circulent à sa surface. Il faudrait donc parler d'une normativité sans normes, la discussion ne servant pas à produire ce qu'il *faut* penser, mais à reconnaître en commun ce qu'on *peut* penser : « je poursuis la communication de quelque esprit fameux, dit encore Montaigne (*ibid.*, 1453/928), non afin qu'il m'enseigne, mais afin que je le connaisse, et que le connaissant, s'il le vaut, je l'imite ». L'efficacité cognitive de la « communication » ne ressortit pas principalement à la matière du discours, mais à l'écoute et à l'entente dont le lecteur ou le locuteur forment, avec toute leur attention, le centre de gravité. « Se fortifier », c'est consolider de manière communicationnelle son propre jugement, non avec l'assurance de penser ce qu'il convient de penser, mais avec la conviction de pouvoir s'arrêter à des positions efficaces et pertinentes. Le sérieux de la discussion gît dans les jeux de langage et dans leur fixation par la « communication », en laquelle seule on est susceptible de rencontrer les conditions d'un affermissement de la connaissance.

Précisément, la communauté de compréhension présente également une figure *synchronique* du fait du rapport que la « science » et la « sagesse » instituent et préservent entre les générations. Non d'ailleurs dans le but d'une accumulation sédimentaire des savoirs, mais dans celui d'une réplication, voire d'une permanente réinvention de leurs conditions propres d'élaboration. « Les belles âmes, écrit Montaigne (2.17, 1007/652), ce sont les âmes universelles, ouvertes, et prêtes à tout : sinon instruites, au moins instruisables. » Métaphoriquement, la « beauté » de l'âme est ce par quoi, se maintenant dans sa propre liberté judiciaire et « prête à tout », elle se donne l'avantage « de se trouver désengagé[e] de la nécessité » pour « mieux demeurer en suspens » (2.12, 785/504). Son « ouverture » est, pourrait-on dire, sa propriété essentielle, dont l'épanouissement n'est cependant pas spontané, mais repose sur deux conditions, sinon solidaires, du moins convergentes : l'« institution » et les « livres ».

« L'institution des enfants », que Montaigne se garde d'assimiler aux seuls mécanismes de l'instruction, vise à la liberté plutôt qu'au savoir. Cela dit, si « savoir par cœur n'est pas savoir » (1.25/26, 234/152), cela n'implique pas pour autant que savoir consiste à être ignorant ! « Qu'il sache qu'il sait, au moins » dit Montaigne de son disciple putatif (*ibid.*, 233/151) pour marquer la nature réflexive de toute authentique connaissance. De nouveau, cela consiste à placer au centre du processus cognitif la formation et l'exercice du jugement, non la vérité visée ou supposée des connaissances. Non que le souci de la vérité soit tout à fait exclu, note Montaigne (1.25/26, 238/155) : « Qu'on l'instruise surtout à se rendre, et à quitter les armes à la vérité, tout aussitôt qu'il l'apercevra. » Où il n'est évidemment pas absurde d'affirmer que cette vérité soit de renoncer à ce qu'il puisse y en avoir aucune de définitive. C'est en fait d'être « mieux savant » qu'il importe, non « plus savant » (1.24/25, 208/136), et selon une formule désormais proverbiale, d'avoir « plutôt la tête bien faite, que bien pleine » (1.25/26, 230/150). « Ce qu'on sait droitement, on en dispose, sans regarder au patron », ajoute Montaigne (*ibid.*, 234/152), insistant par-là sur ce que savoir consiste essentiellement en une capacité à manier les idées et leurs énoncés, à les plier à la réalité de l'expérience des choses et des hommes, non à les articuler ou à en ériger des systèmes formels et abstraits. L'institution par quoi une génération se projette dans une autre ne vise pas à la conservation de certains biens spirituels dont la mémoire, notamment collective, serait un suffisant dépositaire, mais à reproduire la capacité à assumer le présent de la « vie », et au fond à exercer « l'art qui nous fait libres », en réinventant perpétuellement, de génération en génération, la puissance de « savoir bien mourir et bien vivre » (*ibid.*, 245/159). Au fond, la dimension éthique de « l'institution des enfants » enveloppe totalement ses visées cognitives, qu'elle actualise pourtant dans leur registre propre, mais principalement comme autant de médiations techniques en vue de l'« ouverture » éthique du connaissant et de son libre accueil du présent : apprendre à savoir, c'est apprendre à pouvoir et, par là, apprendre à être.

« Le commerce avec les livres » (2.17, 1006/652) traduit dès lors à son tour les nombreuses difficultés liées aussi bien au thème de la science dans sa relation à la sagesse, qu'à celui du scepticisme et de son rapport réflexif à la connaissance. Car d'un côté se cache en l'étude des livres « cette complaisance voluptueuse, qui nous chatouille par l'opinion de science » (3.12, 1613/1039) de sorte que, pour paraphraser Montaigne, si l'on y enrichit sa langue, on y raffermit assez peu son courage. Mais d'un autre côté les livres servent « non tant d'instruction que d'exercitation » (*ibid.*, 1614/1039) et contribuent par-delà leur usage immédiat au bonheur de la vie : « C'est la meilleure munition[1] que j'aie trouvé à cet humain voyage », concède Montaigne (3.03, 1294/828), comme pour justifier ce fait paradoxal : « Je ne m'en sers en effet, quasi non plus que ceux qui ne les connaissent point : J'en jouis, comme les avaricieux des trésors, pour savoir que j'en jouirai quand il me plaira : mon âme se rassasie et contente de ce droit

---

1. Provision.

de possession » (*ibid.*, 1293/827). Pour le dire en raccourci et par manière de paradoxe, Montaigne paraît vouloir marquer la nécessaire distance que recouvre sa propre proximité aux livres, comme si leur constant usage devait ne pas faire oublier l'exigence d'autonomie que requiert par lui-même l'exercice en première personne du jugement. C'est pourquoi les livres peuvent être considérés comme à la croisée des chemins de la « science » et de la « sagesse », ou encore de l'érudition et du jugement. Leur appropriation doit être, non pas disciplinaire, mais pragmatique, et déterminer des positions herméneutiques ou savantes temporaires, mais également efficaces et, dans leur lieu propre, stables et pertinentes.

Dans toute son équivocité, l'expérience livresque traduit par conséquent un double mouvement d'appropriation et de dépropriation. Pour une part, dit Montaigne (1.25/26, 240-241/156), « j'ai lu en Tite Live cent choses que tel n'y a pas lu. Plutarche y en a lu cent ; outre ce que j'ai su lire : et à l'aventure[1] outre ce que l'auteur y avait mis »[2]. Mais pour une autre part, si l'on en croit ce qu'il affirme de son propre ouvrage (2.08, 637/402) : « Ce peu de bien, que je lui ai fait, il n'est plus en ma disposition. Il peut savoir assez de choses que je ne sais plus, et tenir de moi ce que je n'ai point retenu : et qu'il faudrait que tout ainsi qu'un étranger, j'empruntasse de lui, si besoin m'en venait ». Les livres ne sont pas les dépositaires de la sagesse du monde, ce sont des dispositifs techniques disponibles et manipulables renfermant des procédés d'évaluation de situations et de problèmes plus ou moins actuels, qu'il

---

1. Peut-être.
2. Même idée dans l'essai « Divers événements de même conseil », 1.23/24, 195/127.

s'agisse de problèmes proprement pratiques ou de problèmes liés à l'activité méditative en son abstraction même. En forçant très légèrement le trait, on dira donc que le livre est caractérisé dans les *Essais* comme une métaphore vive, pratique et concrète – parce qu'elle renvoie à une expérience vivante de lecture – de l'idée que Montaigne se fait des savoirs, de leur distribution, de leur actualité même et de leur inscription dans la « vie ». Noyaux d'une prolixité, d'une réplicabilité, d'une dissémination de la pensée, les livres ne s'imposent pas tant comme sources savantes qu'en raison de leur ustensilité et de leur maniabilité. Ce qui en soi est une idée équivoque. Il y a dans les livres quelque chose qui ressortit à une sorte de glue intellectuelle et morale, par quoi « nous en perdons enfin la gaieté et la santé, nos meilleures pièces » (1.38/39, 380/245) ; mais par manière de contrepoint, ils constituent tout autant, et peut-être plus, un espace d'inventivité infini. Nos livres « nous représentent, explique Montaigne (2.08, 634/400), et nous rapportent[1] bien plus vivement que [nos enfants naturels] », car leur genèse foisonnante est précisément une métaphore de la « vie » et de sa créativité : « parmi tant d'emprunts, avoue Montaigne au sujet de la formation pléthorique des *Essais* (3.12, 1642/1056), suis bien aise d'en pouvoir dérober[2] quelqu'un : le déguisant et difformant à nouveau service ». Manière de dire que les « références » livresques non seulement n'interdisent pas, mais sont le ressort du processus de réinvention que constitue l'écriture comme telle. Ce que l'« Apologie… » confirme à son tour (2.12, 906/585) : « il n'est aucun sens ni visage, ou droit, ou amer, ou doux, ou courbe, que l'esprit humain ne trouve

1. Expriment.
2. Dissimuler.

aux écrits, qu'il entreprend de fouiller. ». La substance des
livres, c'est de n'être donc pas substance mais principe,
non pas réalité mais projet. En quoi ils ne cristallisent pas
seulement les incertitudes de la réalité, ils en reproduisent
l'efficace, et forment à leur tour les occasions infiniment
renouvelables d'une créativité intellectuelle limitée par la
seule puissance du jugement.

Une vue d'ensemble de la théorie montaignienne de
la connaissance permet d'y relever un paradoxe, qu'elle
est prise entre une manière d'éloge de l'ignorance – pourvu
évidemment qu'on entende par là une relation assumée du
connaissant à un certain ensemble de sédimentations
cognitives – et un authentique souci de connaître, nourri
de la curiosité pour le vrai d'une part, symbolisé par l'image
des épousailles de la science d'autre part.

Deux moments cardinaux et solidaires révèlent l'entre-
deux de cette position épistémologique de Montaigne, du
reste résumée dans l'essai « De la physionomie » (3.12,
1643/1057) : « Je dis pompeusement et opulemment
l'ignorance, peut-on y lire, et dis la science maigrement
et piteusement. Accessoirement cette-ci, et accidentalement :
celle-là expressément, et principalement. Et ne traite à
point nommé de rien, que du rien : ni d'aucune science,
que de celle de l'inscience. » Ce qu'on remarque de
paradoxal, c'est que cette position ne conduit à aucune
espèce de renoncement, mais tout au rebours à une conception
fondamentalement dynamique et inventive de la parole et,
à travers elle, à une véritable positivité de la connaissance.
Être en effet sceptique et « soutenir » les assauts de
l'évidence, c'est s'attacher à percevoir et à interpréter, non
refuser de savoir. Nulle certitude d'un déchiffrement
asymptotique du livre du monde, sentiment plutôt que
l'« ignorance », bien comprise, est chose « pour laquelle

concevoir il n'y a pas moins de science que pour concevoir la science » (3.11, 1600-1601/1030). Cette science de l'ignorance exprime de fait une manière à la fois de liberté et de salut intellectuels, car il faut « quelque degré d'intelligence, à pouvoir remarquer qu'on ignore : et faut pousser une porte, pour savoir qu'elle nous est close » (3.13, 1673/1075)[1]. En forçant le propos, on pourra retenir de Montaigne que l'intelligence véritable a pour objet, non les choses, dont seules des représentations incertaines et polysémiques sont accessibles, mais elle-même comme entreprise d'en découdre avec le monde malgré sa propre impuissance architectonique.

Le portrait d'un Socrate plus proche de Pyrrhon que de Platon donne cependant à comprendre quel infléchissement est appelée à subir la théorie montaignienne de la connaissance. « Il ne faut guère de doctrine[2], pour vivre à notre aise », reconnaît Montaigne (3.12, 1613/1039), pour aussitôt ajouter : « Et Socrate nous apprend qu'elle est en nous, et la manière de l'y trouver, et de s'en aider. » Très classique, cette assimilation de la problématique du connaissable à celle de la vie « heureuse », « tranquille », ou « rassise » – celle des hommes ordinaires aussi bien que des « Cannibales », par exemple[3] – permet d'opérer une réorientation des priorités théoriques des *Essais* en montrant que la description du rapport des facultés à leur horizon perceptif sert en réalité essentiellement à définir des conditions cognitives d'une détermination axiologique de la « vie bonne ». L'essai « Des Cannibales », par exemple, en reste à marquer l'incommensurabilité du

---

1. Comparer à 2.10, 646/409 : « la reconnaissance de l'ignorance est l'un des plus beaux et plus sûrs témoignages de jugement que je trouve ».

2. Savoir d'érudition.

3. *Cf.* 2.12, 842-843/541.

pouvoir de connaître à la nature visée dans la perception :
« J'ai peur, y écrit Montaigne (1.30/31, 314/203), que nous
ayons les yeux plus grands que le ventre, et plus de curiosité, que nous n'avons de capacité. » Or cette approche
classiquement « sceptique » subit une évolution avec la
question de l'« office » de la science. Avec une réelle ironie,
Montaigne insiste pour souligner notre inaptitude à sonder
sur la base de la « science » les incertitudes de l'existence
ainsi que son caractère destinal et proprement nôtre[1]. L'idée
d'une « doctrine de l'ignorance » n'est donc pas simplement
celle, toute spéculative, des raisons d'une limitation du
procès de la connaissance ou encore de son retournement
créatif dans la parole et sa prolixité. Une telle « doctrine »
annonce une manière d'engagement existentiel et désigne
face à l'ensemble de ce qui est une attitude qui ne peut se
résumer à la question des frontières du connaissable et du
dicible. Aussi est-ce « un très grand avantage pour l'honneur
de l'ignorance, que la science même nous rejette entre ses
bras, quand elle se trouve empêchée à nous roidir contre
la pesanteur des maux » (2.12, 769/494). L'« ignorance »
serait ainsi « projet », en entendant par là qu'elle exprime
le libre exercice de choix qui, en tant que tels, ne peuvent
être exclusivement cognitifs, mais prennent inévitablement
une dimension éthique.

Ce dernier point de l'« Apologie… » n'est cependant
pas univoque, et autour du rapport de l'épistémique et du
moral, il implique d'entrelacer au moins deux arguments
concurrents, mais néanmoins convergents. D'une part en
effet, et c'est une constante montaignienne, faits et
représentations sont incommensurables les uns aux autres,
par ceci que tout événement admet une variation, sinon

---

1. *Cf.* notamment 3.12, 1631-1632/1050-1051.

infinie, du moins indéfinie des propriétés qu'il livre à la perception. À titre d'exemple, on pourra retenir celui de la douleur, dont il ne suffit pas pour s'en libérer d'envelopper le sentiment par le souvenir de quelque douceur passée[1] : les douleurs de la goutte, dira plus tard Hume[2], ne s'évanouissent pas du seul fait de la considération de l'ordre de l'univers ou de la sagesse de la Providence ! Pour le dire rapidement, mais autrement, il n'y a pas de « pharmacie » de Montaigne : si la science est une « drogue »[3], elle n'est nullement un remède aux incertitudes de l'existence ; et si à son tour l'« ignorance » est un palliatif à la « science », elle n'en est pas moins elle-même « un remède inefficace aux maux » dont nous souffrons du seul fait de la « vie » (2.12, 771/495)[4].

D'où un second argument, en quoi se confirme, d'autre part, l'exigence d'assimiler le scepticisme à une posture de résistance – mais résistance à la « science » aussi bien qu'à l'« ignorance », puisque des raisons antinomiques mais bien réelles incitent à reconnaître la vérité pratique de l'une comme de l'autre. Sur un plan anecdotique, par exemple, Montaigne ne manque pas de brouiller les pistes en nous dérobant les moyens de choisir parmi elles : « On reprochait à Diogène, rappelle-t-il, comment, étant ignorant, il se mêlait de la Philosophie : "Je m'en mêle, dit-il, d'autant mieux à propos" » (1.25/26, 259/168). Façon de montrer que le concept de l'« inscience », affranchi de ses scories

---

1. *Cf.* 2.12, 770/494 ; 3.12, 1631-1632/1050-1051.

2. Voir le traitement de la question du « mal physique », dans *Enquête sur l'entendement humain*, huitième section, « De la liberté et de la nécessité » (*in fine*).

3. Cf. *supra*, p. 166.

4. Citation de seconde main extraite d'un *Œdipe* de Sénèque (en latin dans le texte) : « *Iners malorum remedium ignorantia est* ».

théologiques, se laisse résumer à un ensemble perpétuellement variable de pratiques et de connaissances, dont le scandaleux personnage de Diogène est le symbole diversement répliqué. Dans le même ordre d'idées, une anecdote tirée de Plutarque nous instruit de la légèreté avec laquelle une authentique « sagesse » se dépose au cœur de l'existence. À Démétrius le Grammairien qui stigmatisait « la contenance si paisible et si gaie » d'une assemblée de philosophes, Héracléon le Mégarien rétorqua que les « discours de la philosophie […] ont accoutumé d'égayer et réjouir ceux qui les traitent, non les renfrogner et contrister » (*ibid.*, 247/160). Disons rapidement que savoir, c'est-à-dire savoir qu'on ignore, cela n'a rien de vain, d'épineux, de décharné, ni de mal plaisant, pour paraphraser Montaigne, mais c'est au contraire consentir à ce qui est et se rendre pour ainsi soi-même consentant à l'étant dans son ensemble. Bien plus même, si l'on songe à la douce folie de « Thrasylaus, fils de Pythodorus », persuadé que « tous les navires qui relâchaient du port du Pirée, et y abordaient, ne travaillaient que pour son service ». « Son frère Crito » l'ayant fait soigner et « remettre en son meilleur sens », il éprouva vite le regret de sa folie. « Il y a beaucoup de commodité, conclut Montaigne, à n'être pas si avisé » (2.12, 772/495-496).

Peut-être donc « se rendre consentant » est-il comme le noyau éthique de quelque chose comme la « sagesse ». En tout état de cause, l'entre-expression de la « science » et de l'« ignorance » se conjugue à l'entrelacs d'une éthique et d'une épistémologie, et implique solidairement l'action et l'observation, la conduite et la contemplation. La connaissance est ouverture, notamment sur des espaces comme ceux de la morale et de la politique. Mais quelle sorte d'espaces ? Faut-il que ce soit « des plus belles comédies du monde » (*ibid.*, 772/495) ? Autant de manières diverses d'assumer que l'« entendement » ou le « sens » doivent littéralement inscrire le geste de la connaissance dans la matrice de la « vie », sans espoir cependant d'y laisser d'autres traces que le palimpseste de sa propre liberté.

CHAPITRE IV

L'EMPIRE DE LA COUTUME

Se tenir « si entier » en « son assiette » est des choses les plus rares, dit en substance Montaigne dans l'essai « Du dormir » (1.44, 442/271). Difficile en effet de s'ordonner soi-même en même temps que sa conduite à l'environnement des choses du monde, aux « affaires publiques » et à l'« État » même. Le fait est, l'événement très singulier de l'existence est à la convergence de processus complexes et fondamentalement inclassables, mal descriptibles, peu intelligibles. Le monde est immense, et pourtant « c'est le miroir, où il nous faut regarder, pour nous connaître de bon biais » (1.25/26, 243/157). « Qui se présente, écrit encore Montaigne (*ibid.*), comme dans un tableau, cette grande image de notre mère nature, en son entière majesté : qui lit en son visage, une si générale et constante variété : qui se remarque là-dedans, et non soi, mais tout un royaume, comme un trait d'une pointe très délicate, celui-là seul estime les choses selon leur véritable grandeur. » Toutes choses, de l'individu singulier aux institutions et aux territoires qui l'abritent, tout être, quelle que soit l'extension de son existence, ne sont au regard du tableau de la nature que le trait le plus fin qu'on puisse imaginer, une simple frontière entre l'être qui est et le non-être qui n'est pas encore ou qui n'est plus. Seulement définir ainsi l'existence comme limite, ce n'est pas se contenter d'en remarquer la fragilité ou l'inconsistance, c'est aussi et surtout tâcher d'en poser le problème en montrant qu'elle engage l'ensemble du donné humain. Nôtre tout autant qu'étranger, « ce grand monde » est également comme un « livre », continue Montaigne (*ibid.*), et ouvert à toutes sortes de lectures et d'interprétations. L'existence ne défile pas comme une suite de faits insignifiants, elle témoigne au contraire immédiatement d'enjeux herméneutiques dont il convient de mesurer la portée. Quoique nous ne soyons que ce que nous sommes, qui est négligeable et contingent, ce que nous sommes s'exprime en ce que nous pensons, en notre manière de réfléchir en paroles et de raconter ce que nous appréhendons, à tort ou à raison, comme la part essentielle de notre existence. Le problème de l'existence est par conséquent celui de son amplification réflexive et des interprétations multiples dans lesquelles elle parvient tant bien que mal à s'exposer et à se comprendre. D'où l'importance, notamment, au cœur de l'essai « De l'institution des enfants », de la question de l'« honnête homme » qui, aux termes de l'essai « De la vanité », est un « homme mêlé » (3.09, 1537/986), c'est-à-dire capable de s'ajuster aux compagnies et aux circonstances les plus diverses[1]. Sur la voie de l'« honnêteté », le principal réside dans les *processus* d'édification qui accompagnent la connaissance que nous pouvons acquérir de nous-même. Il faut alors passer par une espèce d'anthropologie assumant le fait qu'il existe « tant d'humeurs, de sectes, de jugements, d'opinions, de lois, de coutumes » (*ibid.*), c'est-à-dire assumant le multiple, non comme ce qui qualifie, mais comme ce qui structure notre être individuel et en produit l'irréductible singularité.

1. Sur ce point, voir *infra*, chap. 5, « La pratique des hommes », p. 242-243.

DIVERS ET ONDOYANT

L'existence est conçue par Montaigne comme un ensemble complexe et différencié de processus composant la trame d'individualités toujours mobiles, qui se forment au creuset de la diversité des relations qu'elles entretiennent, aussi bien avec les choses qu'avec les êtres, pour accomplir la singularité d'un destin presque irrémédiablement trivial. Les *Essais* déclinent le thème de cette diversité sous couvert de trois figures dont on retiendra, en un mouvement de focalisation progressive, celle de l'humanité vivante elle-même, celle des coutumes qui participent à la forger et celle, enfin, de la représentation, c'est-à-dire des opinions ou des idées toutes faites qui nous criblent.

La *diversité humaine* s'entend tant au point de vue du nombre qu'au point de vue des variations physiques, humorales, ou sociales qu'on observe parmi les hommes. Dès les premières pages des *Essais*, on lit que « c'est un sujet merveilleusement vain, divers et ondoyant, que l'homme », et qu'« il est malaisé d'y fonder jugement constant et uniforme » (1.01, 58/9). Si des humeurs changeantes peuvent faire des opinions changeantes, l'essentiel n'est pas là, mais dans l'idée que les hommes ne présentent jamais un caractère suffisamment établi pour permettre de juger avec certitude de ce qu'ils pensent et des raisons de ce qu'ils font. Façon, non de stigmatiser l'inconstance humaine sous le point de vue d'une improbable morale, mais, sous un point de vue anthropologique, de comprendre les effets du divers dans un monde dénué de tout ordre proprement intelligible. La diversité humaine n'est effectivement qu'un mode de la diversité qui traverse l'ensemble des étants, accentuée toutefois par la puissance de diversification que renferment les facultés de la représentation, l'imagination, la réflexion et, consécutivement, les opinions. C'est dans ce contexte qu'il faut comprendre une idée importante de Montaigne, selon laquelle « il y a plus de distance de tel à tel homme, qu'il n'y a de tel homme à telle bête » (1.42, 424/258)[1]. Formulation qui non seulement efface la frontière semblant de fait exister entre humanité et animalité, mais qui trace aussi et surtout une frontière de droit entre homme et homme : « Nous sommes tous [faits] de lopins, et d'une contexture si informe et diverse, que chaque pièce, chaque moment, fait son jeu. Et se trouve autant de différence de nous à nous-mêmes, que de nous à autrui » (2.01, 543/337). Il faut ainsi moins entreprendre de penser les différences humaines, qu'entreprendre de qualifier *la* différence comme mode essentiel d'existence de l'humanité, c'est-à-dire, non pas tant essayer de décrire la variété humaine ou les changements psychologiques pouvant affecter tel ou tel homme – au premier chef desquels Montaigne en personne – que postuler la variation comme principe ontologique et dynamique à la fois, et la singularité d'une existence comme consécutive à des processus infinis de singularisation individuelle. Le singulier n'est existentiellement jamais achevé, et pour dire symétriquement, il n'est jamais qu'un moment fugitif dans un processus indéfini qui, pour les hommes, comprend autant leur texture individuelle que l'ensemble des relations qu'ils entretiennent au monde, c'est-à-dire aux choses, aux autres hommes, aux institutions, à la société dans son ensemble.

---

1. Cette remarque se retrouvera notamment dans l'« Apologie… » (2.12, 730/466).

On comprend qu'il soit dès lors assez naturel d'interpréter la deuxième inflexion du thème de l'existence comme étant celle de la *diversité des coutumes*. Car c'est un fait avéré qu'« il y a infinies autres différences de coutumes, en chaque contrée : ou pour mieux dire, il n'y a quasi aucune ressemblance des unes aux autres » (2.37, 1215/777). La diversité ne se comprend pas comme variation d'un certain invariant, qui pourrait par exemple être l'homme ou bien sa nature sociale et politique, elle se comprend comme différence irréductible du même à l'autre. Si en effet « il n'est chose, en quoi le monde soit si divers qu'en coutumes et lois », c'est parce qu'« une nation regarde un sujet par un visage, et s'arrête à celui-là : l'autre par un autre » (2.12, 899/580-581). Les coutumes ne sont jamais que d'arbitraires cristallisations morales et sociales, qui contribuent à tracer les lignes de fuite des manières de vivre, des mœurs, et à en infléchir les manifestations individuelles. L'existence se révèle donc le point de rencontre de caractères individuels disparates et fuyants, d'une part, et de l'ordre de contrainte que constitue le système des règles de vie auquel on est assujetti de manière purement et simplement contingente, d'autre part.

L'essai « De l'expérience » thématise de manière assez précise cette rencontre de l'individuel et du collectif, notamment lorsque Montaigne vient à montrer que « c'est à la coutume de donner forme à notre vie » (3.13, 1682/1080). On pourra sans doute y concevoir une manière de déterminisme culturel, qui expliquerait que nous ne sommes ce que nous sommes qu'à la faveur des infléchissements que le réel, et principalement la réalité sociale, institutionnelle ou morale parviennent à donner à notre être supposé propre. Mais au-delà, ce qui importe à Montaigne est de montrer l'hétérogénéité à tout le moins résiduelle des « coutumes et usances, qui sont non seulement inconnues, mais farouches et miraculeuses à quelque autre nation » qui ne les suit pas (*ibid.*, 1683/1081) : les hommes ont du mal à se comprendre les uns les autres parce que les cultures peinent à se réfléchir les unes dans les autres. Aussi ne s'agit-il pas seulement d'observer la mosaïque des usages, mais bien plutôt de comprendre les effets éthiques de l'irréductibilité des coutumes les unes aux autres, et d'exposer par voie de conséquence l'hétérogénéité fondamentale de l'existence humaine, aussi bien au niveau individuel qu'au niveau social et politique.

Or « les sujets [1] ont divers lustres et diverses considérations : c'est de là que s'engendre principalement la diversité d'opinions » (2.12, 899/581). Mais non pas seulement de là, car la coutume exerce une puissance idéologique considérablement efficace : « Que ne peut-elle en nos jugements et en nos créances ? » demande en effet Montaigne (1.22/23, 169/111), remarquant la « bizarrerie » de nos opinions et qu'elles participent bien plutôt d'une « fantaisie forcenée » que « de nos raisons humaines » (*ibid.*). Ce qui revient à dire – et c'est le troisième point – que la diversité humaine se conjugue à celle des coutumes pour produire une infinie *diversité de la représentation*, c'est-à-dire des croyances, des évaluations, des certitudes, mais aussi des habitudes, des conduites, des manières qui se forgent ou que nous forgeons sans que la part de ce que nous appelons désormais « le sujet de la représentation » soit clairement différenciée de celle qu'emportent les

---

1. Ce terme de « sujet » sert à désigner, non la personne individuelle, mais « ce dont on parle », l'« objet » sur lequel on porte un jugement de fait ou de valeur.

événements dans leur morcellement et leur confusion. « Et ne fut jamais au monde, deux opinions pareilles, non plus que deux poils, ou deux grains, lit-on à la fin de l'essai "De la ressemblance des enfants aux pères" (2.37, 1229/786). Leur plus universelle qualité, c'est la diversité. » Ce qui ne signifie pas que de la discernabilité essentielle des opinions il soit aisé de conclure au discernement ou à la discrimination des unes et des autres. Car la raison « se perd, s'embarrasse et s'entrave, tournoyant et flottant dans cette mer vaste, trouble, et ondoyante des opinions humaines, sans bride et sans but. [...] Elle se va divisant et dissipant en mille routes diverses. L'homme ne peut être que ce qu'il est, ni imaginer que selon sa portée » (2.12, 809-810/520). Notre rapport à nos opinions, *a fortiori* à la diversité extérieure des opinions, est un rapport d'étrangeté diffuse à nous-mêmes, comme si pensant, nous ne savions jamais très exactement ce que et comment nous pensons. Le plus sûr est que « les opinions des hommes sont reçues à la suite des créances anciennes, par autorité et à crédit » (2.12, 839/539)[1] et qu'elles le sont même « comme un jargon » ! Une opinion n'est en ce sens pas proprement une cristallisation intellectuelle, elle est une espèce de procédure discursive ou un système d'encodage de la perception dont on ne détient pas tout à fait la clé et qui produit de lui-même des effets de sens, des effets pratiques ou de connaissance plus ou moins efficaces ou maîtrisables. Pour le formuler d'une autre façon, nos croyances sont des schèmes discursifs formant une solution sémantique instable, provisoire et relative à la seule « révérence de l'approbation publique » (3.12, 1609/1037). Nos représentations s'y affrontent et entre-génèrent, disparaissent ou resurgissent selon des

---

1. Également en 3.12, 1609/1037.

contraintes de temps, de publicité ou d'occasion. Tantôt régulières et tantôt aléatoires, leurs logiques ressortissent essentiellement à leur propre événementialité et à une simple coïncidence du conçu avec l'atmosphère doxologique qu'il rencontre.

C'est pourquoi du reste on ne doit pas seulement passer de l'infinie diversité des opinions à leur extrême disparité, mais reconnaître tout autant que cet infini admet un décalque exponentiel des imaginations, des conceptions ou des usages. « Je me suis souvent émerveillé, écrit Montaigne dans l'"Apologie…" (2.12, 889/573), de voir en une très grande distance de lieux et de temps, les rencontres d'un si grand nombre d'opinions populaires, sauvages, et des mœurs et créances sauvages, et qui par aucun biais ne semblent tenir à notre naturel discours. » Il y aurait ainsi, du fait de « certains rencontres »[1] ou de certaines coïncidences thématiques ou symboliques, une manière de régulation naturelle des discours et des conduites, assurant leur renouvellement aussi bien que leur réplication sociale. Mais le constat qu'il est par chance possible de faire d'une récurrence des opinions n'implique pas une théorie de cette récurrence ou de la régularité du phénomène. Sans nature ni catégories susceptibles d'expliquer normativement la genèse des opinions humaines, sans théorie des climats, sans théorie du territoire, il n'y a pas de critères pertinents de mesure de la variabilité des représentations humaines et sociales. Plus même, la variation peut à certains égards tenir d'une pathologie intellectuelle parfaitement normale, comme en atteste l'interprétation que donne Montaigne de ses propres réticences à l'égard de la médecine. « Il peut être, dit-il (2.37, 1191/765), que j'y avais cette propension,

---

1. Chez Montaigne, ce mot est masculin.

mais je l'ai appuyée et fortifiée par les discours qui m'en ont établi l'opinion que j'en ai. » Comme si la genèse de l'opinion ressortissait à une relation à la fois affective et confuse d'un chacun à ses propres représentations, auxquelles il adhère avant même d'en avoir pleinement identifié le sens et estimé la portée.

Formuler simplement la question de l'existence humaine, c'est en somme reconnaître avec Montaigne et l'essai « De la présomption » (2.17, 979/634) « une si extrême variété de jugements, un si profond labyrinthe de difficultés les unes sur les autres, tant de diversité et d'incertitude », et que les hommes, même les plus sages, « ne savent comment branle ce qu'eux-mêmes font branler, ni comment nous peindre et déchiffrer les ressorts qu'ils tiennent et manient d'eux-mêmes » – « leur propre condition, qui est continuellement présente à leurs yeux ». Entendons : le problème de l'existence est celui d'une distance à soi et aux autres qu'il est pratiquement et intellectuellement impossible de résorber, partant celui de la conjonction improbable entre une exigence de normativité intellectuelle et axiologique à la lumière de laquelle appréhender l'humanité dans sa diversité, et le fait irréductible de l'hétérogénéité absolue de la représentation humaine, pensée globalement comme le système des cristallisations doxologiques dont les hommes sont comme des opérateurs dépossédés de leurs propres opérations. Disons donc très vite : le problème de l'existence est chez Montaigne celui de son indescriptibilité – dans sa vérité – ou, paradoxalement, de sa surdescriptibilité – du fait de l'effervescence langagière qui assure la formation des opinions !

LA SOCIÉTÉ DES HOMMES

L'anthropologie montaignienne s'intéresse aux normes pratiques permettant de rapporter et d'ajuster les actions d'un individu ou d'un groupe d'individus à l'espace existentiel qui est le leur. Admettons donc qu'il s'agisse d'une anthropologie morale et que Montaigne cherche à faire conjointement droit à la réalité de la diversité humaine et à l'ensemble des principes normatifs qui font que « la société des hommes se tient et se coud, à quelque prix que ce soit » (3.09, 1493/956). Inévitablement, rendre compte de l'humanité concrète sous le double point de vue du multiple, c'est-à-dire de la dissémination des pratiques humaines et du foisonnement des représentations qui les sous-tendent, et de l'horizon régulateur qui seul explique une certaine constance des interactions sociales et politiques, cela implique de faire apparaître les lignes de tension traversant ces pratiques et qu'elles ne sont jamais réductibles à des principes normatifs stables et assurés. On pourrait vouloir s'en expliquer les raisons par référence à la nature de l'homme – « péché, maladie, irrésolution, trouble, désespoir » (2.12, 721/460) – ou à l'ignorance et à la confusion qui règnent dans les sociétés. Or si à l'extrême diversité de ce qui est humain correspond une extrême diversité des normes par lesquelles l'humain se conjugue à l'humain, ce n'est pas tant – en tout cas pas seulement – parce que le multiple engendré par le multiple provoque une confusion extrême des normes de vie, mais c'est plutôt parce que la question de la normativité, en tant que telle, ne peut pas être posée en termes d'origine ou de nature. Selon Montaigne, dans l'ordre même de « la société des hommes », il n'y a pas de référent ultime ou de principe régulateur auxquels rapporter avec l'assurance d'une légitimité nos propres maximes et nos pratiques. Nous réglons comme nous le pouvons nos actions, nous les ordonnons à nous-mêmes aussi bien que les uns aux autres, mais nous n'avons pas d'autres points de repère qu'une constance incertaine de la « conscience » et les exigences pressantes du maintenant ou, précisément, des « affaires »[1]. Les *Essais* disent l'impossibilité de poser la question du normatif en termes d'originarité, c'est-à-dire à la lumière d'une transcendance, d'une vérité ou même d'une instance – immanente ou transcendante – dont nous parviendrions à nous assurer le secours : Dieu, la Morale, la Religion, pourquoi pas l'État ou le Roi, voire la société et son ambiance séculaire. Il n'y a pas de « qualités humaines », pour reprendre une locution de l'« Apologie… » (2.12, 827/531), dont les actions porteraient la marque incontestable, toutes paraissant plutôt se fondre dans les contraintes du temps et des événements, dans un miroitement incessant et récursif des croyances et un renouvellement incessant de leur puissance créatrice.

On peut lire dans le chapitre « Comme nous pleurons et rions d'une même chose » (1.37/38, 363/234) : « Nulle qualité nous embrasse purement et universellement », non parce que nous manquons de qualités, mais parce que celles-ci, quelles qu'elles soient, trahissent un rapport toujours singulier à des circonstances et à leur présent, sans exprimer les propriétés plus ou moins constantes dont un individu serait le support, voire la substance persistante. Il faut considérer les qualités humaines comme empruntées et non pas comme naturelles ou immanentes : « Faut-il, interroge Montaigne (3.10, 1575/1013), si elle est putain,

---

1. Sur le problème de la « conscience », cf. *infra*, chap. 6, « Être à soi », p. 258 *sq*.

qu'elle soit aussi punaise[1] ? » Manière d'affirmer que les qualités expriment seulement ce que font les hommes, non ce qu'ils sont, et qu'elles sont la trace momentanée de leurs choix et des orientations éthiques ou pratiques que prend leur existence. En dressant un tel constat, Montaigne dissocie le discours sur les hommes, qui peut être précis, savant, détaillé, du thème d'une vérité de l'humain, qui reste indéfinissable et hors de portée de l'observation empirique aussi bien que du jugement moral. Paradoxalement, cela revient à déconnecter l'hypothèse d'une pertinence du discours anthropologique, qui s'établit par expérience, du postulat de sa vérité, qui demeure discursivement indécidable. Décrire la réalité humaine, c'est produire une vérité qui ne s'évalue pas au point de vue de son sens, mais qui s'éprouve au point de vue de ses effets, comme sont tolérance, convivialité, ouverture aux lieux singuliers des autres – ce qui résume, au fond, le *Journal de voyage*. Le choix d'une anthropologie des qualités humaines se révèle ainsi, chez Montaigne, celui d'une distance tolérante aux variations infinies de nos mœurs et de nos pratiques, adossée à une dynamique narrative sans fin, descriptions et récits formant la matière foisonnante de la réalité humaine – et des *Essais* eux-mêmes.

C'est que la coutume est le soutien de l'action et sa matrice normative. Or les coutumes n'ont elles-mêmes d'autre justification que d'être ce qu'elles sont et de dire ce qu'elles disent : « Autrefois, note Montaigne (1.22/23, 178/117-118), ayant à faire valoir quelqu'une de nos observations[2], et reçue avec résolue autorité bien loin

1. Puante.
2. Observances.

autour de nous, […] j'y trouvai le fondement si faible, qu'à peine que je ne m'en dégoûtasse, moi, qui avais à la confirmer en autrui ». Où il n'est pas précisément question de valeurs, mais principalement d'efficacité pratique. Si elle constitue la médiation nécessaire de l'action et du rapport à autrui, la coutume produit une double élision de la réalité, d'abord parce que « l'usage nous dérobe le vrai visage des choses » (*ibid.*), et ensuite parce que le sens de sa médiation disparaît en tant que tel derrière son évidence et sa nécessité, la coutume nous mêlant aux autres, à leurs pensées et à leurs actions, tout en nous dérobant les moyens d'identifier et de comprendre les raisons véritables qui les animent. Le pourquoi de l'action lui reste prochain et tient simplement aux rapports les plus explicites qu'elle entretient avec les circonstances et les croyances qui paraissent devoir au mieux l'éclairer. Toute justification pratique s'articule principalement à une connaissance seulement approchée que nous avons des usages, et les usages eux-mêmes ne renvoient à aucune espèce de raison, de motif ou de principe, sinon à leur réalité propre, leur temporalité, leur existence, et en somme aux cristallisations qu'ils constituent des croyances et des actions qui leur sont associées. Ni vérité, donc, ni nécessité fondamentale de l'usage, dont nous avons une représentation immanquablement altérée et aliénée, c'est-à-dire elle-même coutumière. La coutume n'est pas le proche et le liant, mais ce qui, nous rapportant et nous ajustant les uns aux autres, le fait sur un mode de tacite étrangeté ou mieux de constante méconnaissabilité : « violente et traîtresse maîtresse d'école » (1.22/23, 164/109), elle est à la fois l'ambiance dans laquelle nous entreprenons de nous familiariser les uns avec les autres, et ce dont la familiarité implique une manière de radicale étrangeté aux raisons véritables de nos pratiques et de notre être-ensemble. Pour le dire avec concision, nous ne nous connaissons les uns les autres qu'à travers un filtre qui nous rend irrémédiablement impuissants à nous connaître et à nous comprendre.

Pour reprendre ainsi, en la déplaçant, une remarque du chapitre « Des noms », nous pouvons dire que « l'originel de la tige nous est échappé » (1.46, 451/278)[1] et que nous sommes donc bien incapables de remonter aux sources des circonstances des événements et des actions humaines. Il faudra traiter de la société humaine et de ses normes en termes non pas axiologiques, mais descriptifs, comme un pur état de fait et hors de toute référence à un quelconque principe ou privilège ontologique – d'où, par exemple, une authentique proximité des sociétés humaines et des sociétés animales, dans l'« Apologie… » ; ou bien encore le préjugé rétrospectif d'un « humanisme » auquel Montaigne reste passablement étranger. En vérité, tout groupe social est soumis au travail interne et externe de ses structures – mutations sociales ou politiques, guerres extérieures, etc. – en conséquence duquel il se noue, vit ses propres tensions et se perpétue. L'essai « De la vanité » donne à cet égard une idée précise des principes sur lesquels Montaigne fait reposer sa conception de l'ordonnancement social et de sa variabilité : « En quelque assiette qu'on les couche, écrit-il (3.09, 1493/956) [les hommes] s'appilent, et se rangent, en se remuant et s'entassant, […] trouvent d'eux-mêmes la façon de se joindre, et s'emplacer, les uns parmi les autres : souvent mieux, que l'art ne les eût su

1. Ce propos vient à l'occasion d'une analyse qui, si elle touche aux transferts de patrimoine, concerne fondamentalement la « liberté [des] mutations » dont les sociétés modernes sont l'objet. Son registre n'est donc pas strictement celui du droit des successions, mais bien celui, beaucoup plus général, de la justification des pratiques sociales.

disposer. » Tout ordre social forme donc une solution métastable de mouvements conjonctifs spontanés, eux-mêmes issus de coïncidences représentationnelles contingentes, c'est-à-dire des possibilités pratiques inscrites dans la coutume et dans les opinions.

On serait dès lors tenté d'assimiler les fondements de la conception montaignienne du lien social à un naturalisme, que viendraient confirmer des postulats nécessitaristes, puisqu'en effet c'est « la nécessité [qui] compose les hommes et les assemble » (*ibid.*, 1494-1495/956). En d'autres termes, il y aurait lieu de penser que, selon Montaigne, le besoin tient les hommes à proximité les uns des autres, dans le creuset de la « vie » ou de la nature et de sa puissance régulatrice. Seulement si la nécessité peut paraître tenir lieu de nature, il est faux de croire qu'elle surplombe les logiques humaines et qu'elle les détermine extérieurement. La nécessité forme plutôt le centre de gravité de la « contexture » politique que, noueuse et disparate, l'humanité produit à partir d'elle-même et pour elle-même. Et « non [par] une action, ou trois, ou cent, mais [au travers] des mœurs, en usage commun et reçu » (*ibid.*). Non seulement les liens sociaux ordinaires, mais les lois également dessinent « cette couture fortuite » (*ibid.*) qui tient les hommes les uns aux autres, en telles et telles circonstances, et cette « couture » est le travail sous-jacent des mœurs, c'est-à-dire du système complexe des représentations axiologiques, des croyances et des pratiques effectives auxquelles elles donnent lieu. La puissance créatrice de la nécessité sociale n'est pas due à une nature dont nous ne saurions précisément saisir les constantes fonctionnelles. Tout ce qui ressortit à la société et à ses institutions incline ou nécessite, mais essentiellement parce que le système pratique et idéologique des représentations humaines s'accomplit de manière immanente, selon les modalités sociales et politiques qu'il engendre de lui-même. Aussi n'est-ce pas d'une nature originelle qu'il faut déduire l'histoire sociale, mais plutôt de celle-ci, faite de représentations et d'opinions, qu'il faut induire la complexité de l'artifice social : la sociologie de Montaigne, pour dire par anachronisme, ne théorise pas une ontogenèse de *la* société, elle se révèle une exégèse *des* sociétés.

DES MONDES INFINIS EN NOMBRE

Les *Essais* proposent ainsi un exposé narratif de l'infinie variabilité du lien social. Ils la développent en effet à partir de récits qui, pour les uns, touchent à la question de l'altérité de l'Ancien et du Nouveau Monde, et qui, pour les autres, concernent les pratiques individuelles et sociales effectives dont Montaigne est, non seulement le contemporain et le témoin, mais aussi et surtout l'observateur attentif et critique. Seulement sous couvert d'une approche purement anecdotique de ces états de fait, la thématisation de la différence humaine et de son irréductibilité va permettre de préparer une théorie du positionnement éthique de l'individu singulier, ultimement appelé à assumer le caractère strictement ponctuel et multiplement déterminé de sa propre existence[1].

α) La *question du Nouveau Monde* est principalement posée dans deux chapitres des *Essais*, celui « Des cannibales » (1.30/31, *passim*) et celui « Des coches » (3.06, notamment à partir de 1423/908). Si « notre monde vient d'en trouver un autre » (3.06, 1423/908), comme le note Montaigne, il ne suffit pas d'en faire le constat, ni de

1. Cf. *infra*, chap. 6, « Être à soi », p. 288 *sq*., sur « la question de la vertu ».

tenir registre des différences qu'il y a de l'autre au nôtre pour que cette dualité se commue en question. Du reste, certaines différences paraissent bien superficielles, comme cette supériorité de l'Europe sur l'Amérique qui n'aura tenu qu'à de « mécaniques victoires » (*ibid.*, 1426/910). Dans le fond, l'humanité des « peuples sauvages », leurs vertus guerrières, morales, leurs arts et leur culture sont à la mesure de celles des Européens, qui ne les ont conquis que pour les avoir trompés et s'être « servis de leur ignorance » (*ibid.*). L'humanité des peuples du Nouveau Monde n'est en fait nullement au centre des préoccupations de Montaigne et ne fait pas en tant que telle problème, pas plus qu'il n'est véritablement nécessaire ni pertinent de comparer leurs mœurs à celles de l'Ancien Monde qui vient de les conquérir : les peuples d'Amérique sont des peuples d'hommes, et l'Amérique est bien un monde et autant que l'autre chargée d'élaborations culturelles. À un certain égard, il n'y a donc pas un ici et un ailleurs, les différences d'espace et de topographie ne sont pas à ce point significatives de différences civilisationnelles, puisqu'elles sont recouvertes par des processus d'interactions, de négociations, d'échanges à l'occasion desquels certains sont victorieux et d'autres vaincus, mais sur un fonds commun de croyances, de valeurs et d'intelligence qui fait des humanités ancienne et nouvelle une humanité une, unique quoique polymorphe.

La question du Nouveau Monde ne se détermine donc nullement de manière comparative, mais plutôt comme question générique de la proximité de l'humanité à une *nature* dont la notion reste chez Montaigne passablement équivoque. « Que n'est tombée sous Alexandre, demande-t-il en effet (*ibid.*, 1425-1426/910), ou sous ces anciens Grecs et Romains, une si noble conquête : et une si grande mutation et altération de tant d'empires et de peuples, sous des mains, qui eussent doucement poli et défriché ce qu'il y avait de sauvage : et eussent conforté et promu les bonnes semences, que nature y avait produit : […] mêlant les vertus Grecques et Romaines, aux originelles du pays ? » Il n'y a pas à proprement parler d'état de nature de l'humanité, bien qu'il y ait un jeu de la coutume, des mœurs, des arts ou de la croyance qui tient certains hommes au plus près de ce qui pourrait être conçu comme « naturel », quoiqu'il n'en soit pas moins « culturel » que toute autre configuration sociale, morale ou politique. La différence au nôtre du Nouveau Monde tient au jeu presque natif de la composition sociale et politique amérindienne, à l'opposé duquel celui de l'histoire européenne fait figure de processus indéfini de corruption, qu'il s'agisse des mœurs, du tissu social ou des valeurs politiques[1]. « Ces nations me semblent donc ainsi barbares, écrit Montaigne (1.30/31, 319/206), pour avoir reçu fort peu de façon de l'esprit humain, et être encore fort voisines de leur naïveté originelle », et « les lois naturelles leur commandent encore ». Or dans l'esprit de Montaigne, cela ne recouvre ni une sorte de naturalisme anthropologique, ni une vague théorie de la dégénérescence sociale et du déclin de l'Occident.

En atteste son interprétation de la « barbarie » : « Chacun appelle barbarie ce qui n'est pas de son usage », dit le chapitre « Des cannibales » (*ibid.*, 318/205), indiquant que la prétendue « barbarie » des Amériques tient seulement au fait que l'organisation sociale et les mœurs y diffèrent purement et simplement de celles qu'imagine un « honnête homme » européen. Ce qui importe n'est pas cette qualification descriptive plutôt qu'axiologique, mais l'idée d'une « naïveté originelle » des « nations » barbares. Or

---

1. Sur ce thème, voir par exemple 3.09, 1492/956.

celle-ci ne signifie nullement que les « cannibales » sont des êtres proches d'une nature primordiale ou que leurs mœurs ont à peine poussé hors du terreau existentiel dans lequel les auraient placés la fortune ou la Providence ; elle signifie plutôt que l'ordre et la « contexture politique » de ces « nations » sont relativement inchangés depuis leur état premier, ou bien encore que le cycle des altérations produites par leur histoire témoigne d'une lenteur inaccoutumée de la mutation de leurs mœurs, d'une lenteur en tout cas incommensurable aux mouvements impétueux et prompts de l'histoire de l'Ancien Monde européen. La véritable et profonde différence de nous aux « barbares » ne tient aucunement à leurs usages et aux nôtres, mais essentiellement à la vélocité du mouvement par lequel toutes choses « passent » selon des rythmes qui diffèrent précisément d'une civilisation à une autre. « Naïves », les nations « barbares » le sont en raison d'une transformation imperceptible de leur ordre, qui nous donne l'illusion de leur proximité à la nature, à la mesure inverse de notre propre éloignement aux états antérieurs de notre histoire. Notre représentation de la distance considérable de nous-mêmes à nos ancêtres nous donne l'illusion d'une proximité de ces nations aux leurs. Ce n'est cependant pas qu'elles en sont proches ; c'est plutôt que les nombreuses et profondes altérations que nous avons provoquées dans notre propre monde nous interdisent, à nous, d'apercevoir et d'évaluer la distance à laquelle elles-mêmes se tiennent aux étapes passées de leur propre histoire. Seul importe dans le fond et en vérité que ce soient des *nations* et non pas des individus vivant sous l'espèce de la bestialité, que ce soient des hommes dotés de coutumes, d'arts, de connaissances, d'une religion et de sa cosmogonie[1], etc. La vraie question du Nouveau Monde est donc celle de son rythme, de son développement singulier et, en somme, de l'inadéquation de nos catégories représentationnelles aux mouvements qui lui sont propres – mouvements que l'Ancien Monde vient de découvrir à peine sans disposer des moyens de comprendre le peu qu'il est capable d'en observer.

Par anachronisme, il est donc possible de dire de la thématisation montaignienne de la « naïveté » des « sauvages » qu'elle ressortit à une théorie ethnologique de la représentation et de ses cristallisations axiologiques. De fait, l'essai « De la coutume et de ne changer aisément une loi reçue » fait un détour par une description des mœurs que nous qualifions désormais de « primitives », et il l'inaugure par cette remarque que « les Barbares ne nous sont de rien plus merveilleux[2] que nous sommes à eux » (1.22/23, 170/112). De toute évidence, la perspective axiologique sous laquelle la « barbarie » est qualification et non description s'avère parfaitement réciprocable. Il est dès lors naturel que l'essai « Des cannibales » soit si riche de descriptions ethnographiques concernant les usages, la religion, les croyances barbares, etc. De telles descriptions ne servent pas seulement à marquer des différences, mais aussi à confirmer le caractère herméneutique du rapport d'un peuple et de ses mœurs à un autre peuple et à ses autres mœurs. Si, par exemple, un ennemi est tué, rôti, et mangé en commun, « ce n'est pas comme on pense, pour s'en nourrir, ainsi que faisaient anciennement les Scythes, c'est pour représenter une extrême vengeance » (1.30/31,

---

1. Voir sur ce dernier thème la fin de l'essai « Des coches », notamment à partir de 1430/913.
2. Étonnants.

324/209). Autrement dit, l'univers « primitif » est aussi symbolique que le nôtre, et les actions publiques et privées y participent autant que parmi nous des évaluations qui sous-tendent les représentations qui les commandent. Et c'est précisément parce qu'il s'agit d'univers symboliques que le nôtre s'agence mal à l'autre et ne peut qu'en mésinterpréter les signes : « Je ne suis pas marri, écrit Montaigne (*ibid.*, 325/209), que nous remarquons l'horreur barbaresque qu'il y a en une telle action, mais oui bien de quoi jugeant à point de leurs fautes, nous soyons si aveuglés aux nôtres. ». D'une part, donc, il n'y a pas d'usages qui ne fassent immédiatement l'objet d'évaluations, sous couvert de certaines catégories prévalentes ; et, d'autre part, il n'y a pas de catégories qui puissent s'appliquer universellement ou qui puissent s'auto-évaluer et s'auto-légitimer. Toute relation interethnique est ainsi biaisée autant que spéculaire, à la fois parce que les valeurs des uns portent à faux dans la réalité des autres, et parce que s'appliquant les uns aux autres, les jugements axiologiques se renvoient réflexivement leur propre défectuosité ou défaillance.

β) Les *pratiques de vie* constituent le second espace d'investigation dans lequel s'engage l'anthropologie montaignienne. « Mœurs » ou « coutumes », il s'agit de faits culturels relativement variés qui concernent autant les usages de la table que les pratiques sexuelles, autant les valeurs esthétiques que les soins du corps ou du visage, l'embonpoint ou la maigreur, la pilosité ou la couleur de la peau. La variété tient elle-même autant de la multiplicité des lieux – dont atteste par ailleurs le *Journal de voyage* – que de la succession des époques, les mœurs modernes s'écartant à maints égards des antiques. Des descriptions de l'essai « De la coutume et de ne changer aisément une loi reçue » (1.22/23, 164 *sq.*/108 *sq.*) à celles de l'essai « De l'ivrognerie » (2.02, 544 *sq.*/339 *sq.*), de celles « De l'usage de se vêtir » (1.35/36, 348 *sq.*/225 *sq.*) à celles même « Des noms » et de la façon dont ils contribuent à dessiner un univers social, symbolique et législatif à la fois (1.46, 447 *sq.*/276 *sq.*), Montaigne paraît ne jamais manquer d'appréhender dans les usages des écarts, petits ou grands, qui font la dynamique d'une humanité pensée dans une déviation permanente d'elle-même à elle-même. Ainsi des peuples qui sacrifient des hommes du mouvement le plus naturel qui soit (1.29/30, 310 *sq.*/201 *sq.*) ; ailleurs on va nu, comme « en Turchie surtout », ce qui n'est du reste pas tant significatif d'une réelle diversité des mœurs que du fait, dit Montaigne, qu'« entre ma façon d'être vêtu, et celle du paysan de mon pays, je trouve bien plus de distance, qu'il y a de sa façon, à celle d'un homme, qui n'est vêtu que de sa peau » (1.35/36, 349-350/226). Parmi les Anciens, certains « se faisaient souvent pinceter[1] tout le poil, comme les femmes Françaises ont pris en usage depuis quelque temps, de faire leur front » (1.49, 484/297) ; tout au contraire des Mexicaines, qui « comptent entre les beautés la petitesse du front, et où[2] elles se font le poil par tout le reste du corps, elles le nourrissent au front et peuplent par art » (2.12, 754/483). Dira-t-on que la boisson provoque « le pire état de l'homme, [celui] où il perd la connaissance et le gouvernement de soi » (2.02, 546/340) ? On trouvera qu'« ès nations les mieux réglées, et policées, cet essai de boire d'autant[3], était fort en usage » (*ibid.*, 549/342).

---

1. Épiler.
2. Tandis que.
3. Cette compétition à qui boira le plus.

Toute cette diversité n'est du reste pas seulement « livresque », mais bien vécue par Montaigne. Ainsi en Italie, il se félicite par exemple de certaine « coutume de dîner et de souper tard, selon son humeur » – « bon pays pour les paresseux, car on s'y lève [en conséquence] fort tard » (*JV*, 1.06, 89). Ou bien il ne manque pas de laisser remarquer une considérable différence entre cette « fierté barbare Alemanesque », en la ville de Constance, qui rend presque désagréable le séjour de la table (*JV*, 1.03, 29), et le raffinement « des cérémonies Romaines » auxquelles se plie le Cardinal de Sens au déjeuner du « dernier de Décembre » de l'an 1580 (*JV*, 1.07, 96). Également, il note que le fait même du repas passe tantôt pour une gestuelle ordinaire et indifférente, tantôt pour un acte honteux et privé : « Et sais un homme, écrit-il, qui ne peut souffrir de voir manger, ni qu'on le voie : et fuit toute assistance, plus quand il s'emplit, que s'il se vide » (3.05, 1378/879). Il serait sans doute possible de multiplier indéfiniment les descriptions montaigniennes des « usances » de divers pays, quelques pratiques qu'elles concernent, non le manger et le boire seulement, mais la sexualité (2.15 ou 3.05), les chevaux et les armes (1.48), etc. Pour revenir par exemple à l'essai « De la coutume et de ne changer aisément une loi reçue », on y remarque une série étonnante de courtes descriptions où Montaigne consigne moins ce qu'on s'imaginerait être des règles générales, que des « petits faits » qui sont autant d'écarts, les uns par rapport aux autres, dans les façons des peuples et des gens qui les composent (1.21/22, notamment 170 *sq.*/112 *sq.*), comme si la variété des coutumes n'était que leur propre variation discrète. Le travail des *Essais* est en réalité sous-tendu par une éthique de la différence, c'est-à-dire un principe de recherche et de reconnaissance de la diversité humaine dans ce qu'elle a d'empiriquement, et non pas seulement d'intellectuellement irréductible. Pour le dire autrement, le divers n'est plus un simple postulat ontologique, un indescriptible fondamental et fondateur – sur fond de l'indiscernabilité de la différence dans laquelle se rapportent les uns aux autres les étants – il est quelque chose dont on peut faire l'expérience, dont on peut éprouver la bigarrure, à quoi l'on peut s'affronter, à quoi il faut enfin apprendre à consentir.

Si dès lors on parle avec raison de certains effets éthiques de l'irréductibilité des coutumes les unes aux autres, c'est parce que le constat qu'en fait Montaigne ne se conjugue pas à une sorte de maniérisme littéraire de la description, mais à une théorie du rapport aux autres, qui est fondamentalement une théorie du « commerce des hommes » (1.25/26, 235/153, 237/154) et de la posture existentielle qu'il implique. Ainsi l'insistance est forte, dans le chapitre « De l'institution des enfants », sur le bénéfice que nous pouvons tirer à « frotter et limer notre cervelle contre celle d'autrui » (*ibid.*) pour en rapporter, non simplement une connaissance des peuples et de leurs mœurs, mais « principalement les humeurs de ces nations et leurs façons » (*ibid.*). Parce qu'ils engagent le regard, le geste, l'action en même temps que l'intelligence, les rapports humains exigent une forme de connivence et celle-ci le partage, non d'un temps seulement, non de quelques paroles, mais véritablement de tournures de pensée ou de manières d'être et de faire. S'il faut donc prendre la métaphore à la lettre, la leçon de Montaigne porte sur une espèce de relation humorale et symbiotique, dont la formule physiologique paraîtra sans doute forcée, mais dont le postulat est celui d'une intégration pour ainsi dire « organique » de l'existence des autres et de leurs pensées et usages. Ce qui implique, non pas la distance de l'observateur à ce qu'il observe, mais la proximité, la contiguïté même d'une existence qui va dans le lieu d'autres existences pour s'immiscer dans leurs logiques, en des noces intellectuelles et morales entre des cultures et des « vies » pourtant irrémédiablement étrangères les unes aux autres. Quoique la rencontre des autres n'impose rien de grave, l'intérêt intime qu'on leur porte n'est que l'intérêt pour des formes de vie variées et originales. « En tant qu'en lui est[1], note le *Journal de voyage*, il se conforme et range aux modes du lieu où il se trouve. » Sagesse ou prudence, il n'est pas sûr que la distinction importe tant, le rédacteur du *Journal* concédant la trivialité de sa conduite : « et portait à Auguste[2] un bonnet fourré par la ville » (*JV*, 1.03, 42) !

Il ne faut pas en déduire que la question de l'altérité et du divers est anodine. Bien au contraire, l'intérêt de Montaigne pour les voyages ne confine pas à une sorte de posture aristocratique, le spectacle de la diversité humaine n'étant pas seulement spectacle ; mais c'est le cœur d'un exercice dont l'enjeu est la capacité de jugement, celle de s'ajuster aux événements du monde et des hommes, celle aussi de coïncider avec un environnement donné, dans et pour la représentation, dans et pour le langage, dans et pour l'action. Le chapitre « De l'exercitation » en atteste, qui est inauguré par cette exigence de rapporter la rationalité du jugement à l'épreuve des faits : « Il est malaisé, y lit-on (2.06, 590/370), que le discours[3] et l'instruction, encore que notre créance s'y applique volontiers, soient assez puissants pour nous acheminer jusques à l'action, si outre cela nous n'exerçons et formons notre âme par expérience

---

1. Autant qu'il est en son pouvoir. – Il s'agit évidemment de Montaigne.
2. Augsbourg.
3. La raison.

au train, auquel nous la voulons ranger : autrement quand elle sera au propre des effets[1], elle s'y trouvera sans doute[2] empêchée. » Autrement dit, tout notre environnement est fait de la diversité des autres, qui est diversité événementielle et non pas seulement de choses ou d'êtres supposément inertes, et il implique que nous soyons aptes à nous glisser dans les interstices existentiels qui nous sont ménagés, dans le temps que sont exposés leurs usages, ce qu'ils pensent et ce qu'ils font. Par « diversité événementielle », il faut donc entendre qu'elle n'est pas de fait ou statique, qu'elle n'est pas « là-devant » comme en un tableau inerte de l'humanité, mais qu'elle est continuellement produite et qu'elle résulte de la rencontre des hommes et de leurs usages. Pour le dire en un raccourci un peu formel, ce n'est pas de la diversité des hommes que résulte celle des usages, mais c'est plutôt de celle, toute dynamique, des rencontres, que résulte l'inévitable vision d'une humanité polymorphe et productrice de son intime différence à elle-même.

Loin de s'apparenter alors à une espèce de languissant divertissement, voyager tend bien dans ce contexte à mesurer une posture existentielle à l'aune de celles d'un nombre indéfini d'autres hommes. « Le voyage me semble un exercice profitable », écrit Montaigne dans l'essai « De la vanité », car « l'âme y a une continuelle exercitation, à remarquer les choses inconnues et nouvelles. Et je ne sache point meilleure école, [...] à façonner la vie, que de lui proposer incessamment[3] la diversité de tant d'autres vies, fantaisies, et usances : et lui faire goûter une si perpétuelle variété de formes de notre nature » (3.09, 1519/973-974).

---

1. Confrontée aux événements.
2. Sans contestation possible.
3. Continuellement.

Si l'on peut anachroniquement se permettre de parler d'une ethnologie primitive et non méthodique de Montaigne, ce n'est assurément pas sur le fond d'une considération dialectique de l'unité de l'humanité sous couvert de la diversité de ses manifestations. Le multiple est chez Montaigne parfaitement irréductible, il caractérise en son fond ce qu'il conviendrait de nommer plutôt « l'humain » que l'humanité, en forme d'attribut plutôt que de sujet. Certes, ce sont les « formes de notre nature » qui sont visées, mais leur variété étant « perpétuelle », elle n'en constitue pas une « qualité seconde », mais bien le fondamental ou ce qu'on appellerait approximativement « l'essence » de la chose si « variété » pouvait dénoter la moindre substantielle uniformité.

La pratique du voyage contribuerait dès lors à former l'ambiance multiculturelle d'une vie assumée dans la singularité de sa propre diversité, parce que Montaigne n'y recherche pas le spectacle de l'étrangeté des autres et à le décrire dans les termes les plus adéquats à ses propres schèmes représentatifs, mais bien à leur faire droit dans leur étrangeté et dans ce qu'elle peut avoir d'irréfragable et d'irrémédiablement distant. D'une certaine manière, des autres dans leur « objectivité », il n'y a rien à dire, parce qu'il n'y a rien à y redire ; il n'y a qu'à « être auprès » et à accepter tout bonnement ce qu'ils sont et la façon dont ils sont. Le voyage ne recouvre pas une manière aristocratique de satisfaction de la curiosité, si légitime soit-elle[1], mais

---

1. « Cette humeur avide des choses nouvelles et inconnues, aide bien à nourrir en moi, le désir de voyager », explique Montaigne dans le chapitre « De la vanité » (3.09, 1480/948), qu'il consacre très partiellement à la justification de ses pérégrinations trans-européennes – l'autre raison pratique de sa mobilité étant politique, à savoir « la disconvenance aux mœurs présentes de notre état » (*ibid.*, 1492/956). On ne confondra

une modalité existentielle proche de la jouissance d'être. « La diversité des façons d'une nation à autre, dit Montaigne, ne me touche que par le plaisir de la variété » (3.09, 1536/985). Ce qui s'apparente moins à une représentation esthétique de la variété des coutumes, qui supposerait une manière de distance contemplative, qu'au souci d'« être avec », ou d'« être momentanément comme », ou d'« être parmi » les autres en tant que ce sont vraiment des *autres*. Non pas « aller voir », mais bien plutôt « aller être ». « Je pérégrine très saoul[1] de nos façons : non pour chercher des Gascons en Sicile, j'en ai assez laissé au logis : je cherche des Grecs plutôt, et des Persans : j'accointe[2] ceux-là, je les considère : c'est là où je me prête, et où je m'emploie » (*ibid.*, 1539/986) – se prêter et s'employer n'impliquant pas seulement de porter son regard sur le spectacle de l'altérité, mais bien d'entreprendre de s'inscrire soi-même, en première personne et dans l'intimité d'une vie propre, dans l'être et l'histoire présente de l'autre en son étrangeté – donc : *vivre avec*.

Mais il y a plus. On serait en effet tenté de supposer que le voyage constitue une manière de dépassement de soi par la rencontre des autres en leur extrême pluralité. En ce sens, on devrait postuler que le travail sur soi-même, par la fréquentation d'autrui – en un lent affûtage du jugement et de l'intelligence – s'opérerait selon un modèle de formation et de construction culturelles de l'identité individuelle. D'abord formé « au giron de ses parents » (1.25/26, 235/153), on étendrait son expérience de la vie

cependant pas les explications que donne Montaigne de sa conduite itinérante avec la signification que prend dans les *Essais* la considération spéculative de la diversité humaine.

1. Excédé.
2. J'aborde.

au reste du monde, thésaurisant des usages et des savoirs et les intégrant à ses propres schèmes discursifs et culturels – les autres étant comme les instruments d'une édification qui donnerait force et ampleur au caractère personnel. Ce qui serait secondariser le voyage, en quelque sorte, et en faire l'exercice un peu trivial d'une mise à l'épreuve ou de la confirmation de soi.

Or c'est tout au rebours de cette représentation utilitariste et opportuniste de la communication avec autrui que Montaigne pense le voyage. Pour l'exprimer de manière un peu formelle, la relation à autrui n'est pas pensée comme le deuxième temps et donc comme la conséquence d'une formation préalable de l'identité personnelle, mais c'est celle-ci qui est considérée comme l'effet direct en même temps que mobile d'une relation aux autres par elle-même fondamentale, l'expérience de l'étranger n'étant jamais qu'un moment particulier, en suspens, de l'intime construction de soi. Le voyage est ainsi une modalité parmi d'autres de la construction mobile et inachevée de soi, l'expérience itinérante et personnelle des autres infléchissant plus ou moins significativement l'expérience ordinaire et universelle d'autrui. Aussi le voyage présente-t-il cette propriété singulière de révéler et d'exalter l'enracinement de toute existence individuelle dans un terreau coutumier et singularisant, aliénant et identificatoire à la fois.

D'une manière dès lors assez étonnante, l'expérience itinérante de l'étranger, expérience de mœurs et d'usages aussi manifestement que radicalement autres, n'est pas un cas particulier et secondaire de l'expérience ordinaire de la coutume. Tout à l'inverse, l'expérience ordinaire de la coutume – expérience « locale » de la vie : celle du paysan en son propre pays – doit être pensée à partir de celle de l'altérité de l'étranger, dont c'est la rencontre qui constitue le véritable paradigme. Comment par exemple, demande Montaigne, sommes-nous ce que nous sommes et croyons-nous en ce en quoi nous croyons ? Il répond dans l'« Apologie… » par cette remarque faussement prosaïque (2.12, 700/445) : « Nous sommes Chrétiens à même titre que nous sommes Périgourdins ou Allemands », ce qui est à dire, selon ses propres termes, que « nous nous sommes rencontrés au pays, où elle était en usage, ou nous regardons son ancienneté, ou l'autorité des hommes qui l'ont maintenue, ou craignons les menaces qu'elle attache aux mécréants, ou suivons ses promesses » (*ibid.*). Sans être « relativiste », Montaigne donne donc une interprétation *pluraliste* de l'identité personnelle en l'interprétant comme essentiellement et conjointement collective, en une explication qui consiste à la rattacher non à de supposées racines, mais à des processus dont le modèle est singulièrement proche de celui du voyage : le modèle de la « rencontre » et des effets de réciprocité des croyances et des pouvoirs qui s'y entremêlent. Nous ne sommes pas ce que nous sommes par la seule vertu de l'histoire passée – pesanteur et renfermement de la mémoire commémorative – mais par l'effet des processus dynamiques de la « vie », des hasards qui font que l'un se déplace et que l'autre s'établit et qu'ainsi les uns et les autres créent leurs valeurs de vie dans le mouvement même par lequel ils en héritent, les troquent ou se les réapproprient. « L'Empire de la coutume » (1.22/23, 177/116), ce n'est pas simplement que toute existence ne se construit jamais que dans son propre affrontement à un déjà-là, et ce n'est par conséquent pas une formule servant à stigmatiser ou du moins à résumer l'aliénation d'un sujet humain à l'espace social et culturel qui pourtant le détermine. Il y a un véritable paradoxe dans la pensée de Montaigne : si la coutume trace les contours de la vie humaine et qu'« elle peut tout en cela » (3.13, 1682/1080)[1], elle a pour effet que par son entremise « chacun est content du lieu où nature l'a planté » (1.22/23, 177/116), par conséquent que chacun se réapproprie et redéfinit au fil de l'eau, au moins partiellement, dans un registre de sens, l'existence qui est la sienne. Assurément donc, la coutume exerce sa puissance pratique comme un système de contraintes processuelles, mais ces contraintes rendent elles-mêmes possible une authentique « communication des consciences » et la production des schèmes existentiels et axiologiques dans lesquels elles s'évaluent, s'entre-déterminent et s'assurent par elles-mêmes ou réciproquement de leur formation ou « institution ». Pour aller vite, on dira qu'on n'est pas fait par ce qui préexiste, mais qu'on se fait dans une appropriation erratique des faits de « vie » et de sens dans lesquels on est immergé. Ce qui est bien en faire « rencontre » ; ou pour reprendre la lettre du texte de l'« Apologie… » (2.12, 700/445) : « nous ne recevons notre religion qu'à notre façon et par nos mains » – comme toutes autres choses, à l'évidence.

Voyager ressortit à un processus en somme archétypique d'appropriation existentielle, où il y va de ce que nous sommes, qui n'est pas un mais multiple, et dont il n'y a pas d'autre figure ni d'autre réalité que ce que nous croyons, pensons, et faisons – et de nous-même, et parmi les autres. En ce sens, notre être s'accomplit dans un miroitement infini de nos pratiques les unes dans les autres, l'humanité de l'humain se caractérisant socialement, politiquement, idéologiquement, comme l'entrelacs des croyances et de l'ensemble de l'agir qu'elles rendent possible. Nous ne saurions dès lors appréhender leur nouveauté que sous couvert de nos propres usages et leur diversité que sous le

1. Cf. *supra*, p. 187.

prisme des habitudes qui nous permettent de nous les
représenter. Ce que fait donc également apparaître
Montaigne, c'est qu'il n'y a de « nouveau » ou d'« inconnu »
que pour un usage préalablement établi et que, par
conséquent, nulle pratique n'est fondamentalement atypique,
mais seulement ignorée d'hommes et de sociétés qui lui
sont de fait étrangers. Symétriquement, on doit admettre
qu'il n'existe rien d'inhumain dans les actions humaines,
à moins de considérer comme Montaigne l'« inhumanité »
comme l'autre nom de la « cruauté ». Et encore, estime-t-il
là même, « nature a, (ce crains-je) elle-même attaché à
l'homme quelque instinct à l'inhumanité » (2.11, 684/433)
qui fait que l'inhumanité même n'est pas inhumaine.
Comme si justement toutes manières d'être et de faire
devaient être saisies dans la perspective de configurations
intellectuelles, conscientielles, dans la perspective de
systèmes axiologiques au centre desquels chacun de nous
se situe dans l'exercice de son jugement et de ses évaluations.
La « vie » à quoi tend la pratique du voyage n'est que la
métaphore d'une implication infinie de l'individu singulier
dans le réseau des « croyances » et des « usances » qui
forment toutes ensemble les concrétions d'une humanité
qui n'existe qu'en acte, non en idée, d'une humanité
essentiellement plurielle et non pas univoque. Et c'est
pourquoi l'individu singulier, précisément, n'est qu'un
point existentiel dont les coordonnées trahissent à la fois
la position dans le monde des choses, et les représentations
ou la position dans le monde des idées – monde des choses
et monde des idées constituant, dans leur entre-expression,
le monde des hommes et « l'empire de la coutume ».

Autant donc la thématisation montaignienne de la pluralité ethnologique des « mondes » que celle de la diversité sociologique des croyances et des cultures dénotent l'idée d'une humanité caractérisée par la contingence et conjointement la pure possibilité. Il n'y a certes d'existence que contextuelle et tout contexte signifie la pluralité des déterminations qui creusent des chemins pour des pérégrinations individuelles paraissant devoir proprement s'y perdre. Mais précisément, il n'est pas possible avec Montaigne de conclure de la contextualité de l'existence au déterminisme naturel ou social. Il faut au contraire conjuguer la contingence à sa propre nécessité pour comprendre la « vie » comme action et comme possible. L'inflexion d'une existence n'est jamais seulement l'effet de rencontres contingentes, car de telles contingences sont reprises et appropriées dans l'espace de la représentation, des évaluations et, en somme, d'inévitables et nécessaires interprétations – croyances, illusions, convictions, foi, savoirs. Sans doute n'y a-t-il pas lieu d'interpréter le phénomène de l'existence, sinon comme le fait d'une individualité inscrite dans un monde à la fois naturel et symbolique, de choses et de significations, de faits et de croyances ; mais dans le même temps, faits et croyances déterminent bien un ensemble de possibles et non un ensemble de contraintes, un ensemble d'ouvertures ou d'opportunités pour le jugement et pour l'action, non un tissu d'événements dont on ne saurait retenir que la fatalité. S'il est vrai que nous ne savons pas toujours pourquoi nous pensons ce que nous pensons, ni de quoi il s'agit précisément dans ce que nous pensons, ce n'est pas au sens d'un délitement de la faculté représentative ou d'une corruption de l'intelligence, c'est plutôt parce que nous ne pensons jamais qu'en position, c'est-à-dire en fonction des circonstances, des hommes et des événements dont nous faisons la rencontre. Pour dire par métaphore, notre environnement idéologique ne s'imprime pas en nous de manière à nous former et à nous fixer dans un espace social et intellectuel déterminé, il constitue plutôt le milieu ou l'ambiance dans lesquels nous sommes appelés à être et à agir, et par voie de conséquence à juger et à décider.

Il y a par conséquent un singulier paradoxe dans cette anthropologie ou cette sociologie intuitives de Montaigne, dont ses descriptions factuelles, ses prescriptions éthiques – autour notamment du thème de « l'institution des enfants » – enfin sa propre expérience du monde et des hommes sont autant de témoignages convergents. Ce paradoxe, c'est qu'à la méthode descriptive qu'il adopte pour parler de la pluralité des hommes et de leurs manières, et qui paraît devoir impliquer un pluralisme plutôt qu'un relativisme des valeurs, il associe une problématique des normes de la société et des rapports éthiques et politiques qui la traversent. Effectivement, l'irréductible pluralité des circonstances et des conditions n'implique nullement qu'on reste aveugle et incapable de choisir parmi des systèmes de croyances et des valeurs de vie, pas plus qu'elle n'incite à une vague et aristocratique insouciance aux normes sociales, et en somme à une espèce d'éthique de la tolérance fondée sur l'indifférence aux injustices, aux écarts, à la cruauté même qui se rencontre dans les « affaires ». Bien plutôt – comme en témoigne d'ailleurs la façon dont Montaigne a pu occuper en personne les fonctions politiques qui lui ont été échues[1] –, la bigarrure

---

1. Entré dans la carrière juridique comme conseiller à la Cour des Aides de Périgueux, Montaigne deviendra conseiller au Parlement de Bordeaux, avant d'être élu Maire de la ville en 1580, pendant son voyage en Italie. Il sera réélu à ce poste en 1583, malgré une vive opposition des

des circonstances n'aura jamais été pour lui que l'occasion de les plier à des règles pertinentes de jugement et d'action : occasion à la fois d'agir et de transformer, autant que possible, la réalité des choses ; ou de formuler au rebours les principes qui tiennent aux circonstances, les rendent intelligibles et maîtrisables. Sans doute, si les règles auxquelles on se tient et qu'on s'efforce de mettre en œuvre doivent être « pertinentes », la question doit être posée de définir le critère d'une telle pertinence, et c'est toute la difficulté du travail montaignien de la normativité. Assurément en tout cas, la conception montaignienne d'un « empire de la coutume » ne vise pas à l'économie d'une théorie de la normativité pratique, mais engage au contraire à une assomption éthique de la diversité des événements et des évaluations qu'ils impliquent, ainsi que des processus humains qui articulent une société et ses institutions à leur propre histoire.

ultra-catholiques. Considéré comme habile négociateur, il sert dès 1574 de médiateur entre le catholique duc de Guise et le protestant Henri de Navarre (le futur roi Henri IV), puis en 1583 entre ce dernier et le maréchal de Matignon, représentant de Henri III. Il aura également été fait gentilhomme de la chambre du roi en 1577 et aura reçu le titre de citoyen romain des mains du Pape en 1581.

Chapitre V

LA PRATIQUE DES HOMMES

Sur l'immense scène du « théâtre du monde » (2.10, 656/415 ; 3.05, 1365/872)[1], la question des mœurs est celle de l'existence humaine, de ses normes et de son ordre. Non plus cependant au point de vue de l'observation ethnologique[2], mais au point de vue des techniques de pouvoir et de leurs visées téléologiques. Avec Montaigne, on fera l'hypothèse que nos conduites relèvent moins des intentions et délibérations du vouloir que du jeu des forces et des idéologies qui nous maintiennent dans une assiette incertaine, sans doute, mais conditionnée, dans tous les cas. Comme la coutume, la nécessité est « violente maîtresse d'école » (1.47, 459/282)[3] et nous sommes immergés dans cette nécessité, criblés de contraintes dont nous percevons mal les origines et le caractère précisément contraignant, comme si la « nature universelle » et la variété des mœurs conditionnaient de manière à la fois transparente et isonomique l'existence humaine et s'y confondaient. « L'accoutumance est une seconde nature, écrit Montaigne

---

1. Assez convenue, cette métaphore est un topos de la morale des Stoïciens.

2. Voir le chapitre précédent.

3. Cf. *supra*, chap. 4, « L'empire de la coutume », p. 194.

(3.10, 1570/1010), et non moins puissante. […] Et j'aimerais presque également qu'on m'ôtât la vie, que si on me l'essimait[1] et retranchait bien loin de l'état auquel je l'ai vécue si longtemps. » Il n'y a pas d'un côté le désordre de la « vie » et de l'autre le monde éthique et ses normes, il y a tout bonnement l'existence, qui tient autant aux nuances variées de l'usage qu'aux circonstances de la fortune ou aux contraintes de la nature, c'est-à-dire de la coutume et de sa nécessité. Nuances qui sont au fond tout simplement l'œuvre du temps. « Par long usage, dit de lui-même Montaigne (3.10, 1572/1011), cette forme[2] m'est passée en substance, et fortune en nature. » La confusion qu'on peut en inférer des habitudes et de la « vie », de l'apparente immédiateté de celle-ci et des médiations et artifices de celles-là, est ce qui donne son ampleur concrète et un contour pratique à l'idée d'une caractérisation « position-nelle » de l'existence humaine[3]. Il n'y a pas d'homme en général, mais uniquement des existences singulières qui sont comme autant de points concrets, physiques et représentationnels à la fois, dont l'existence est pour cette raison déterminée comme par des coordonnées dont la fortune, principalement, provoque les mutations successives et l'histoire. L'existence de l'individu singulier requiert l'assomption de sa propre histoire et celle-ci l'ensemble des transformations idéologiques, cognitives et axiologiques dont témoignent ses usages, ses habitudes, ses mœurs propres et les idées qu'il se fait des choses et de son sort.

Dans ce contexte, la morale et la politique se distinguent peu ou mal, ce qui interdit une autonomisation de la théorie politique proprement dite ou qu'on pense la cité sans penser

1. On me la diminuait.
2. Il s'agit là de l'homme qu'il est « en première personne ».
3. Cf. *supra*, chap. 2, « Notre condition fautive », p. 91.

les mœurs. De fait, « notamment aux affaires politiques, dit l'essai "De la présomption" (2.17, 1011/655), il y a un beau champ ouvert au branle et à la contestation. […] Les discours de Machiavel, pour exemple, étaient assez solides pour le sujet, si[1] y a-t-il eu grand'aisance à les combattre […]. Il s'y trouverait toujours à un tel argument, de quoi y fournir réponses, dupliques, répliques, tripliques, quadrupliques, et cette infinie contexture de débats, que notre chicane a allongé tant qu'elle a pu en faveur des procès. » Où l'on observe que Montaigne stigmatise, non la cohérence, mais essentiellement la dimension théorique de la pensée de Machiavel, la faute de l'entreprise spéculative étant d'engendrer interminablement et à vide des arguties et de l'impuissance pratique. En tant que telle, la théorie politique est, strictement parlant, exposée à une infinité de contradictions indifféremment futiles ou sérieuses. Montaigne semble regretter en Machiavel une tentative de réduire la sphère politique à des normes cognitives strictes, alors qu'il n'est jamais possible que d'en décrire approximativement la réalité, dont la seule vérité est l'actualité et la complexité des conditions qui la rendent possible. Effectivement, l'approche de la sphère sociale et politique et la « pratique des hommes » (3.03, 1287/824) qu'elle suppose et implique à la fois, présente des difficultés considérables qu'il est impossible de dissiper par le recours exclusif à une manière de géométrie du gouvernement civil. La relation entre faits et valeurs – que visent classiquement à établir des conceptions et des pratiques politiques – s'applique selon Montaigne à un espace fondamentalement brouillé de la coexistence humaine, faite de l'entrelacs et du désordre de toutes formes de

---

1. Et pourtant.

représentations. « Nous ne sommes que cérémonie, écrit-il dans le chapitre "De la présomption" (2.17, 975/632), la cérémonie nous emporte, et laissons la substance des choses : nous nous tenons aux branches et abandonnons le tronc et le corps. » En un sens, l'effectivité humaine s'explique principalement par l'idée d'une distorsion structurelle des interactions sociales et politiques, lesquelles ne sont « que masque et fard » (1.37/38, 362/234)[1]. Mais déterminant elle-même de part en part ce que Montaigne appelle le « commerce du monde » (3.05, 1348/861 ; 3.10, 1571/1010), l'idée de la cérémonialité signifie également que nous oublions une « substance », un « tronc » ou un « corps » de notre socialité et, par voie de conséquence, une dimension d'authenticité de notre effectivité pleinement impliquée dans un espace de civilité. La difficulté de la problématique d'une « pratique des hommes » vient dès lors de ce qu'elle implique d'examiner la question technique du pouvoir d'une part, et d'autre part l'articulation entre le jeu inauthentique mais nécessaire des apparences sociales et politiques, et la possibilité d'une réappropriation de la civilité au moyen des orientations cardinales de la « conscience », de l'« honnêteté », de la « justice », ou de la « vertu ». Non qu'il y ait la moindre dialectique en Montaigne entre l'inauthenticité des « cérémonies » et la profondeur des convictions éthiques. Le « commerce du monde » a principalement partie liée avec « la science d'obéir et de commander » (1.24/25, 220/143), à cette ironique réserve près qu'il s'agit d'une « science » de nulle consistance et de nul effet. Renvoyant uniformément à du savoir-faire et à du savoir-subir, la science politique, pour

---

1. L'approfondissement de cette thématique fera le cœur de l'essai « De ménager sa volonté » (3.10, 1559 *sq.*/1003 *sq.*).

ainsi parler, concerne surtout l'usage que nous avons des mœurs et des « affaires », ou encore l'intelligence et la puissance active que nous sommes capables de déployer dans nos pratiques de gouvernement, domestique aussi bien que civil, d'ailleurs. Seulement précisément, l'intelligence et la puissance active motivent des questions qui concernent les normes et leurs fins et posent comme en ombre les questions du bien ou du juste.

En ombre seulement, car Montaigne cherche à neutraliser, voire à révoquer comme « livresque » et dénuée de tout véritable fondement la question du meilleur gouvernement. Laquelle constitue un vain héritage de la philosophie politique antique, qui n'est faite que de « grandes et longues altercations [...] propres seulement à l'exercice de notre esprit », mais « ridicules, et ineptes à mettre en pratique » (3.09, 1494/957). Ce n'est pas que la question de l'idéal ne se pose pas, c'est qu'elle ne peut se poser qu'*in abstracto*, et qu'elle ne concerne par voie de conséquence nullement le désordre ou les tensions caractérisant les « affaires ». « Telle peinture de police, serait de mise, en un nouveau monde : mais nous prenons un monde déjà fait et formé à certaines coutumes » (*ibid.*). La question antique de la cité idéale et « toutes ces descriptions de police » ne permettent ni de comprendre la façon dont s'agencent les forces politiques, ni d'entreprendre d'agir sur la réalité qu'elles déterminent.

Dans ses orientations pragmatiques, une *politique sceptique* a pour sa part le souci d'assumer simultanément deux exigences, celle de faire droit à des idéaux issus d'une tradition morale et philosophique, qui existent pour ainsi dire concrètement comme autant de sédimentations irréductibles de la croyance ; et celle qu'emporte la réalité humaine, avec ses contraintes, sa nécessité ou sa contingence (le mot importe désormais peu), enfin son bariolage et ses contradictions, et qui est de démêler la factualité des « affaires » et leur complexité. « Non par opinion, écrit Montaigne (*ibid.*, 1495/957), mais en vérité, l'excellente et meilleure police, est à chacune nation, celle sous laquelle elle s'est maintenue ». En quoi il ne faut voir ni conformisme de classe, ni un banal conservatisme. Les seuls indices d'une vérité en politique gisent dans la résistance du réel humain et dans le travail qu'elle induit en termes de formation des opinions ou d'action des hommes et sur les hommes. Si, dans la sphère politique, la vérité ne ressortit pas à une procédure discursive et démonstrative – « celles de Platon et Aristote » (*ibid.*, 1494/957) – elle ne s'adosse pas non plus simplement aux constats sporadiques que fait Montaigne des injustices dues « à notre corruption et [...] nos tempêtes » (*ibid.*, 1495/958). Bien plutôt, elle s'articule précisément à une détermination sceptique de l'erratique humaine, c'est-à-dire à une prise en charge politique conjointe de « notre condition fautive » et de « l'empire de la coutume ».

Montaigne ajuste donc les incertitudes liées aux jeux de la coutume et de la cérémonialité au sérieux de la relation sociale et politique. La question de la normativité du lien social est posée dans des termes qui sont à la fois ceux d'un positivisme axiologique – nos règles d'action sont arbitraires et relèvent de préoccupations utilitaires – et dans ceux d'une authenticité éthique – toutes les actions ne se valent pas et les dérives du droit ou les excès de la cruauté sont des manifestations indignes des jeux de pouvoir qu'ils trahissent[1]. Quelles que soient les circonstances et

---

1. Pour l'anecdote, et parmi d'innombrables autres exemples, on pourra consulter, sur le sujet des dérives du droit, l'essai « De l'expérience »

leurs contraintes, il reste une irréductible dignité du métier ou art de « vivre »[1], et cette dignité implique de se tenir à distance des « affaires », quand bien même on serait amené à y participer. Si donc, s'agissant d'une « pratique des hommes », le problème est au premier chef celui de la façon dont s'entre-régulent et s'ajustent réciproquement les conduites humaines, la solution de Montaigne n'est pas de chercher à en fixer les normes, c'est de trouver le point d'observation ou d'équilibre à partir duquel une évaluation distanciée des « affaires » est à la fois possible et raisonnablement efficace. De cette distance ne résultent ni cynisme ni indifférence, mais une manière de pragmatisme ouvert au souci d'un partage des valeurs et à la tenue rigoureuse d'un être-parmi[2].

LA PLUPART DE NOS VACATIONS SONT FARCESQUES

Penser l'action et poser la question de ses règles, c'est d'abord assumer le divers de la réalité auquel s'applique la volonté pratique. L'analyse montaignienne de l'univers social et politique pointe la radicale instabilité de ses conditions institutionnelles, législatives, mais également morales et religieuses, et un trouble qui n'est pas accidentel, mais caractéristique de l'espace concret de la vie civile. « Nos mœurs, écrit Montaigne (2.17, 1012/655), sont

(3.13, 1666/1070-1071) ; et sur celui de la vaine cruauté, l'essai « De l'exercitation » (2.06, 597/375).

1. « Mon métier et mon art, c'est vivre », dit de lui-même Montaigne dans le chapitre « De l'exercitation » (2.06, 603/379).

2. Tandis que ce chapitre traite du rapport pratique à autrui au point de vue du « dehors » (la normativité sociale), le chapitre suivant abordera la question du souci éthique au point de vue du « dedans » (l'art de vivre) – Cf. *infra*, p. 259.

extrêmement corrompues, et penchent d'une merveilleuse[1] inclination vers l'empirement. » « Corrompues » ne signifie pas proprement que nos mœurs restent éloignées de toute considération de la justice ou du bien, mais, plus simplement et plus concrètement, qu'elles sont instables, différenciées et comme étrangères à elles-mêmes, méconnaissables aux communautés mêmes unies à travers elles. Or, ajoute-t-il, « pour la difficulté de nous mettre en meilleur état, et le danger de ce croûlement, si je pouvais planter une cheville à notre roue, et l'arrêter en ce point, je le ferais de bon cœur », et « le pis que je trouve en notre état, c'est l'instabilité » (2.17, 1013/656)[2]. L'argument de la « corruption » ne suffit pas à justifier qu'on introduise du mouvement dans le mouvement, ce qui reviendrait à ajouter du chaos à un processus historique lui-même plus ou moins chaotique. « L'instabilité » possède chez Montaigne un double statut, caractérisant à la fois un état de fait, notamment que l'espace social nous paraît perpétuellement se déliter ; et un problème, parce qu'elle implique un réajustement permanent de nos conceptions axiologiques et nos actions. Le travail du politique est donc à la fois nécessaire pour tenter d'atténuer en la lissant une telle « instabilité », et fondamentalement vain, parce qu'il ne fait qu'accentuer l'instabilité de l'instable – comme l'atteste que « plusieurs se sont morfondus » à entreprendre de « rétablir un meilleur état en la place de celui qu'on a ruiné » (*ibid.*). La raison s'en trouve dans la structure même de la temporalité historique : « l'innovation est de grand lustre, écrit Montaigne (3.10, 1591/1023). Mais elle est interdite en ce temps, où nous

---

1. Étonnante.
2. À comparer avec le propos de l'essai « De la vanité » (3.09), notamment 1496 *sq.*/ 958 *sq.* : « Le monde est inepte à se guérir… », etc.

sommes pressés, et n'avons à nous défendre que des nouvelletés ». Si la remarque désigne à l'évidence les troubles politiques et religieux que traverse le royaume de France à partir d'environ 1560, elle sert également à qualifier toutes espèces de circonstances politiques et à formuler la loi de leur temporalité : qu'elles sont marquées par leur propre entropie, qui est le ferment même de leurs transformations et de leur éventuelle violence, et qu'elles sont des effets de fortune plutôt que de vouloir[1].

Si le thème du « commerce du monde » ou de la « pratique des hommes » fait véritablement problème, c'est parce qu'il ne souligne pas simplement les désordres et incohérences de toute situation sociale et politique, mais qu'il recèle une tension extrême entre l'exigence de l'agir – et du système axiologique et cognitif des représentations qu'il mobilise – et une certaine impossibilité, sinon de l'action, du moins de l'assurance de succès dans les entreprises même les plus raisonnables. En fait, l'espace social et politique se révèle pour Montaigne un espace radicalement immaîtrisable. S'il peut être circonscrit par l'esprit et investi par l'action, il fait également l'objet de descriptions ou d'évaluations aussi valides qu'elles sont opposées les unes aux autres. Non pas contradictoires, parce qu'elles ne sont précisément adossées à aucune

---

1. « La corruption du siècle » (3.09, 1478/946) est sans doute un thème récurrent des *Essais*, mais non pas le simple constat anecdotique d'un malaise dans la civilisation chrétienne. Bien plutôt une manière de dénotation, dans son excès, de la logique humaine des « affaires ». – On trouve des remarques très comparables dans l'essai « De la coutume et de ne changer aisément de loi reçue », dont un pic est cette sentence de Montaigne : « Je suis dégoûté de la nouveauté » (1.22/23, 182/119) – passage qui nourrit abondamment l'insipide théorie du « conformisme » de Montaigne.

espèce de principe de contradiction ; mais *contradictionnelles*[1], parce que le discours de et sur la réalité sociale demeure irrévocablement ouvert à la discussion et pratiquement manipulable. Il ne s'agit évidemment pas de comprendre la politique montaignienne en termes « communicationnels », comme on dit depuis quelque temps, mais tout simplement de reconnaître que toute interprétation de notre condition civile est inévitablement dynamique : la compréhension, la description, l'interprétation que nous en faisons ne cessent de se modifier et d'infléchir par effet conduites et organisations. La société et l'État ne sont pas « là-devant », ils constituent plutôt une ambiance sur laquelle nous sommes susceptibles de porter un regard et de procéder à des évaluations pratiques, mais sans capacité d'en objectiver précisément les structures, ni de disposer d'instruments régulateurs efficaces et sûrs. « Nous guidons les affaires en leurs commencements, remarque Montaigne (3.10, 1583/1018), et les tenons à notre merci : mais par après, quand ils sont ébranlés, ce sont eux qui nous guident et emportent, et avons à les suivre. » Socialement, et sans être tout à fait impuissants, nous sommes ainsi appelés à ployer, ce qui ne signifie nullement subir, mais bien plutôt nous ajuster. Comme lorsqu'il s'agit « qu'on rende hardiment un jeune homme commode à toutes nations et compagnies, voire aux dérèglements et aux excès, si besoin est » et que « son exercitation suive l'usage » (1.25/26, 257/166-167) : le véritable enjeu d'une vie proprement réglée est, selon Montaigne, de parvenir à se glisser dans et à coïncider avec la mobilité des choses, mais, d'abord, dans et avec celle des hommes et de leurs croyances et pratiques. La

---

1. Sur l'usage de ce néologisme, voir *supra*, chap. 3, « La doctrine de l'ignorance », note 1, p. 140.

question sociale et politique gravite ainsi à proximité d'un idéal de flexibilité pratique qui fait doublement difficulté : parce qu'il faut trouver le biais par lequel s'ajuster aux événements et à leur bariolage, parce qu'un tel ajustement implique une manière de renoncement et que, dans ce renoncement, réside le risque d'un oubli complet de tout idéal éthique. Montaigne n'a en ce sens pas notre usage de la métaphore du roseau ployable ; il regrette plutôt que celui-ci paraisse s'alanguir et se mettre hors d'haleine, pour le paraphraser, et être par là si éloigné de toute image de rigueur et de constance[1]. Ce qui fait par conséquent difficulté, c'est qu'il faille pour tout sujet individuel « coïncider », quand l'idéal de coïncidence peut être dans le même temps annonciateur d'une profonde déréliction morale.

Les pratiques sociales et politiques, ainsi que leurs normes, c'est-à-dire les usages et leurs constantes, vont être appréhendées dans leur « vérité effective », pour user de cette expression de Machiavel qui s'applique si opportunément à une remarque de l'essai « De l'art de conférer » (3.08, 1456/930) où Montaigne écrit : « n'est merveille, si en toutes les pièces du service de notre société, il y a un si perpétuel, et si universel mélange de cérémonies et apparences superficielles : si que[2] la meilleure et plus effectuelle part des polices[3] consiste en cela. » La régulation sociale paraît s'accomplir de manière immanente dans un jeu d'apparences, la symbolique des cérémonies fixant le cadre opérationnel de la sphère sociale et politique. L'essentiel de nos interactions serait dans la « spectacula-

1. Voir 3.10, 1583/1018.
2. De sorte que.
3. Règles sociales.

risation » du pouvoir et de ses apparats, comme le résume une remarque presque proverbiale de l'essai « De ménager sa volonté », que « la plupart de nos vacations sont farcesques » (3.10, 1572/1011). Qu'il s'agisse de conduites privées ou de postures publiques, l'essentiel est dans les contextes pratiques qui les requièrent et dans les perpétuels réajustements de ces derniers.

Or formellement, concernant le jeu social, il y a quatre points principaux sur lesquels vont faire la lumière les analyses de Montaigne.

α) La diversité des coutumes, en premier lieu, dont il a déjà été question[1], ne doit pas seulement être comprise comme un fait, car elle tient lieu de principe pour une *interprétation* de l'action sociale et politique, de ses opportunités et de la capacité d'agir qui y prévaut. Pour reprendre en le détournant un adage stoïcien, il n'y est question que de représentations et d'usages variés de ces représentations. Le libre vouloir des individus étant de peu d'effet et la coutume déterminant machinalement la plupart de nos choix pratiques, il en résulte que la société civile ne fait que répliquer d'elle-même en son sein la nébuleuse des croyances qui en déterminent la « vie » et les orientations sociales et politiques. Nous ne sommes que des relais pour des opérations qui nous excèdent et dont nous ne maîtrisons que rarement et d'ailleurs partiellement la signification. Ce n'est pas tant qu'individus et groupes restent aveugles à ce qu'ils font ou au passage des états du monde et des époques, c'est plutôt que les relations sociales et politiques sont pour ainsi dire à elles-mêmes leur propre causalité et leur propre effectivité, qu'elles se fondent ou se confondent en évaluations, décisions et actions dont les acteurs ne sont

---

1. Cf. *supra*, chap. 4, « L'empire de la coutume », p. 187.

jamais que des truchements. La signification de nos interactions n'est jamais univoque et l'appréhension que nous pouvons en avoir est éminemment « difficultueuse ». « Notre vie est partie en folie, partie en prudence », écrit Montaigne dans le chapitre « Sur des vers de Virgile », pour continuer ainsi : « Qui n'en écrit que révéremment et régulièrement[1], il en laisse en arrière plus de la moitié » (3.05, 1393/888). Pour dire plus trivialement, la compréhension dont nous sommes capables de la réalité effective dans laquelle se déploient nos actions et donc notre existence sociale et politique est extrêmement fragile – nous ne comprenons pas grand-chose des « effets » de ce que nous faisons. « Qu'un seul homme s'accommode à une telle variété de mœurs, de discours, et de volontés » (*ibid.*) est chose difficile, comme si nous ne pouvions jamais être en phase avec l'air du temps, à défaut de l'être avec sa « vérité effective » ; comme si l'écart était irréductible entre le côté de l'intelligence de l'action et celui des faits et de leur nécessité. Sa contextualité ne rattache donc pas au système des raisons suffisantes de l'action, elle l'enveloppe d'une manière de « tragique » condamnant la « pratique des hommes » à se déployer sur les modes de l'incompréhension, de l'incapacité, et de la dépossession.

β) Or cet écart entre les « affaires » et la représentation que nous en avons ne tient pas seulement au fait que « prudence » et « folie » se disputent le sens des interactions sociales et politiques, et que celles-ci ressortissent à des systèmes d'idées instables et incertains. Qu'il s'agisse de « folie » ou de « prudence » et de conduites qui sont par conséquent tantôt délibérées, tantôt inarticulées, les interprétations qu'il est possible d'en faire sont multiples

1. Avec déférence et dans les règles.

et, encore une fois, « contradictionnelles ». D'un même événement, il est inévitable de donner des significations qui, à certains égards, en révèlent toutes quelques raisons, témoignant par là d'une certaine intelligence que nous en avons, quand bien même nous serions parfaitement incapables d'en donner littéralement l'explication. « Toutes actions publiques, remarque Montaigne (3.10, 1586/1020), sont sujettes à incertaines, et diverses interprétations : car trop de têtes en jugent. » À supposer que la remarque ne vaille que pour ceux dont la politique est en quelque sorte le métier – ce qui ne compte pas les princes seulement, mais l'ensemble des magistrats, par exemple, et tous ceux qui exercent quelque fonction publique –, elle permet de comprendre qu'il n'y a pas chez Montaigne de déconnexion entre une prétendue objectivité des faits et l'arbitraire d'interprétations supposées subjectives. En vérité le « subjectif » et l'« objectif » se conjuguent pour former un espace herméneutique tenant à la façon dont des individus, ponctuellement, de leur point de vue et dans les mouvements dans lesquels ils sont pris en propre, parviennent à se représenter axiologiquement et pratiquement la réalité qui fait l'objet, précisément, de leur métier de politiques. Les faits sont ce que nous en pensons, et nous sommes nombreux à en juger, par conséquent nombreux à leur assigner un sens duquel découlent des activités plus ou moins efficaces, dont l'ampleur est elle-même plus ou moins vaste – pour former les nœuds événementiels dans lesquels se dispersent nos efforts.

γ) La diversité des modes herméneutiques applicables aux événements sociaux et politiques entraîne, sinon une confusion, du moins une grande équivocité des situations aussi bien que des catégories axiologiques permettant de les qualifier. « Les lois même de la justice, écrit Montaigne

(2.20, 1042/675), ne peuvent subsister sans quelque mélange d'injustice : et dit Platon, que ceux-là entreprennent de couper la tête de Hydra, qui prétendent ôter des lois toutes incommodités et inconvénients. » Ce qui ne veut dire, ni que les lois sont formellement marquées par une forme d'injustice, ni que le droit se rapporte de manière immanquablement asymptotique à un idéal de justice. Tout simplement, « les lois se maintiennent en crédit, non parce qu'elles sont justes, mais parce qu'elles sont lois. C'est le fondement mystique de leur autorité » (3.13, 1669/1072). *De* l'injustice est par conséquent constitutive du droit au même titre, exactement, que *de* la justice. Assumer la réalité effective des « affaires » consiste à en assumer la structure intimement contradictionnelle et à reconnaître qu'elle est interprétable en des termes toujours à la fois rationnels et opposés les uns aux autres. Or cette « mixtion humaine » (*ibid.*) sur laquelle fait fonds toute interprétation des événements ne recouvre pas seulement un destin « métaphysique » de l'humanité dans son histoire et une sorte de fatalité, elle renvoie également aux jeux de pouvoir et aux techniques de conquête qui leur sont corrélatives. Évoquant dans l'« Apologie… » les querelles de religion de son temps, Montaigne note que si « la justice […] est en l'un des partis, elle n'y est que pour ornement et couverture[1] » (2.12, 697/443). Une conséquence tragique qu'emportent la variété et la variation des valeurs, c'est qu'elles sont commuées en simples instruments de pouvoir, vidées de tout contenu substantiel de sens et mises au service de procédures purement techniques de conquête ou de conservation du pouvoir. Une inversion axiologique a lieu, qui consiste en ceci que le pouvoir, outil destiné à satisfaire

---

1. À titre de prétexte.

à des exigences de sens – le Juste, par exemple – s'avère en son fond une fin en soi à laquelle sont assujetties des catégories axiologiques elles-mêmes devenues de simples instruments d'action. C'est pourquoi « nos Rois, note Montaigne, [...] n'ayant pu ce qu'ils voulaient, ils ont fait semblant de vouloir ce qu'ils pouvaient » (2.19, 1038/672).

δ) On comprend dès lors ultimement l'idée qu'on trouve chez Montaigne d'une pure et simple réciprocabilité des catégories de juste et d'injuste, de bien et de mal. Il y a sans doute à cet égard deux manières de comprendre l'essai « Que le goût des biens et des maux dépend en bonne partie de l'opinion que nous en avons » (1.40/14, 394 *sq.*/50 *sq.*). Dans son esprit, il sert à montrer qu'il n'y a aucun caractère inévitable aux malheurs de la vie et que « les choses ne sont pas si douloureuses, ni difficiles d'elles-mêmes » (*ibid.*, 418/67). Pour dire encore avec Montaigne, « chacun est bien ou mal selon qu'il s'en trouve » (*ibid.*, 417/67), c'est-à-dire selon sa capacité imaginative et les ressources psychiques qu'il est capable de mobiliser pour affronter les nécessités de sa propre existence : son endurance et son « stoïcisme ». Mais dans sa lettre, la subordination des « biens » et des « maux » à l'ordre de la représentation, outre qu'elle en exprime un principe de variation[1], laisse entendre *et* que ceux-ci n'ont de sens que pour autant que nous leur en donnons un, *et* qu'il n'y a aucun caractère de substantialité aux uns comme aux autres, ni rien de tel que *le* Bien ou *le* Mal. « Ce que nous appelons mal et tourment, dit Montaigne (*ibid.*, 394/51), n'est ni mal ni tourment de soi, ains[2] seulement [...] notre fantaisie[3] lui donne cette

---

1. Cf. *supra*, chap. 2, « Notre condition fautive », p. 79.
2. Mais.
3. Imagination.

qualité. » La leçon en est peut-être qu'il nous appartient de convertir pour notre propre compte nos interprétations des « maux » en interprétations de « biens » opposés, mais elle est aussi et surtout une leçon d'ordre « généalogique », que les « valeurs-de-bien » et les « valeurs-de-mal » ne sont jamais que des constructions imaginaires, culturelles et fondamentalement ou utilisables, manipulables. Non qu'elles soient à proprement parler maîtrisables, car nous ne pouvons jamais anticiper tout à fait la convertibilité des valeurs les unes dans les autres, ni l'ampleur ou l'inexistence de leurs effets sociaux et politiques. Mais comme en attestent les guerres civiles et religieuses, nous pouvons en user comme d'outils et même, pour reprendre une image d'Aristote, comme de « lampes-broches »[1] – à divers usages et selon les besoins les plus trivialement immédiats.

DES OFFICES NÉCESSAIRES

Les pratiques sociales sont des pratiques renvoyant, dans les *Essais*, au travail de la représentation, qui présente un caractère à la fois contradictionnel et infini, puisque les jugements de valeur ordinaires sont conçus par Montaigne comme relevant d'une réappropriation et d'une transformation incessantes de leurs contenus axiologiques. D'où une disqualification de la relation sociale et politique, qui est pour ainsi dire « déséthicisée ». Dans la sphère civile, les pratiques humaines impliquent de détacher la question de leur fonctionnement régulatoire de celle de leur valeur éthique et de renoncer à penser les interactions autrement que sur un mode tantôt anecdotique, tantôt pragmatique. Il n'est pas impossible d'accorder une certaine valeur aux

1. *Parties des animaux*, IV, 6, 683a24.

actions publiques, pour leurs effets sur les institutions et la vie des particuliers, mais une telle valeur ne présente aucun caractère d'absoluité ni d'universalité, elle exprime une opportunité perçue comme telle selon des points de vue qui ne sont eux-mêmes jamais exhaustifs. Penser les interactions de manière pragmatique, c'est dès lors leur reconnaître d'efficaces ondulations axiologiques, mais sans prétendre y reconnaître autre chose qu'une fonction d'identification, de distinction, éventuellement de classification, autre chose donc qu'une fonction de balisage de l'espace concret des relations humaines.

L'écart des jugements de valeur appliqués aux « affaires » par rapport à la valeur éthique que peuvent prendre, au-delà d'une conduite et de ses maximes, une vie et ses orientations fondamentales, se cristallise respectivement, dans les *Essais*, autour des deux catégories de l'« utile » et de « l'honnête ». « Il y a des offices[1] nécessaires, écrit Montaigne (3.01, 1233/791), non seulement abjects, mais encore vicieux ». Et de poursuivre : « il faut laisser jouer cette partie, aux citoyens plus vigoureux, et moins craintifs, qui sacrifient leur honneur et leur conscience ». Or l'ajustement de « l'utile » sur « l'honnête » paraît éminemment problématique et d'autant plus vain que la sphère sociale semble requérir l'efficacité du premier avant l'authenticité du second. C'est la raison pour laquelle il n'est pas illégitime de parler d'une « déséthicisation » de l'espace social et politique, quand bien même la nécessité des « affaires » laisserait quelque prise à de marginales tentatives de qualification morale. Le dispositif descriptif

---

1. Le terme ne désigne pas simplement les charges, administratives ou politiques, mais également les devoirs qui y sont attachés, et qui leur donnent une manière de noblesse ou de grandeur institutionnelle.

servant à faire apparaître les pièces mécaniques de la machine sociale et les pouvoirs qu'elle met en jeu se met en place dans les *Essais* sans la moindre présupposition d'une ambiance éthique déterminée. Il s'articule simplement à deux points principaux concernant, pour le premier, la nature des relations civiles et politiques et, pour le second, les critères de normativité qui leur sont appropriés.

α) Pour ce qui est du *premier point*, il consiste pour Montaigne à considérer la sphère institutionnelle et politique comme un pur artifice et la variété des positions qu'elle détermine comme relevant de ce que de manière un peu anachronique on se permettra de nommer des « grandeurs d'établissement ». « Les événements sont maigres témoins de notre prix et capacité », note-t-il dans « De l'art de conférer » (3.08, 1463/935), ajoutant aussitôt qu'ayant à juger un homme parvenu à un certain faîte des honneurs, « nous jugeons de lui non selon sa valeur : mais à la mode des jetons[1], selon la prérogative de son rang ». Le pouvoir est ainsi fait de sa propre représentation au sein d'un univers institutionnel en lui-même parfaitement contingent. S'adressant à Henri IV, dont la royauté n'est pas encore tout à fait consolidée : « Nous ne saurions tirer de la justice de votre cause des arguments si forts à maintenir ou réduire vos sujets, comme nous faisons des nouvelles de la prospérité de vos entreprises », écrit Montaigne, commentant ainsi sa propre maxime, que « le retentissement porte autant que le coup »[2]. Une dimension essentielle du travail de la politique réside dans son caractère spectaculaire et ostentatoire, c'est-à-dire plus précisément dans la coïncidence

1. Pièces servant à calculer et dont la valeur était fonction de la place dans une colonne.

2. *Lettre au Roi du 18 janvier 1590*, dans *Œuvres complètes*, Bibliothèque de la Pléiade, p. 1397.

pouvant exister entre l'ordre établi et la représentation de cet ordre prévalant dans « les affaires ». Pour évoquer la catégorie de la noblesse, « c'est une belle qualité, reconnaît Montaigne (3.05, 1329/850), et introduite avec raison », mais « vertu, si ce l'est, artificielle et visible : dépendant du temps et de la fortune : […] tirée par conséquence, et conséquence bien faible »[1]. On peut dire qu'il y a à cet égard l'idée d'une division sociale et politique des qualités qui, si elles sont en vérité « empruntées » – et relèvent donc des rapports d'aliénation institutionnelle qu'elles expriment – n'en sont pour autant pas tout à fait dénuées de sens, en tout cas d'une manière de légitimité. Car pour reprendre Montaigne : « C'est une espèce de moquerie et d'injure, de vouloir faire valoir un homme, par des qualités mésavenantes à son rang […]. Comme qui louerait un Roi d'être bon peintre, ou bon architecte, ou encore bon arquebusier » (1.39/40, 386/250). Autrement dit, précisément parce que la chose politique est pur artifice et qu'elle repose sur les relations spéculaires et idéologiques qu'elle suscite, elle renferme cette légitimité minimale qui consiste dans son ordre propre et dans l'efficacité régulatrice qui en résulte.

C'est pourquoi l'arbitraire de cet ordre n'implique nullement l'indifférence à la chose publique, mais au contraire un engagement dont les prémisses sont dans le respect des lois et des institutions et au fond dans l'obéissance. Généralement parlant, montre Montaigne : « Nous devons la sujétion et obéissance également à tous Rois : car elle regarde leur office : mais l'estimation, non plus que l'affection, nous ne la devons qu'à leur vertu » (1.03,

---

1. On trouve au sujet des dignités une remarque parfaitement équivalente dans l'essai « De l'art de conférer » (3.08, 1459/932).

66/16). Ce qui trouve du reste un écho dans le tableau qu'il dresse de sa propre conduite, de sa mesure et de son sens : « Ce que j'adore moi-même aux Rois, c'est la foule de leurs adorateurs. Toute inclination et soumission leur est due, sauf celle de l'entendement : Ma raison n'est pas duite à se courber et fléchir, ce sont mes genoux » (3.08, 1463/935). Architecture de la sphère politique, les « grandeurs d'établissement » s'avèrent ainsi un artifice sans artefact ni artisan, c'est-à-dire un réseau de relations spéculaires d'aliénation institutionnelle et réciproque des gouvernants et des gouvernés – ce qui ne suppose nullement des positions égales ni réciprocables – au sein duquel la représentation fait son effet en établissant son ordre, mais sans créer un espace constamment réglé des interactions, ni rester sous la maîtrise des acteurs de la politique, toujours assujettis aux aléas de la fortune ainsi qu'aux erratiques mobilisations du corps social. Qu'il n'y ait pas de fondement rationnel transcendant à la dignité des ordres n'implique en somme nullement qu'ils soient dénués d'une légitimité contingente, laquelle tient essentiellement dans les effets de stabilité institutionnelle qu'ils permettent de produire au sein de la sphère civile.

β) La description de la machinerie politique comporte dès lors un *second point*, qui est l'absence de rapport entre une certaine efficacité des pouvoirs civils et la justification rationnelle qu'on souhaiterait pouvoir en donner. Une circulation du pouvoir régule le « commerce des hommes » et s'y exerce de façon pleinement effective, mais elle ne repose sur aucun soubassement éthique ou religieux, aucune authentique compétence sociale ou politique susceptible de rehausser l'exercice de la puissance du sceau d'une légitimité substantielle et durable. Quoiqu'il pose réellement la question des normes de l'action, ainsi que celle du rapport entre la nature de la connaissance que nous pouvons avoir des « circonstances » et les événements effectifs que celles-ci déterminent, Montaigne refuse de corréler ces questions au postulat d'une quelconque certitude éthique et d'en faire dépendre la solution de la mise au jour d'un principe universel de vertu. « Il se voit tous les jours, écrit-il par exemple (3.08, 1460/933), que les plus simples d'entre nous, mettent à fin[1] de très grandes besognes, et publiques et privées. » Ou bien, et le propos est parfaitement symétrique (1.23/24, 198/129) : « Rien de noble ne se fait sans hasard. » C'est affirmer l'incommensurabilité des pratiques humaines à la fortune qui les contraint[2]. Les ressorts de l'activité sociale et politique paraissent ainsi devoir se résumer à la trivialité de procédés passablement étrangers aux acteurs qui les mettent en œuvre, « les plus vulgaires et usités [avis] [étant] aussi peut-être, les plus sûrs et plus commodes à la pratique » (3.08, 1461/933) : bien gouverner, c'est faire comme tout le monde !

Pourtant, ce n'est pas parce que la « pratique des hommes » ne s'adosse à aucune certitude axiologique que, d'une part, les pratiques de pouvoir se justifient toutes et que, d'autre part, elles doivent imposer une sorte de distance ou d'indifférence aux événements. Bien plutôt, même s'il exclut toute référence à un ordre immuable et universel du Bien, Montaigne en extrait une pragmatique de l'action, c'est-à-dire une recherche permanente de normativité dans le contexte d'une réalité qui y demeure perpétuellement et effectivement réfractaire. De l'objectivation de la sphère

---

1. Mènent à bien.
2. Voir par exemple sur ce point l'ensemble de l'essai « Divers événements de même conseil », où Montaigne évoque la façon dont les conséquences des actions échappent à leurs auteurs mêmes (1.23/24, 189 *sq.*/124 *sq.*).

politique et de sa neutralisation éthique, il dégage le postulat d'une politique pensée comme *négociation*, non dans la mesure où d'une communauté démocratique de discussion surgiraient des valeurs communes de vie, mais dans la mesure où des travaux d'une communauté restreinte de professionnels de la politique – les membres de toutes les institutions locales ou nationales – résultent des tensions qui se concrétisent sous forme d'opérations juridiques ou politiques réelles, tantôt violentes, tantôt pacifiques. Parler ainsi d'une « pragmatique de la négociation », c'est situer la théorie montaignienne du pouvoir entre le scepticisme qui implique une forme ou une autre d'indifférence et de désengagement, et un optimisme de l'efficacité, dont les jeux de pouvoir évoqués dans les *Essais* constituent la réfutation par le fait, mais sans jamais dissiper l'illusion de leur poursuite efficace. Si Montaigne refuse au fond l'alternative de la justice et de l'intérêt, c'est que nous avons toujours intérêt au Juste – qui forme dans nos représentations un idéal concret et susceptible de commander réellement l'action – et qu'il y a toujours réciproquement du Juste dans la sphère étroite de l'intérêt ou de « la commodité des affaires » (3.01, 1241/795), quand bien même les affaires privées seraient concurrentes des publiques. Ainsi pour ce dernier point, « l'intérêt commun ne doit pas tout requérir de tous, contre l'intérêt privé », écrit Montaigne (*ibid.*, 1252/802), quoiqu'il faille en même temps reconnaître, en symétrie, que « le droit de la vertu doit prévaloir[1] le droit de notre obligation » (*ibid.*, 1251/801). L'action publique est donc prise en étau entre une légitime considération des intérêts privés et une réévaluation des

---

1. Prévaloir sur. La construction est transitive dans la langue de Montaigne.

circonstances et de la nécessité à la lumière de « l'honnête ». Ce que le chapitre « De l'utile et de l'honnête » résume en ces termes faussement anecdotiques : « Que Montaigne s'engouffre quant et[1] la ruine publique, si besoin est : mais s'il n'est pas besoin, [...] autant que mon devoir me donne de corde, je l'emploie à sa conservation » (*ibid.*, 1236/793) : l'intérêt n'est en somme pas le contraire, mais une modulation de « l'honnête ».

Que la politique et plus généralement « la pratique des hommes » soient affaires de négociation ne signifie pas qu'il soit question de transiger sans cesse opportunément avec les principes normatifs qu'on projette en conscience de faire prévaloir, ni qu'il faille discuter des règles susceptibles de garantir une coexistence sociale durablement pacifiée. L'idée de négociation, c'est l'idée que la distinction de « l'utile » et de « l'honnête » ne détermine pas une pure et simple antinomie de l'action. Il se dégage en effet une tierce voie entre les rigueurs d'une position éthique « super-céleste » mais impuissante ou feinte[2], et « la prostitution de conscience » (*ibid.*, 1247/799) dans laquelle on bascule en confondant complaisamment « l'utilité privée » et « l'intérêt commun ». Or cette voie consiste à assumer en y faisant face la diversité et inintelligibilité relative des circonstances : « en cette incertitude et perplexité, que nous apporte l'impuissance de voir et choisir ce qui est le plus commode, pour les difficultés que les divers accidents et circonstances de chaque chose tirent : le plus sûr, quand autre considération ne nous y convierait, est à mon avis de se rejeter au parti, où il y a plus d'honnêteté et de justice : et puisqu'on est en doute du plus court chemin, tenir

1. Avec.
2. Voir *supra*, chap. 2, « Notre condition fautive », p. 99.

toujours le droit » (1.23/24, 196/128). Surprenante inversion des maximes de l'agir : ce n'est pas parce que nous manquons d'une intelligence des fins et aux exigences de la vertu que nous sommes acculés à des arrangements opportuns, mais c'est inversement parce que nous restons irrémédiablement ignorants des circonstances que nous avons intérêt de nous en tenir à « l'honnête ». Où il n'est nullement question d'un règne de la vertu, mais seulement du droit d'agir au plus juste de ses jugements, au plus juste de sa capacité à décrire, évaluer et comprendre une situation donnée et ses enjeux. « Honnête » n'est de fait pas exactement un attribut de la personnalité morale, ni plus une propriété intrinsèque de certaines actions. Qualifiant d'une part l'homme capable d'une intuition approfondie du présent, il désigne d'autre part une nature procédurale du jugement, en tant qu'il est ouvert sur l'action, où l'évaluation et la compréhension effectives des circonstances, dans leur complexe singularité, rendent possibles des décisions pertinentes et efficaces. Non pas destinées, cependant, à satisfaire aux priorités de l'agent ou de son parti. Si l'honnêteté est efficacité, son horizon est non l'intérêt, ni l'utile, mais le complexe même des circonstances, dont un réajustement précis porte pour autrui l'espoir de valeurs de vie ou d'un bonheur plus diversement partagés.

Sur le plan des pratiques sociales et politiques, ce qu'on caractérise comme une manière de pragmatisme montaignien repose sur trois piliers principaux. *Premièrement*, il repose sur, mais ne vise pas à une espèce de compréhension du réel, renvoyant plutôt au succès de l'action qu'à son exacte maîtrise intellectuelle : « Je ne prétends autre fruit en agissant, écrit Montaigne (3.01, 1235/792), que d'agir, et n'y attache longue suite de propositions. » Le rapport pratique aux autres, aux circonstances et aux structures sociales et politiques ne consiste fondamentalement qu'à faire droit à l'action en tant que telle, c'est-à-dire en tant qu'elle témoigne d'avoir à démêler des fins et des possibles, d'ordre public ou privé, moral ou purement institutionnel. Manière de ne jamais faire dogmatiquement prévaloir des préférences idéologiques, mais seulement les exigences d'un maintenant, d'une réalité effective dont on ne peut pourtant pas prétendre posséder une entente appropriée et véridique. La pratique politique n'est qu'un acquiescement actif à des contradictions qui sont autant les siennes propres que celles de la réalité qu'elle vise à transformer. Le divers et le complexe ne suffisent pas à faire renoncer au souci de la normativité pour s'en remettre aux contraintes du temps ; mais tout au contraire, les circonstances exigent de renoncer aux aléas du complexe pour le bénéfice du « Juste » et l'univocité de « l'honnête ». En d'autres termes, le caractère inextricable de la réalité sociale et politique ne sert pas d'argument à l'immoralisme ou à l'indifférence, à la lâcheté ou bien symétriquement à une espèce d'amoralisme aristocratique. Du complexe on passe au jugement, et de sa difficulté, potentiellement, à l'action. Action peut-être discrète, comme le reconnaît Montaigne, au sens où l'action individuelle ne fait que s'insinuer dans un état actuel des choses et où elle n'est pas nécessairement action d'éclat : « Ces actions-là, ont bien plus de grâce, qui échappent de la main de l'ouvrier, nonchalamment et sans bruit : et que quelque honnête homme, choisit après, et relève de l'ombre, pour les pousser en lumière : à causes d'elles-mêmes » (3.10, 1591/1023). La coïncidence du complexe et de l'action, ce n'est donc pas celle du Présent et du Héros, mais c'est l'éruption de l'agir dans les processus concrets de la vie, qui restent à coup sûr inappropriables pour l'individu singulier, mais qui suscitent et impliquent toujours son engagement pratique en mettant perpétuellement en jeu ses propres évaluations éthiques.

Par voie de conséquence, et *deuxièmement*, être pragmatique revient, pour Montaigne, à se fier à la parole et à la communication. S'il y a des pratiques sociales et politiques, il n'y a en revanche rien qui puisse ressembler véritablement à une compétence de cette nature et la politique n'engage par conséquent nulle forme de science ou de méthode. Et c'est bien ce que signifie « transparence », à savoir le refus de la « feintise » (3.01, 1235/792) : « Un parler ouvert, ouvre un autre parler, et le tire hors » (*ibid.*, 1239/794). La négociation sociale ou politique ne consiste pas tant à confronter des intérêts ou des valeurs, ou à défendre des positions immuables tout en essayant de les unifier ou les niveler, qu'à tenter d'assurer une manière de mutation « parlière » de ces positions – avec « franchise, simplesse, et naïveté » (*ibid.*, 1241/795) : liberté, droiture et naturel. S'il n'y a évidemment pas chez Montaigne de théorie communicationnelle du politique, il y a néanmoins une conception des rapports sociaux et de leur normativité qui privilégie la discursivité plutôt que la force, l'intelligence plutôt que la violence. Et de lui-même : « esclave, je ne le dois être que de la raison », quoique, concède-t-il, « encore n'en puis-je venir à bout » (*ibid.*, 1240/794). Le primat de la parole n'est pas renoncement aveugle à la violence, et par exemple, admet Montaigne : « Le bien public requiert qu'on trahisse, et qu'on mente, et qu'on massacre » (3.01, 1233/791), et dès lors, ajoute-t-il : « je ne veux pas priver la tromperie de son rang, ce serait mal entendre le monde » (*ibid.*, 1241/795). Ce qui n'est pas à dire que la politique justifie toutes les actions et toutes les exactions, mais qu'elle détermine un espace pratique où tout est susceptible d'être discuté, contesté et même renversé, où tout est susceptible d'être réévalué, à condition d'ouverture et de jugement – où les règles enfin sont perpétuellement questionnées et recréées, dans l'horizon d'une « vérité » dont la formule se substitue dans son unité et sa simplicité aux détours et à la duplicité « du profit particulier » (*ibid.*, 1241/795), pour cette simple raison qu'elle n'est rien autre chose que la formule actuelle des événements dans leur maintenant.

Enfin le *troisième point*, c'est que l'agir, n'étant pas imposition mais rencontre d'une normativité, n'étant pas violence faite aux situations et aux autres mais création fondamentalement « parlière » des conditions d'une entente, implique une faculté de renoncer à ce qui paraît impossible, une puissance du retrait ou, du moins, de la retenue. Ce n'est en effet pas trivialement qu'il faut entendre que « nous ne pouvons pas tout » (*ibid.*, 1248/799). Montaigne ne regrette pas l'impuissance humaine, mais fait plutôt valoir les exigences d'une conscience qui ne saurait consentir à sa propre négation : en toutes négociations politiques, insiste-t-il, « moi, je m'offre par mes opinions les plus vives, et par la forme plus mienne : [...] qui aime mieux faillir à l'affaire, qu'à moi » (*ibid.*, 1234/791). Le point essentiel, comme il le dit par ailleurs en paraphrasant la *Lettre VII* de Platon, c'est le rejet de la violence comme mode privilégié de l'action « publique », par conséquent le refus de plier la réalité à la forme de quelconques convictions – « établissant l'office[1] d'un homme de bien, en ce cas, de laisser tout là : seulement prier Dieu qu'il y porte sa main extraordinaire » (3.12, 1620/1043). Par anachronisme donc, il faut incontestablement parler ici d'une véritable « éthique de la responsabilité », dont la

---

1. Le devoir.

formule n'a jamais signifié qu'on est en droit de renoncer à ses idéaux sous le prétexte opportuniste de la réalité et de ses contraintes, mais plutôt qu'on a le devoir de renoncer au pouvoir quand on finit par comprendre que les exigences du réel heurtent et altèrent les convictions autour desquelles se cristallisent à tort ou à raison, mais en tout état de cause concrètement, une conscience, son système de représentations, ses valeurs et, enfin, sa volonté de puissance. « Il ne faut pas regarder, écrit Montaigne (3.10, 1585/1020), si votre action ou votre parole, peut avoir autre interprétation, c'est votre vraie et sincère interprétation, qu'il faut meshui[1] maintenir : quoi qu'il vous coûte. » Où l'on voit que le coût pèse non sur les êtres et les situations, qu'on voudrait transformer à tout prix, mais sur l'agent en personne, appelé à assumer ses gestes ou à renoncer à ses prérogatives : payer le prix, renoncer au pouvoir.

L'espace social et politique peut certes imposer son aléatoire et exiger qu'on s'y ajuste en y investissant des valeurs de vie fécondes d'une entente accrue des uns avec les autres. Mais ce n'est assurément pas parce que nous sommes capables de concevoir des idéaux éthiques que nous le sommes également d'agir et de transformer la réalité sociale et politique qui est la nôtre ; c'est plutôt parce que nous sommes acculés à agir que nous sommes tenus de nous apparier au réel, c'est-à-dire de projeter des normes sur les événements et parmi les hommes, et d'entreprendre de les transformer les uns aussi bien que les autres. « De se tenir chancelant et métis[2], de tenir son affection immobile, et sans inclination aux troubles de son pays, et en une division publique, je ne le trouve ni beau,

1. Désormais.
2. Hésitant.

ni honnête : C'est prendre non une voie moyenne, mais aucune voie du tout[1] » (3.01, 1236-1237/793). Autrement dit, quelles que soient les contraintes de l'ordre politique, c'est-à-dire les pesanteurs de la coutume, des usages, enfin des institutions et de ce qu'elles sont « reçues », l'essentiel de la socialité réside dans des pratiques effectives et fondamentalement dans un engagement qui implique de toujours mesurer, altérer, reprendre, modérer, modifier mais aussi imposer les principes de son action.

On peut donc bien parler d'un pragmatisme de Montaigne, à condition toutefois de ne pas chercher à l'apparenter au moindre conformisme. « La vertu assignée aux affaires du monde, écrit-il en effet (3.09, 1544-1545/991), est une vertu à plusieurs plis, encoignures, et coudes, pour s'appliquer et joindre à l'humaine faiblesse : mêlée et artificielle ; non droite, nette, constante, ni purement innocente. » Façon de dire qu'il faut de la vertu pour agir ou encore qu'il faut être capable d'« honnêteté », mais non pas pour autant de se tenir avec raideur et dogmatisme à des systèmes de croyances exclusifs : la normativité éthique ressortit moins à des systèmes de pensée qu'à une tentative de « création continuée » des normes, telle que l'individuel parvient à se projeter sur et à s'immiscer dans le social. Ce qui implique *d'abord* que le travail de la normativité ne soit pas une affaire purement personnelle et privée : « Il ne faut pas laisser au jugement de chacun la connaissance de son devoir », écrit Montaigne (2.12, 760/488), « c'est la seule humilité et soumission, qui peut effectuer[2] un homme de bien ». Or précisément, « humilité et soumission » ne désignent pas l'obéissance aveugle aux puissances

---

1. Citation de Tite-Live, XXXII, XXI, 33-34. En latin dans le texte.
2. Façonner.

institutionnelles ou coutumières. Elles impliquent la reconnaissance d'un contexte social, coutumier, éthique, et la tentative d'ajuster ses propres conceptions et sa propre puissance active à la réalité leur préexistant. C'est pourquoi *ensuite*, il existe un seuil d'inacceptabilité de l'état des choses – seuil de renoncement au pouvoir ou de consentement à l'échec – parce que l'inextricable nœud de la contingence des événements ne suffit pas à légitimer toutes les tentatives, partant toutes les violences. L'enjeu de l'action n'est pas la conservation d'un état des choses, mais de parvenir à une certaine convenance de l'arbitraire des événements et de ses propres convictions éthiques ou idéologiques : arrimer ses croyances à l'ordre du monde ou bien renoncer à la puissance au bénéfice de la conviction, c'est l'alternative unique et cruciale qui donne son sens au jeu des pouvoirs que mettent un œuvre ceux qui s'exercent à la politique.

Qui va en la presse

Si les pratiques sociales et politiques supposent de se représenter et de chercher sans cesse à mettre en œuvre une forme de bonheur ou de justice, leur horizon axiologique est ouvert à un exercice infini du jugement qui, dans les hésitations de sa liberté, mobilise croyances, convictions, certitudes, ou de simples désirs. La chose publique s'avère dès lors illégitimable parce qu'elle est plurivoque et non parce qu'elle est incertaine. Espace privilégié d'un *conflit des rationalités*, elle accueille et confronte des opinions largement divergentes, principalement parce que de mêmes événements admettent des évaluations et par conséquent des actions diverses ou opposées. La logique des « affaires » ressortit à un ordre non pas véritablement linéaire, mais plus proprement « réticulaire » : aux contraintes objectives de la réalité des faits se surajoutent des préjugés individuels et collectifs disparates et confus venant recouvrir les « affaires » d'une sorte de voile d'ignorance en raison duquel il devient impossible d'anticiper les effets, soit de l'idéologique sur les interactions, soit réciproquement de l'action sur les croyances et sur leurs vertus de consolidation du lien social et politique. Sans repères stables et durablement pertinents, « la pratique des hommes » implique donc d'assumer les contradictions de l'agir et de trouver une voie d'« honnêteté » entre la force des choses, dont la violence est le point d'orgue, et la force des lois, dont l'amour tient lieu de voie de réserve.

« Celui qui va en la presse, reconnaît en effet Montaigne (3.09, 1545/991), il faut qu'il gauchisse, qu'il serre ses coudes, qu'il recule, ou qu'il avance, voire qu'il quitte le droit chemin, selon ce qu'il rencontre : Qu'il vive non tant selon soi, que selon autrui : non selon ce qu'il se propose, mais selon ce qu'on lui propose : selon le temps, selon les hommes, selon les affaires. » L'action est donc dépossession, ce qui peut s'entendre selon deux interprétations différentes. On peut toujours concéder que Montaigne exprime là un *topos* sceptique et réaliste à la fois, à savoir l'idée d'une sorte d'aliénation idéologique ou de sujétion à une logique de l'altérité, des jeux de pouvoir, de l'arbitraire, de la crainte, de l'intérêt plus ou moins bien compris, etc. De fait, la violence et la fourberie requises par la politique, ce seraient la violence et la fourberie requises par les hommes eux-mêmes, en raison de l'effet conjugué de leur nature égoïste et des croyances bornées qu'elle renferme en sa matrice. Toutefois, en un sens peut-être moins orthodoxe, « dépossession » peut signifier, non qu'il faut renoncer à ses principes pour les besoins de l'action, mais plutôt les ajuster à une réalité sans l'épaisseur de laquelle ils ne tiendraient précisément pas tout à fait lieu de principes, de critères d'évaluation, de jugement, d'adaptation, et ainsi d'action. Le complexe et le multiple expriment comme l'exigence de payer de son dû, c'est-à-dire de savoir enraciner ses convictions ou ses croyances de manière à leur donner une certaine puissance « effectuelle ». Ce qui ne suppose précisément pas d'y renoncer, mais plutôt d'être capable de leur donner cette texture réelle et concrète dont l'épaisseur intersubjective fait l'efficacité sociale et politique. Dans ces conditions, il n'y a plus si loin de la force des choses à l'amour de la loi, puisque faire droit à la réalité n'implique précisément pas la « justice énorme[1] » des « sanguinaires » et des « traîtres » (3.01, 1253/803) – par anachronisme : la mise en œuvre des idéaux sur le mode de la Terreur. Tout au rebours, le légalisme forme une dérivation admissible, sinon fatale, du principe d'honnêteté que Montaigne place malgré tout au cœur des pratiques sociales et politiques.

Dans l'essai « De la vanité », par exemple, il se félicite d'avoir préservé sa « maison » des violences du temps, et « qu'elle soit encore vierge de sang, et de sac » (3.09, 1507/966) ; mais il paraît regretter de le devoir « plus par fortune : voire, et par ma prudence que par justice » (ibid.). Ce qui ne veut pas dire que la paix soit issue de transactions douteuses, mais plus simplement, comme l'éclaire la suite du texte, de « la protection des lois », préférable aux sujétions les plus diverses, mais soutien également des négociations dont « l'honnêteté » ne peut constitutivement pas être le paramètre directeur exclusif[2].

---

1. Dénuée de normes.
2. On trouve cette remarque analogue dans « De l'utile et de l'honnête » : « Les lois m'ont ôté de grand-peine, elles m'ont choisi parti, et donné un maître : toute autre supériorité et obligation doit être relative à celle-là, et retranchée » (3.01, 1240/794-795).

La sphère sociale et politique forme un entrelacs des valeurs et des principes, où le réalisme prosaïque de l'utile le dispute aux idéaux du bien et du juste, sous couvert de la précision et de la finesse de l'honnête. « La naïveté et la vérité pure, en quelque siècle que ce soit, trouvent encore leur opportunité et leur mise » (3.01, 1234-1235/792). Donc on supposera que si Montaigne est optimiste, cela signifie qu'il n'y a pas d'époque historique qui ne laisse transpirer une manière de civilité et de probité ; et que s'il est montaignien, c'est par l'exigence permanente d'un enracinement des valeurs de justice et de vertu dans un terreau qui leur est fondamentalement hostile.

Cet aspect du pragmatisme de Montaigne laisse entier le problème de la vertu et de savoir à quoi rapporter la valeur authentique d'une action. Sans doute faut-il admettre que « l'honnête » ne constitue pas le critère unique d'évaluation des interactions et qu'il y trahit toujours une forme de tension réciproque plutôt qu'une propriété interne et essentielle. C'est pourquoi le problème de la vertu est celui de justifier l'existence d'un centre gravitationnel à proximité duquel s'assurer de pouvoir identifier des pratiques « honnêtes » et efficaces. Or à cet égard, Montaigne reste relativement proche de la tradition antique, à laquelle il reprend la distinction ancienne de la *poïèsis*, qui désigne une action dont la fin est extérieure, et de la *praxis*, qui porte en elle-même sa propre fin. Dans les *Essais*, la formule princeps de cette dichotomie s'articule au thème de la gloire, dont Montaigne distingue deux modalités hétéronomes. En tant que telle en effet, la gloire est simplement « une approbation que le monde fait des actions que nous mettons en évidence » (2.16, 955/619). Participant d'une logique du profit, elle exprime moins la valeur de l'action que sa mise en perspective, sa présentification et sa spectacularisation. L'action importe alors moins que son auteur, et son auteur moins encore que la représentation publique de sa personne. Masque dont l'atour est le nom, précisément substitué à la chose devenue caduque. D'où la relation presque explicite du chapitre « De la gloire » (2.16, 953 *sq.*/618 *sq.*) à celui « Des noms » (1.46, 447 *sq.*/276 *sq.*). La gloire n'est que la représentation que le public se fait de l'action et de l'agent, et par conséquent le discours qu'il tient de leur vérité et de leur être. D'où également la distance infinie des actions de la gloire à celles de la vertu, « rares et exemplaires » (3.10, 1590/1022) : « les actions de la vertu, elles sont trop nobles d'elles-mêmes, pour rechercher autre loyer, que de leur propre valeur : et notamment pour la chercher en la vanité des jugements humains » (2.16, 970/629). Assurément, parvenir à déterminer la nature profonde des « actions de la vertu » constitue l'autre versant du problème montaignien de la moralité, dont on peut tout juste reconnaître des inflexions stoïciennes, du reste avouées[1]. Seule paraît claire, à cette heure, l'idée que « l'honnête » ne tient jamais lieu que de « symptôme » d'une authenticité dont l'édifice reste à construire, précisément parce qu'il ne peut se comprendre que comme la mise en jeu, voire comme la mise en péril d'un ordre de la conviction intime aux prises avec ce qui la contrarie le plus frontalement. Pour dire mieux, dans les termes mêmes de Montaigne : « Ce n'est pas tour de rassis entendement[2], de nous juger simplement par nos actions de dehors : il faut sonder jusqu'au dedans, et voir par quels ressorts se donne le branle » (2.01, 544/338).

---

1. « Voire [même] ni la simple estimation, n'est due à toute action, qui n'ait de la vertu, selon les Stoïciens » (3.10, 1590/1023).
2. D'entendement raisonnable.

Chapitre VI

ÊTRE À SOI

La faculté de juger et la capacité effective d'agir, la précision de l'observation et la finesse des évaluations sont les instruments incertains mais exclusifs de l'action. La théorie montaignienne des pratiques sociales et politiques et de leur (dés)ordre nous instruit de ce que nous sommes peu capables d'en comprendre la logique ou d'en appréhender clairement la causalité. « Non seulement je trouve malaisé, d'attacher nos actions les unes aux autres, affirme Montaigne dans le chapitre "De l'expérience" (3.13, 1676/1076-1077) : mais chacune à part soi, je trouve malaisé, de la désigner proprement, par quelque qualité principale : tant elles sont doubles et bigarrées à divers lustres. » Ce qui est reconnaître à l'action, structurellement, une double causalité, renvoyant pour une part à l'extériorité des « affaires », et donc au réseau largement inappropriable des interconnexions humaines ; et pour une autre part, mais simultanément, à l'intériorité de la vie intime et personnelle de l'agent, au complexe des motivations dont l'action paraît être tout simplement une forme d'exsudation pratique. « Voilà pourquoi, dit ailleurs Montaigne (2.11, 674/427), quand on juge d'une action particulière, il faut considérer plusieurs circonstances, et l'homme tout entier qui l'a produite, avant la baptiser. » Or comment fixer le sens de « l'homme tout entier », d'autant qu'il est perdu dans « plusieurs circonstances » ? La qualification d'une action est éminemment problématique, à la fois parce que manque la certitude d'embrasser le plein contexte de sa justification et parce que la visée d'une entièreté de l'homme agissant est vaine et sans objet, sinon à dresser à grands traits la silhouette d'une existence qui ne cesse de s'inachever ! Rendre compte d'une action implique par conséquent de la rabattre sur une conception strictement *pointilliste* du caractère, qui « semble convenir à peu près à tout le monde » (3.13, 1676/1077) et qui postule qu'un chacun n'est appréhendable qu'à la conjonction de volitions manifestes et d'événements fortuits, d'aspirations personnelles et de sédimentations culturelles opaques et envahissantes – les uns comme les autres simples changements ponctuels dans un vaste univers de changements perpétuels.

Ce qui fait le caractère humain est intellectuellement et pratiquement inextricable. Ainsi l'essai « De l'expérience » (*ibid.*, 1676-1677/1077) : « Nulle assiette moyenne, dit Montaigne d'un homme de sa connaissance comparable "au Roi de Macédoine, Perseus" ; s'emportant toujours de l'un à l'autre extrême, par occasions indivinables[1] : nulle espèce de train, sans traverse, et contrariété merveilleuse[2] : nulle faculté simple : si que[3] le plus vraisemblablement qu'on en pourra feindre un jour, ce sera, qu'il affectait et étudiait de se rendre connu, par être méconnaissable. » La personnalité, c'est une contradiction en propre, un passage incessant, de la diversité, du mouvement et de l'instabilité conscientielles. Il n'y en a donc de connaissance que

---

1. Pour des raisons imprévisibles.
2. Étonnante.
3. De sorte que.

temporaire, partielle, incertaine, réinterprétable. Les autres
– mais soi-même aussi – il faut les observer « pas à pas »,
ou bien « pièce à pièce », explique également Montaigne
(*ibid.*), et avoir par conséquent de leurs actions et
justifications une approche non pas tant approfondie que
perspective et singulière, privilégiant la mise en coïncidence,
sur le plan de l'interprétation, d'événements complexes et
multiples et de la façon dont chacun s'engage ou s'investit
dans la réalité sur laquelle il prétend pouvoir ou devoir
agir.

Sur un plan normatif, l'action requiert ainsi principalement
de la prudence, dont l'exigence et les principes sont toujours
relatifs aux circonstances, même si par ailleurs la perspective
de « l'honnête », qui surinvestit potentiellement le temps
de l'opportun, constitue un mode supplémentaire de
certification de l'action. Ce qui revient à dire, soit en un
sens qu'au-delà de toutes circonstances la force de se
sublimer s'impose à titre d'horizon normatif ; soit en un
autre sens que la clé de voûte d'une qualification axiologique
de l'action ne réside pas dans l'extériorité de sa réalité
effective, mais bien plutôt dans l'intériorité des processus
existentiels et conscientiels dont elle est investie. Or « en
telle sorte de besogne, ajoute précisément Montaigne (3.01,
1236/793), je trouve qu'on peut justement n'être pas
ambitieux à s'ingérer et convier soi-même », l'insaisissable
extériorité des « affaires » nous rabattant sur un autre, mais
peut-être moins indisponible et insaisissable point de
référence : l'intériorité. Peut-être est-ce donc « soi-même »
qui devrait constituer le point de recentrement de l'action
et de sa valeur, constituer ce « quelque chose » susceptible
de faire enfin référence.

Effectivement, « se convier soi-même » est se rendre capable de s'observer et de porter sur soi des jugements de valeur – ce qui a lieu dans les *Essais* sous couvert de la métaphore classique du regard et de sa fonction judiciaire : « Ce n'est pas pour la montre, que notre âme doit jouer son rôle, lit-on dans le chapitre "De la gloire" (2.16, 962/623), c'est chez nous au-dedans, où nuls yeux ne donnent que les nôtres. » Il y a certes quelque chose de convenu dans la corrélation du thème de la moralité et de celui de l'introspection ou de l'examen de conscience, mais il reste que dans le contexte d'une théorie mobiliste du « passage », des fluctuations permanentes des événements et des pensées ou des opinions, la question demeure posée de l'adéquation du regard à son propre objet – voire de la pure et simple désignation de ce lieu « au-dedans », s'il s'agit bien d'un individu réel et singulier, d'un soi-même qui s'examine au biais de son propre regard. Car le principe théorique de l'analyse montaignienne ne fait nullement référence à la faculté qu'aurait l'esprit de saisir isolément et au point de vue de son unité transcendantale le flux des motivations humorales de l'homme réel et agissant, et de rendre ainsi compte de ses actes. Nulle Acropole intérieure, nul « hégémonique » pour exercer son empire sur un être aux pensées polymorphes et à « l'assiette » incertaine. De nos conduites n'étant perceptible que l'effectivité la plus immédiate, nous ne pouvons avoir aucune certitude de la moindre coïncidence entre la perception que nous en avons et l'intelligence qui l'accompagne. Le recours à l'introspection morale pourrait dès lors bien n'être de la part de Montaigne qu'une manière de concession passive à une tradition spiritualiste convoquée au secours d'un pragmatisme inachevable dans une théorie éthique authentique et certificative. Car il ne suffit pas que le « Juste » se voie, il faut pouvoir élucider les circonstances anthropologiques et pratiques d'une vision intérieure des mobiles de l'individu singulier et agissant. Et ce sont bien cette transparence et cette clarté qui entrent en contradiction avec le soubassement mobiliste de la théorie montaignienne de la représentation : si le mobilisme est vrai, on comprend mal qu'il puisse y avoir un point de référence, *a fortiori* subjectif – la « conscience » – auquel rapporter le jugement éthique ; et si au rebours il existe un tel référentiel, on comprend mal la portée que pourraient avoir le mobilisme et la posture sceptique ou pragmatique qu'il recouvre.

La difficulté du questionnement montaignien de l'éthique tient par conséquent à cette tension extrême entre l'argument mobiliste de l'inqualifiabilité des actions et l'exigence de leur recentrement sur ce qu'on pourrait nommer par anachronisme « la conscience de l'agent », avec cette manière de stabilité et de tenue qu'emporte sa fonction judiciaire. « J'entends, écrit Montaigne (3.08, 1455/930), que notre jugement […] ne nous épargne pas, d'une interne et sévère juridiction ». En effet, si la thématique du regard et de la conscience doit avoir quelque consistance spéculative, les modalités en demeureraient-elles incertaines, la question morale ne saurait être posée qu'à la condition d'une internalisation des processus axiologiques auxquels référer l'action, donc par référence à un protocole intime d'évaluation de la conduite. Il faudrait dès lors supposer dans la pensée de Montaigne un moment où sa conception de l'éthique basculerait d'une observation pragmatique du « dehors » de l'action (efficacéisme appliqué aux affaires humaines) à une postulation idéaliste ou du moins spiritualiste du « dedans » des déterminations et des qualifications axiologiques (idéalisme du jugement moral) – ce qui impliquerait une certaine relation de l'un à l'autre, du « dehors » au « dedans ». La question fondamentale de l'éthique est donc celle de la *coïncidence* ou, du moins, de l'*ajustement* qu'il faut pouvoir établir entre ce qui participe de l'extériorité du monde, l'action, et ce qui relève de l'intériorité de la pensée et de ses jugements – un système normatif supposément conscientiel et à la lumière duquel pourraient être révélés et évalués les motifs de l'agent. Or pour éviter, dans le contexte du mobilisme des pratiques sociales ou politiques, le risque d'une déréliction totale de l'action et de sa liberté, il devient impératif de montrer qu'il peut y avoir une jointure entre les actions qui sont accomplies et les jugements de valeur qui s'y appliquent.

« Pour moi, dit Montaigne (3.10, 1575/1013), je sais bien dire : Il fait méchamment cela, et vertueusement ceci. » Pour paraphraser : « je sais faire la différence du bon et du mauvais » ou : « la distinction réelle ou effective du bon et du mauvais ne fais pour moi pas problème ». Ce qui constitue précisément le problème – qu'il soit soudain possible d'affirmer qu'on *sait* distinguer bon et mauvais. Mais ce savoir porte sans doute moins sur « méchamment » et sur « vertueusement » que sur « cela » et sur « ceci ». Pour dire autrement : il n'est pas nécessaire qu'il existe un ordre extérieur des actions qui réfléchisse, même approximativement, un ordre intérieur des motivations et, à cet égard, l'action, dans sa factualité, n'a pas à exprimer une vérité de l'agent ; mais il suffit qu'un « cela » ou qu'un « ceci » ressortissent manifestement à la méchanceté ou à la vertu pour que s'exprime une façon d'agir, c'est-à-dire d'appréhender, en amont, les circonstances et les diverses opportunités qu'elles renferment. « L'empereur Maurice » est lâche et tyrannique, dit en substance Montaigne dans le chapitre « Couardise mère de la cruauté » (2.27, 1081/699) ; mais c'est sous l'effet de circonstances diverses et d'interprétations, de suppositions, de motivations qui s'agglutinent, et non selon la fatalité ni la moindre régularité de caractère. Le « propre » n'ayant nulle communication avec le « masque » ou « l'apparence »[1], « bon » ou « mauvais » se jouent dans le seul maintenant extérieur des événements. Effectivement, « est la sagesse contente de ce qui est présent[2] », déclare Montaigne, commentant et interprétant un précepte platonicien qu'il reprend dans le même temps à son compte : « Fais ton fait[3], et te connais » (1.03, 65/15). Toute la difficulté du rapport de l'extérieur à l'intérieur tient précisément au fait d'une conjonction purement fortuite de l'un avec l'autre, qui est comme la figure inversée de l'exigence de parvenir à les faire *délibérément* coïncider. D'où le souci, récurrent à travers les *Essais*, de poser la question de la morale au point de vue de l'action et non à partir des principes ou de la logique qui pourraient les sous-tendre ; d'où aussi, simultanément, cette préoccupation de Montaigne de ne jamais abandonner le point de vue d'une justice, quand bien même l'état des choses signifierait l'impossibilité d'y atteindre. Or poser la question de la morale au point de vue de l'action et garder en vue l'horizon d'un bien, c'est fondamentalement

---

1. Voir 3.10, notamment à partir de 1572/1011.

2. Donné en français dans l'édition de 1595, mais non dans l'Exemplaire de Bordeaux, ce propos est traduit des *Tusculanes* de Cicéron (V, XVIII, 54).

3. Cette thématique du *faire* aura dans les *Essais* un destin proverbial. On en trouve en effet des répliques dans « De l'institution des enfants », avec l'énoncé de cette exigence montaignienne d'un jeune homme qui « ne dira pas tant sa leçon comme il la fera » (1.25/26, 259/168). Également, si la philosophie a quelque chose à nous apprendre, c'est « non à bien dire, mais à bien faire » (1.39/40, 390/252). Le privilège du *faire* est effectivement un privilège de maître et de « conducteur », lequel on aura toujours soin de choisir « plutôt la tête bien faite que bien pleine » (1.25/26, 230/150 ; *cf.* également 1.24, 208/136). – Voir également les variations en 2.28, 1090/703 ; 2.31, 1110/715 ; 2.35, 1163/748.

montrer que l'agir peut rejoindre comme en un point le lieu de la « conscience », pour devenir ainsi, *fortuitement*, le discours réussi d'un vouloir irrémédiablement incertain.

Au service du monde

Le pragmatisme social et politique de Montaigne semblerait faire du recours à l'intériorité conscientielle un doublement des arrangements de la prudence, comme si le souci de « l'honnête » devait constituer une surcouche éthique ou une surdétermination potentielle mais secondaire des contraintes de « l'utile ». Il faudrait dès lors, ou bien concéder une sorte de dualisme faisant de la prudence et de la conscience les deux béquilles de l'agir ; ou bien entreprendre d'expliquer l'action – publique et ouverte sur le monde – dans l'unité d'un processus articulant étroitement les contraintes systémiques du réel aux exigences d'une aspiration éthique irréductible. En quoi le pragmatisme serait outrepassé et ne constituerait donc qu'un moment de la morale de Montaigne et non pas son horizon théorique ultime. Le monde est exigeant, tout comme nous pouvons être exigeants vis-à-vis du monde comme vis-à-vis de nous-mêmes. En son fond, la morale mobilise tout uniment des pratiques de prudence, le plus souvent tâtonnantes, une certaine exigence intime de vertu, dont l'assiette reste instable, et une puissance de certitude, seule susceptible d'orienter durablement l'existence, toujours aux prises avec le hasardeux et le contingent.

Le point d'équilibre de ce triptyque se situe dans le *principe d'indétermination* qui régit la théorie éthique de Montaigne. On entendra par là (a) que l'unité de cette dernière tient très exactement dans l'impossibilité de caractériser à la fois les propriétés axiologiques d'une position éthique déterminée, et le réseau des circonstances inévitablement extérieures qui la déterminent. En sens inverse, on dira (b) qu'il n'est pas possible dans le même temps de faire pleinement droit aux conditions mondaines de l'action, qui ne permettent donc pas de définir au sens rigoureux du terme la moindre position éthique ; et de prendre appui sur un ensemble de principes axiologiques indiscutables, comme les catégories de « l'honnête » ou du « franc parler », pour expliquer l'action et la comprendre. Enfin, pour en donner une troisième formulation, (c) on postulera qu'il faut faire le choix, ou bien d'observer les circonstances qui, du fait de leur infinie contrariété, déterminent des positions éthiques non identifiables et par voie de conséquence des actions dont la valeur demeure irrémédiablement incertaine et plurivoque ; ou bien d'identifier des positions éthiques stables, mais alors de renoncer à faire cas des circonstances qui, quoique réelles et complexes, demeurent parfaitement indifférentes aux principes éthiques auxquels elles sont adossées. Il n'y a en ce sens pas chez Montaigne une éthique du « dehors » propre aux « affaires » et aux actions dites « publiques », et une éthique du « dedans » compatible avec une vie retirée et réduite à la sphère dite « privée ». La vertu ou l'honnêteté doivent affronter la réalité, « car il semble que le nom de la vertu présuppose de la difficulté et du contraste » (2.11, 666/422)[1]. Mais dans cet affrontement, et quelles que soient les circonstances de la réalité, ou bien la position éthique de l'agent se détermine au détriment d'une compréhension appropriée ou adéquate de ces circontances, ou

---

1. Ou encore : « la vertu refuse la facilité pour compagne » (2.11, 668/423).

bien une fine intelligence des choses et de leur dynamique interdit de fixer la position éthique du sujet agissant.

On trouve dans les *Essais* une formulation tout à fait emblématique de cet *indéterminisme éthique* ou, pour le nommer autrement, de ce *principe d'incertitude* qui régit les évaluations morales chez Montaigne. « Qui se vante, dit l'essai "De la vanité" (3.09, 1547/993), [...] d'employer au service du monde, une vertu naïve et sincère : ou il ne la connaît pas, les opinions se corrompant avec les mœurs [...] ou s'il la connaît, il se vante à tort : et quoi qu'il dise, fait mille choses, de quoi sa conscience l'accuse. » Dans leur inextricable effectivité, les circonstances sont toujours ce qu'elles sont, et toujours hors de notre portée. Si donc on « sait », il faut se taire et agir, sans prétendre à une commune mesure entre l'action et ses mobiles, d'une part, ses conséquences ou sa portée, d'autre part. Agir et parler tout à la fois, « se vanter », c'est, ou bien ne pas savoir et tout au mieux être capable d'une habile évaluation des situations, et un politique chanceux plutôt qu'habile ; ou bien savoir et faire sa loi de l'habileté, alors convertie en un dispositif de conquête personnelle du pouvoir auquel ne peut aucunement prendre part l'ombre même de la vertu. Ce clivage entre la position de la certitude éthique, à laquelle échappe l'exacte mesure des choses ; et la position de l'expérience pratique, à laquelle échappe l'exacte rigueur d'une « conscience » « naïve et sincère », surgit diversement au détour des récits que Montaigne emprunte le plus souvent à la tradition de la littérature morale.

Parmi d'autres, deux thématiques héritées de la philosophie antique permettent de corroborer la thèse de l'« indéterminisme éthique », celle du suicide et celle des modalités de l'engagement social et politique de Montaigne.

α) Abordée de plain-pied au chapitre 3 du Livre II des *Essais*, « Coutume de l'Ile de Cea », la *question du suicide* subit d'abord un balancement qui alterne de la condamnation platonicienne fondée sur l'indisponibilité de la vie, à l'idée stoïcienne de l'εὔλογος ἐξαγωγή[1] ; puis la « sortie raisonnable » dévie elle-même vers cette autre idée que le suicide est rencontre avec les dieux et non abandon de ceux qu'on laisse derrière soi[2]. Or l'exposé de Montaigne ne sert pas simplement à dresser un tableau de la diversité des approches du concept de suicide. Il met plutôt au jour l'alternative de deux façons radicalement antithétiques de penser le suicide, soit à partir d'une position réactive aux contraintes de la « vie », soit à partir d'une position résolument active à leur égard, dont témoigneraient paradoxalement certaines formes d'aspiration intellectuelle à la mort. Seulement précisément, cette alternative des rapports à la « vie » ne peut pas être distinctement appliquée aux entreprises effectives de suicide et aux revendications qui les accompagnent, où ce sont toujours les circonstances et l'attention perspective qu'on est en mesure d'y porter qui plaident en faveur de l'une ou de l'autre position. Ce que résume le rappel, par Montaigne, de l'objection de Sénèque, répondant à qui lui faisait valoir l'argument que « toutes choses […] sont espérables à un homme pendant qu'il vit » : « pourquoi aurais-je plutôt en tête cela, écrit-il (*ibid.*, 567-568/355), que la fortune peut toutes choses pour celui qui est vivant, que ceci, que fortune ne peut rien sur celui qui sait mourir ? » Il paraît de fait impossible de trancher au vif la question de la position éthique que

---

1. Platon est repris en 2.03, 565/353, et les Stoïciens à partir de 2.03, 566/354.

2. Libre paraphrase de la fin du texte, p. 578/361.

recouvrent les formes variées du suicide : « y ayant tant
de soudains changements aux choses humaines, il est
malaisé à juger, avoue Montaigne (*ibid.*, 567/354), à quel
point nous sommes justement au bout de notre espérance »[1].

L'argument est à double détente. En premier lieu, il
suppose que le désespoir n'est pas un *état*, à proprement
parler, mais plutôt un *moment* dont on ne perçoit nullement
les raisons de l'équilibre terminal qu'il dénote. Ce n'est
donc pas parce qu'on est désespéré que, par voie de
conséquence, on porte atteinte à sa vie ; mais un moment
appréhendé en conscience comme définitivement désespéré
se traduit, dans les faits, par un suicide. De la causalité et
de ses raisons, on est passé au fait et à sa stupéfiante
irréductibilité. Mais dès lors – et c'est le second point de
l'argument – à supposer que nous fassions le choix d'en
comprendre les raisons dans l'extériorité de la chose qui
survient, aucun indice fiable n'est disponible qui permette
de prendre ne serait-ce que la mesure probable de sa valeur
éthique : les moyens nous manquent d'une véritable
qualification de l'événement et, par voie de conséquence,
le choix du suicide ne peut être dit, au point de vue de
l'observateur, ni « bon », ni « mauvais », il peut seulement
être consigné comme un fait rapporté à un ensemble plus
ou moins distinct de conditions événementielles et morales
imprécises. Le suicide est hors-norme et hors-discours et
l'on ne peut avoir la prétention d'en produire une théorie
éthique qu'*in abstracto*, comme un exercice de rhétorique
à la façon de Platon ou des Stoïciens, tout en faisant son
deuil de l'analyse et de la compréhension de l'événement
humain concret dont il s'agit. Le recours au suicide est
une entreprise hyper-concrète, indifféremment justifiable

1. Dans le même ordre d'idées, voir 1.32/33, 338 *sq.*/218 *sq.*

et injustifiable, qui constitue en elle-même un problème
moral parfaitement insoluble ou, du moins, dont les solutions
« livresques » sont sans relation aux actions supposées en
être éclairées : la définition de positions éthiques pertinentes
ne nous instruit pas des raisons qu'un agent a pu avoir de
se donner la mort, et la tentative de rendre compte de telles
raisons ne révèle qu'une image artificielle des positions
éthiques qu'elles dénotent. Nous sommes impuissants à
juger d'un tel passage à l'acte et pouvons tout au plus
l'assumer dans son événementialité et sa totale étrangeté
– en nous dérobant à en sonder et en interpréter la gravité.

β) Le second thème susceptible d'éclairer
l'« indéterminisme éthique » de Montaigne concerne la
fermeté à laquelle lui-même s'efforce de s'en tenir dans
son rapport à la sphère sociale et politique. « Je porte en
moi mes préservatifs, qui sont, résolution et souffrance[1] »,
écrit-il dans l'essai « De la physionomie » (3.12, 1627/1048).
Autrement dit, le retour sur soi – « me tenir à moi, et [me]
séparer des choses étrangères » (*ibid.*, 1623/1045) –
l'introspection et la garantie qu'elle paraît offrir d'une
transparence à lui-même du regard éthique, constituent le
point de recentrement des pratiques mondaines ou leur
aire de stabilisation. Or dans le même temps, c'est-à-dire
au moment où le jugement exprime dans sa vérité au moins
supposée le motif de l'action, toute considération des
circonstances se dissipe et le rapport à autrui devient par
là même indéterminable, non parce qu'il n'importe plus
– par une sorte d'héroïsme de l'indifférence – mais parce
qu'il devient inintelligible, tout comme la position éthique
que l'on occupe soi-même et que l'on est capable de définir
au moins pour son propre compte devient inintelligible à

1. Endurance.

autrui. Pour paraphraser Montaigne : se tenir à soi, c'est
se séparer de tout ce qui est étranger à soi. C'est en d'autres
termes l'extériorité de l'action qui se trouble, sous le
double point de vue de l'agent et du spectateur. « C'est
mettre ma conscience en compromis, de plaider pour elle »,
déclare encore Montaigne (*ibid.*, 1622/1044), postulant
par là que la définition intime d'une position éthique ne
se justifie devant nul autre que soi-même. « Mais ceux
qui le prennent pour une trop hautaine confiance, ne m'en
veulent guère moins de mal, que ceux, qui le prennent
pour faiblesse d'une cause indéfensible [1]. » Dans un registre
plus trivial : les uns comme les autres n'y comprennent
strictement rien ! En quoi il ne faut pas confondre aristo-
cratisme et prise de risque : Montaigne ne prétend pas
incarner une retraite aristocratique et isolée, il s'efforce
d'adopter une certaine *tenue* éthique qui, dans le renoncement
à comprendre les conséquences ultimes de l'action
– vengeance de l'ennemi, moquerie de l'ami – ne considère
pas l'occasion de conduites publiques et opportunistes,
mais celle, unique, de s'arrimer à soi-même tout en s'en
remettant au cours aléatoire des événements – voire à la
fortune [2] ou à Dieu [3] – afin d'y agir le plus efficacement
possible. Le choix de « l'examen de conscience » n'est
en somme pas celui d'une découverte psychologique
adéquate de soi-même, révélatrice de principes pratiques
enfermés dans un moi profond et intimement appropriés ;
c'est plutôt celui d'un dispositif herméneutique à l'intérieur
duquel les opérations du jugement s'insensibilisent aux
mouvements intempestifs de la représentation sociale et

1. Indéfendable.
2. « Je suis son serviteur, je lui tends les mains. » (3.12, 1626/1047).
3. « Seulement prier Dieu qu'il y porte sa main extraordinaire. »
(3.12, 1620/1043).

donnent ce qu'elles peuvent donner dans des circonstances sur lesquelles on n'a jamais de prise véritable ou assurée.

À LA PREUVE DES DIFFICULTÉS

« Indéterminisme éthique » ne signifie nullement que les critères de l'action restent pour Montaigne indéterminés ; cela signifie que l'action ne peut être comprise à la fois au point de vue d'une vérité des motivations de l'agent et au point de vue de la causalité événementielle qu'elle engage. Ou encore que les événements dans le « dehors » des choses ne sont pas la conséquence assurée et normée de la méditation éthique du « dedans » de la conscience. Le choix d'examiner les circonstances des événements humains reste pertinent, même si la connaissance dont on en dispose ne porte que faiblement sur leurs caractéristiques éthiques et qu'elle privilégie leur événementialité objective. Réciproquement, du reste, si une manière d'introspection peut éclairer les principes intimes de l'agir et, non seulement les donner à connaître, mais aussi déterminer les vecteurs d'orientation de l'action, c'est au prix d'une parfaite incapacité à mesurer leur efficace et, notamment, à anticiper la pluralité des (sur)interprétations auxquelles ils sont susceptibles de donner lieu. Parler d'une *morale indéterministe* ne se résume pas à concéder une parfaite incapacité herméneutique, soit à révéler l'authenticité de positions assumées comme éthiques, soit à comprendre la causalité intentionnelle de pratiques publiques ou privées : ce n'est pas une morale de l'ignorance ou une morale de l'impuissance, voire de la paresse. L'indéterminisme marque au contraire une position pratiquement efficace : si les coordonnées existentielles de l'agent ne permettent pas d'anticiper à tout coup le succès de son agir, le tracé de l'action n'en fait pas moins sens pour un sujet capable d'appréhender avec sérieux et ténacité le contexte et les contraintes de la situation singulière dans laquelle il se trouve engagé. C'est pourquoi Montaigne écrit « que le sage doit au-dedans retirer son âme de la presse, et la tenir en liberté et puissance de juger librement des choses » (1.22/23, 181/118)[1], montrant de la sorte que si l'efficacité de l'action reste adossée à une évaluation libre mais intime des événements et de leurs logiques multiples, cette évaluation elle-même n'acquiert pleinement son sens qu'avec l'engagement, la prise de risque et, ultimement, les conduites effectives de l'agent.

Il n'existe en somme pas un registre du jugement et de la parole séparé de celui de l'engagement et de l'action, l'enjeu étant bien de faire coïncider le fait et l'ambiance représentationnelle dans laquelle il est appréhendé. Or cela suppose que « le discours et l'instruction […] soient assez puissants pour nous acheminer jusques à l'action » (2.06, 590/370). « Voilà pourquoi parmi les philosophes, continue Montaigne (*ibid.*), ceux qui ont voulu atteindre à quelque plus haute excellence […] sont allés au-devant [de la fortune] et se sont jetés à escient à la preuve[2] des difficultés ». Être, c'est agir, et agir, c'est affronter la réalité et assumer la résistance de ce qui précisément résiste aux idées ou aux principes. Dans ce contexte, le modèle indéterministe n'offre ni l'allure d'un déni de réalité, d'une fuite de ses exigences pratiques – ne sachant que faire, il conviendrait de s'abstenir de faire ; ni la matrice théorique d'un opportunisme suractif – quoi qu'il en coûte, faire pour

1. Comparer avec 1.38/39, 368/238.
2. À l'épreuve.

faire : gestuelle pathétique des âmes fortes… Il s'agit plutôt d'expliquer au plus près de son effectivité le mode singulier d'inscription de l'agent dans le champ effectif de l'agir et, consécutivement, les tensions qui forment le faisceau des positions éthiques temporairement occupées par les hommes. Tel est le modèle qui correspond empiriquement à la façon dont Montaigne comprend pour son propre compte la maxime directrice de son rapport personnel aux « affaires » : « me donner à autrui sans m'ôter à moi » (3.10, 1566/1007). Il n'existe pas d'alternative entre le repli dans l'intimité d'une conscience et l'assomption incertaine des désordres du monde : rien ne se joue dans l'opposition de l'intériorité et de l'extériorité, de la méditation privée et de l'affairement mondain. La voie très singulière de Montaigne se trace dans la singularité d'un processus requérant de *tout* donner de soi – servir ou remplir son office, donc se livrer *tout entier* aux « affaires » – sans *rien* perdre de soi – demeurer libre de ses jugements, de ses principes et de ses actes. Non pas l'un *ou* l'autre, donc, mais l'un *et* l'autre : le courage de la méditation libre conjugué au courage de l'action conséquente. Ce qui n'a rien de précisément héroïque, car l'action n'est pas pensée sur le modèle d'une confrontation de l'ordre des pensées et de l'ordre des choses. Mais ce qui est bien une manière d'indéterminisme éthique, car on pense et on agit au moment-même où l'on ne peut être sûr, ni de l'enchaînement de ses pensées, ni de l'enchaînement des faits, ni *a fortiori* de la projection efficace ou non de maximes dans l'action. Il ne s'agit donc pas d'une *opposition* du moi et du non-moi, la conscience morale restant, dans son intimité, étrangère aux nécessités aveugles des « affaires » ; mais d'une *tension* qui se maintient et qui est assumée comme telle entre un soi installé dans la réalité effective, d'une part, et l'altérité en général, qui est contrariété et difficulté, mais qui porte la marque de la puissance efficace de nos pensées sur nos actions, d'autre part.

Valider l'hypothèse de l'indéterminisme éthique, c'est montrer comment elle permet de *réaliser* l'idée d'un destin personnel, en première instance celui de Montaigne lui-même. Il ne s'agit en effet pas d'un simple tour théorique, d'une modélisation arbitraire, à la fois abstraite et *a posteriori*. C'est dans la réalité de la vie active et des pratiques, dans la réalité de l'individualité vécue que s'enracine le principe d'incertitude qui traverse une éthique assumant frontalement « la preuve des difficultés ». Mais quelle « réalité » ? Et qu'entendre par « individualité vécue » ? Dans l'économie générale des *Essais*, les piliers sur lesquels repose l'édifice indéterministe et qui le soutiennent comme sa réalité première et concrète, ce sont le pilier de la *solitude*, porteur de tout ce qui concerne la conduite en première personne de la « vie » ; le pilier de la *mort*, dont l'horizon irradie, comme incertitude d'une certitude, les possibilités de la « vie » qui se déploie ; et le pilier de la *vertu*, enfin, qui marque l'assomption réussie de la tension entre la réalité du soi et celle de la réalité en général.

α) Une position éthique – quelles que soient à première vue les croyances qu'elle exprime – n'est au sens strict une position qu'à la condition du recentrement d'un certain « soi » sur lui-même, c'est-à-dire à la condition d'une espèce d'introspection en conséquence de laquelle il devient possible d'identifier et de comprendre les principes normatifs sur lesquels elle se fonde. En quoi « introspection » est sans doute un terme commode, mais non pas tout à fait adéquat ni exact. Ce qui importe au premier chef réside en effet dans le processus d'internalisation des catégories éthiques réputées les plus signifiantes, qu'elles soient issues de la coutume ou reçues des livres et des conversations ordinaires ; et que le jugement moral parvienne dans le même temps à s'affranchir du halo des représentations dont la même coutume et une certaine expérience sont les matrices privilégiées. « Quel que soit donc le fruit que nous pouvons avoir de l'expérience, remarque à cet égard Montaigne (3.13, 1669/1072), à peine servira beaucoup à notre institution, celle que nous tirons des exemples étrangers, si nous faisons si mal notre profit, de celle, que nous avons de nous-même, qui nous est plus familière : et certes suffisante à nous instruire de ce qu'il nous faut. » Où il n'est évidemment pas tout à fait question d'introspection, car il ne s'agit pas là d'un retour contemplatif sur l'intimité d'une espèce de « sujet ». Il s'agit plutôt d'une expérience de discursivité conduite en première personne, c'est-à-dire d'une parole de soi à soi par laquelle une expérience – la « vie » proprement dite – dévoile progressivement des principes normatifs dont elle est la matrice. Manière d'« institution » d'un « soi » par lui-même, l'expérience propre, qui est à elle-même son propre objet, est le processus d'une discursivité éthique dont la condition essentielle est la *mise en solitude* de l'individu singulier. Issu et progressivement isolé ou affranchi de la vie sociale et de ses contraintes, celui-ci ne revient sur lui-même que par un constant ressassement de ses opinions, savoirs, convictions, dont l'isolement n'est pas un moyen d'effacement, mais plutôt d'appropriation et d'incorporation. Car la solitude n'est pas un état, c'est un processus de singularisation propre à dévoiler les fondements éthiques d'une existence s'ordonnant progressivement à elle-même, c'est-à-dire à ses croyances, et au monde, c'est-à-dire aux « affaires » et à la « fortune ».

De fait, l'essai « De la solitude », sous couvert de son érudite élégance, n'est pas un traité d'esthétique existentielle qui décrirait les conditions d'agrément d'une vie libérée de ses contraintes mondaines et recentrée autour de l'individu privé, intime, singulier – en l'occurrence : « l'homme Montaigne ». Incontestablement nourri de stoïcisme et notamment de Sénèque, faisant aussi droit à la dogmatique chrétienne ou à l'antiquité platonicienne, l'essai ne trouve réellement son sens qu'avec la construction d'une certaine « individualité » conçue, non à partir d'un fonds substantiel et métaphysique, mais comme un certain espace opératoire et discursif, la solitude étant non « être » mais « faire », non jouissance mais parole. Manière d'*épochè* existentielle, il importe par conséquent de la distinguer aussi bien de l'empirie de la « retraite », dont les arrangements ressortissent à une négociation de la marginalité ; que d'une entreprise proprement « métaphysique », dont l'horizon serait la néantisation, au moins cognitive, de l'ensemble du réel. Distincte d'une expérience prosaïque de la solitude, l'exigence qu'en formule Montaigne emporte non un aménagement du cadre de la vie individuelle, qui n'en est que la figure anecdotique et littéraire, mais une analyse des conditions formelles de l'autonomie du jugement et de ses visées de vérité. Toutefois, de manière symétrique, la solitude montaignienne se distingue de l'isolat métaphysique que constitue la théorie classique de la « substance pensante » par le fait qu'elle ne se fonde pas sur une analyse formelle des conditions de validité de la représentation en tant que telle, mais qu'elle décrit les processus cognitifs qui accompagnent des formations herméneutiques individuelles, les opinions d'un particulier, ses croyances, idéaux, et d'une manière générale l'ensemble de ses « pensements », irrévocablement inscrits dans le réseau des pensées étrangères qui se projettent sur son horizon existentiel, dont participent les siennes propres, et dont son existence elle-même n'est à certains égards, fondamentalement, qu'un effet de sens.

La solitude accuse ainsi un phénomène de bascule, par quoi l'on passe non d'un mode de vie à un autre, de l'espace public à l'espace domestique et privé, mais d'un certain système de la représentation de soi à un autre. Jetant le « masque » des « vacations » au bénéfice d'une relation authentiquement spéculaire à soi, on passe alors d'un mode à un autre de la relation à ses propres pensées et à ses propres évaluations, puisqu'on passe d'une « vision du monde » dont le centre est partout, parmi les hommes et au cœur des événements ; à une « vision du monde » dont le centre est inassignable, sinon à l'identifier au travail même de la pensée, par quoi un Montaigne, de l'intimité de sa « librairie », reprend et remodèle incessamment et en personne le corpus indéfini de ses propres savoirs. Il s'agit donc, avec la solitude, d'une façon radicalement autre de considérer son aliénation aux autres et à leurs idées, et plus précisément d'une façon, non de la recevoir, mais précisément de la considérer et par conséquent, non de la subir, mais de s'en affranchir. En ce sens la solitude ne s'oppose pas à ce que Montaigne appelle « la presse », qui désigne l'encombrement des « affaires », mais à une fausse « assurance et promesse[1], que chacun a de soi » (2.17, 978/634). Et de continuer (*ibid.*) : « il n'est quasi rien que je sache savoir, ni que j'ose me répondre pouvoir faire. Je n'ai point mes moyens en proposition et par état[2] ». S'il faut dire prosaïquement, en une très légère exagération, Montaigne affirme ne jamais vraiment savoir ce qu'il

1. Confiance.
2. Disponibles et effectifs.

pense, ce qu'il fait, ni *a fortiori* ce qu'il peut. Or c'est précisément l'enjeu de « la vraie solitude » (1.38/39, 371/240) : « savoir être à soi » (*ibid.*, 375/242), c'est-à-dire être tout entier dans des évaluations elles-mêmes entières, et non point simplement jouir d'une tranquillité à la frontière du monde et des « affaires »[1]. Ce qui n'est pas joué d'avance.

Effectivement : « Il se faut séquestrer et ravoir de soi[2] » (*ibid.*, 370/239), et « se [...] réserver une arrière-boutique, toute nôtre, toute franche[3], en laquelle nous établissions notre vraie liberté et principale retraite et solitude » (*ibid.*, 372-373/241). Métaphore non d'un espace vital et des modalités de la vie solitaire, mais d'un espace discursif et de travail pour l'intelligence qu'il mobilise. C'est en quoi la solitude ressortit plus à un processus qu'à un état. Ce dont il est question, c'est du rapport qu'on est susceptible d'établir, non pas abstraitement, de soi-même à soi-même, mais concrètement, de ses propres notions et imaginations à leurs sources, à leur propre réalité, aux systèmes de significations dont elles ne sont elles-mêmes que des effets de singularisation. Dire que « nous avons une âme contournable en soi-même » (*ibid.*, 373/241), ce n'est pas se contenter d'affirmer que « l'homme pense », puisqu'à cela suffit l'expérience la plus immédiate et la plus triviale de l'altérité ; ni plus que nous sommes capables de « conscience de soi », ce qui n'exige pas même l'effort d'une formulation. La « contournabilité » consiste bien plutôt dans la relation d'un « soi de l'âme » à un « soi de l'âme », mais cela ne peut avoir de sens et de pertinence

1. Comparer les analyses du chapitre « De la solitude » à une courte digression du début à peu près du chapitre « Du démentir » (2.18, notamment à partir de 1027/665).

2. S'isoler et se ressaisir. – Comparer avec 3.09, 1538/987.

3. Libre.

que comme une relation discursive de l'esprit à ses propres contenus cognitifs et axiologiques. Ce que le texte de Montaigne donne métaphoriquement à entendre : l'âme « se peut faire compagnie, elle a de quoi assaillir et de quoi défendre, de quoi recevoir, et de quoi donner » (*ibid.*)[1]. Il n'est dès lors pas absurde de parler de la formule montaignienne de la solitude comme d'une certaine conception de « l'examen de conscience », à la condition expresse, toutefois, de le comprendre comme une remise en jeu radicale des savoirs et de l'expérience, sachant précisément que savoirs et expérience, c'est-à-dire, fondamentalement, opinions et valeurs de vie constituent les ressources à partir desquelles l'esprit élabore au fil des nécessités ses propres constructions cognitives et éthiques. « Examen de conscience », cela veut dire, en langage montaignien, qu'en faisant table rase des « charges » et des « conditions populaires[2] » (*ibid.*, 370/239), nous nous donnons les moyens de mettre au jour, résiduellement, les diverses strates sémantiques sur lesquelles croissent nos propres conceptions intellectuelles et morales.

La « mise en solitude » de l'individu singulier est bien un moment capital de l'édifice qui tend à un recentrement éthique de ses activités privées et publiques. On y rencontre cependant une difficulté, au détour notamment d'une revendication apparemment tout inverse de Montaigne – « Je suis affamé de me faire connaître », écrit-il dans l'essai « Sur des vers de Virgile » (3.05, 1323/847) – que rehausse ce postulat que « qui ne vit aucunement à autrui, ne vit guère à soi » (3.10, 1565/1007). La difficulté pourrait

---

1. On observe que les mots de Montaigne constituent comme une paraphrase d'un passage du *Protagoras* de Platon (336 b-c) portant sur les règles procédurales du dialogue.
2. Usages communs.

paraître considérable à qui aurait simplement l'idée que les *Essais* décrivent anecdotiquement des situations elles-mêmes anecdotiques, et que l'évocation littéraire de la solitude a pour contrepoids, en d'autres circonstances, un souci de la socialité aussi « honnête » que convenu. En vérité la contradiction entre ces énoncés de Montaigne est apparente seulement et passablement superficielle, et pour au moins deux raisons. La *première*, c'est que « vivre à autrui » n'est pas trivialement vivre dans la compagnie des autres, mais pour paraphraser Montaigne, « se conduire », et par voie de conséquence accomplir un devoir qui intègre immanquablement l'existence des autres – s'en préoccuper donc, comme d'existences indisponibles et incontournables à la fois. De fait : « La principale charge que nous ayons, c'est à chacun sa conduite » (*ibid.*) – énoncé qui ne sert qu'à commenter le postulat que toute vie est pratique, et qui parachève l'idée selon laquelle la certification du jugement éthique sert non à connaître le bien mais à le faire. La *seconde*, c'est que « se faire connaître » n'est pas se mettre en mal des autres et des « empêchements » qu'ils suscitent, mais tout simplement s'exposer, que ce soit aux incertitudes de la vie sociale et politique ou au public lecteur des *Essais*. Car « pour dire mieux, ajoute Montaigne (3.05, 1323/847), je n'ai faim de rien : mais fuis mortellement, d'être pris en échange [1], par ceux à qui il arrive de connaître mon nom ». Le rapport à autrui ne renvoie pas ici à l'activité sociale, il concerne la véracité du discours sur soi : la réciproque de l'exigence de sincérité, c'est celle de reconnaissance – s'identifier pour être identifié.

La « mise en solitude » consiste donc globalement en un processus de certification discursive des conduites et de leurs soubassements principiels, et elle implique en cela

1. D'être pris pour un autre.

une référence constante aux discours et aux savoirs des autres. Il est tout à fait essentiel de ne pas confondre le processus de la solitude avec l'illusion d'une formation autonome, indépendante et retirée d'un moi moral appelé à exercer son hégémonie sur le vouloir et sur l'action. La solitude est appropriation, elle permet d'assimiler des pensées étrangères aussi bien que de réfléchir les circonstances en raison desquelles on est ce qu'on est et sans lesquelles on ne serait que le fantôme d'une existence dénuée de toute épaisseur. Or paradoxalement, la confirmation de cet entrelacs qu'elle forme de l'identité et de l'altérité est apportée dans les *Essais* par la théorie montaignienne de l'amitié, qui ne délimite pas les frontières de la solitude et de la socialité, mais contribue au contraire à amplifier les finalités éthiques de la première en corroborant le processus de recentrement qu'elle recouvre. Contrairement en effet à ce qu'on serait tenté de penser en interprétant la rencontre de l'Autre par excellence – La Boétie – comme rencontre d'altérité, c'est l'identité visée dans l'amitié qui prévaut et avec elle, non pas seulement une communauté de vues ou de vie, mais fondamentalement une identité intellectuelle et morale irréductible[1]. Ce qui ne veut pas dire que des amis sont « à part » et « seuls » ou comme insularisés par et dans leur amitié ; mais oui qu'ils sont *un* pour n'être que la pensée l'un de l'autre, « car cette parfaite amitié […] est indivisible » (1.27/28, 296/191)[2]. « En l'amitié de quoi je parle, dit le texte bien connu de Montaigne, [nos âmes] se mêlent et confondent l'une en l'autre, d'un

---

1. On comparera l'ensemble de ce propos à l'analyse aristotélicienne de l'« amitié vertueuse » dans l'*Éthique à Nicomaque*, VIII, notamment à partir de 1156-b.
2. Dans le même texte Montaigne dit de La Boétie qu'il est « celui, qui n'est pas autre, c'est moi » (*ibid.*).

mélange si universel[1], qu'elles effacent, et ne retrouvent plus la couture qui les a jointes » (*ibid.*, 291/188) – « ne nous réservant rien qui nous fût propre, ni qui fût ou sien ou mien » (*ibid.*, 292/189). L'amitié ne remet pas en cause le principe opérationnel de la solitude, elle ne fait bien au contraire qu'accroître de manière communicationnelle l'amplitude du dispositif d'authentification morale que représente par elle-même une vie solitaire. « Une parfaite et entière communication d'un ami » (2.08, 627/396)[2] n'est pas un échange et elle ne tend pas plus à réduire une distance qu'imposerait d'elle-même l'existence. La communication amicale est purement et simplement l'analogon externalisé de ce « discourir et [...] rire, comme sans femme, sans enfants, et sans biens » (1.38/39, 373/241) qui fait le fonds de l'activité solitaire proprement dite. Analogie que Montaigne confirme dans le chapitre « De la solitude », où il reprend Épicure en Sénèque et commente : « vous et un compagnon êtes assez suffisant théâtre l'un à l'autre, ou vous à vous-même » (1.38/39, 383/247).

β) L'intime corrélation entre le thème de la solitude et celui de la mort exprime la rencontre d'une évidence anthropologique, d'une part : que nous mourons toujours en première personne et dans un univers saturé de symboles et de significations publiques et privées ; et d'une vérité métaphysique, d'autre part : que la solitude absolue de cet événement marque l'intimité du processus de singularisation qu'est la « vie » en tant qu'elle aboutit au terme qui lui est le plus absolument propre. Or le traitement montaignien de *la question de la mort* n'est pas univoque. Dans le chapitre « De juger de la mort d'autrui », Montaigne

1. Absolu.
2. Comparer à 1.27/28, 285/184.

remarque cet étrange paradoxe qu'en hâtant l'exécution de leur peine, les suppliciés s'efforcent d'éviter quelque chose de la mort, témoignant par là de ce que « l'être morts ne les fâche pas, mais oui bien le mourir » (2.13, 938/608) – comme s'ils pouvaient en venir au fait en faisant l'économie des étapes qui doivent y conduire. Il y a donc manifestement quelque chose, dans la mort, qui n'est pas la mort, qui n'est pas le « branle » dans lequel s'entremêlent des conditions opposées de l'étant, mais qui en est la représentation et, mieux encore, l'assomption. Cet autre de la mort n'est pas la vie mais « le mourir », point nodal de l'appropriation intellectuelle du destin de singularisation qu'emporte l'existence humaine, et dont la formule éthique tient tout entière en cette seule maxime de Montaigne : « Je ne m'étrange pas tant de l'être mort, comme j'entre en confidence avec le mourir » (3.09, 1515-1516/971). Or comment entre-t-on « en confidence avec le mourir » ? Non par le spectacle toujours étranger de la chose, mais bien par la méditation et par son incorporation, littéralement par une façon de se représenter « mourir » comme son *propre* individuel et singulier. C'est à croire que Montaigne se fait épicurien : il faudrait se rendre la chose familière, intellectuellement, pour neutraliser les effets fantasmatiques du spectacle, toujours en autrui, de *la* mort ; et pour atténuer l'angoisse d'avoir à en subir la « charge », laquelle est du reste « prompte et insensible », et donc comme un rien (*ibid.*, 1516/971).

Seulement la coloration épicurienne du propos de Montaigne ne garantit pas que la nature et la signification en soient profondément épicuriennes, à moins qu'on ne conçoive une manière de déplacement ou de subversion de l'argument antique. « Entrer en confidence » et assumer en première personne « le mourir », le méditer, non comme là-devant, mais comme ce qui nous *touche* dans l'absolue solitude de son assomption, c'est moins une façon d'envisager la représentation de la mort, que de réaliser, dans le temps bien réel du maintenant de la méditation et de son épreuve, l'inscription du « mourir » dans le « vivre ». Deux points de vue sur la question de la mort se distinguent, dont l'un ressortit à la description désormais connue de l'être-*vers*-la-mort[1] et l'autre à l'examen d'un être-*pour*-la-mort considéré comme *horizon de sens* de l'existence individuelle, sous la forme d'une balise principielle ayant vocation à indiquer le positionnement éthique d'un individu singulier.

L'idée de l'être-*pour*-la-mort fait assurément problème chez Montaigne, précisément parce qu'il paraît tout aussi bien la postuler que l'infirmer. Dans l'essai « Que Philosopher, c'est apprendre à mourir », on lit en effet que « le but de notre carrière c'est la mort, c'est l'objet nécessaire de notre visée » (1.19/20, 128/84). Affirmation de l'inévitabilité de la mort, mais également de l'exigence d'une appropriation pour ainsi dire téléologique de son événementialité. La mort apparaît comme « considérable », si l'on veut entendre par là qu'elle est événement par excellence, mais aussi digne d'une entière et franche considération. Or dans le même temps, le chapitre « De la physionomie » (3.12, 1633/1051-1052) donne au contraire : « Mais il m'est avis, que c'est bien le bout, non pourtant le but de la vie. C'est sa fin, son extrémité, non pourtant son objet. »[2]

---

1. Cf. *supra*, chap. 2, « Notre condition fautive », p. 104 *sq.*

2. Ici, assurément, la temporalité de l'écriture des *Essais* doit importer bien moins que leur unité de sens. La solution doxographique de considérer la contradiction en Montaigne peut sans doute aider à clore le problème de l'interprétation de l'être-*pour*-la-mort, mais elle dissipe par cela-même l'horizon de sens qu'il permet d'ouvrir. Elle reviendrait en effet à estimer

Il paraît ainsi y avoir alternance entre l'idée d'une pesanteur herméneutique du phénomène de la mort, comme non seulement ce à quoi nous sommes destinés, mais également ce vers quoi nous devrions faire converger toute notre tenue existentielle ; et l'idée d'une simple contrainte ontique de la mort, que nous devrions sublimer dans une fin autre, la « vie » en tant qu'« elle doit être elle-même à soi, sa visée, son dessein » (*ibid.*). Pour formuler succinctement la difficulté, il reste à déterminer si la vie constitue pour Montaigne le parcours indéterminé et inachevé d'une visée éthique de la mort, ou bien si la mort n'est pas plutôt, comme terme fantasmé, le ressort d'une sublimation éthique de la vie.

Il est vrai que ce n'est pas *la* mort en tant que telle qui est au centre de la difficulté, mais le halo des représentations que nous nous en faisons – « nous estimons grande chose notre mort » (2.13, 934/606) – qui toutes gravitent autour de la passion de la peur. Laquelle est d'ailleurs en elle-même équivoque, parce qu'elle porte indifféremment sur la mort proprement dite ou sur la douleur supposée l'accompagner[1]. Or les représentations de la mort sont convertibles. Dans l'essai « De la cruauté », Montaigne

que Montaigne se sera ravisé dans l'estimation du problème de la mort, et que la seconde formule aura invalidé la première. Cependant, quoiqu'on puisse effectivement admettre qu'il n'en aurait pas été là à une contradiction près, il resterait bien sûr la question de savoir pourquoi Montaigne n'aurait pas commenté et réarticulé le texte du Livre I, comme il a pu infléchir celui de tant d'autres passages. Pour dire autrement, l'hypothèse doxographique reste insatisfaisante, tant au point de vue du contenu de sens des énoncés de Montaigne, qu'au point de vue de l'économie générale des *Essais*.

1. Voir par exemple 2.37, 1221/781, au détour d'un exposé sur le recours à la médecine. La crainte de la douleur est d'ailleurs une « générale loi de nature » (1.40/14, 402/55).

fait le récit d'un « soldat prisonnier » condamné à mort, qui entreprend de se tuer pour échapper à une exécution qu'il craint atroce – « appel[ant] la mort, pour la crainte d'une mort plus âpre et insupportable » (2.11, 681/431). La peur de la mort n'est pas relation projective à son objet, mais anticipation imaginaire de son événementialité, car d'une manière générale, « plusieurs choses nous semblent plus grandes par imagination, que par effet » (2.06, 593/372). Et c'est pourquoi la mort n'est pas seulement phénomène naturel, mais bien événement appropriable, dont la représentation est à son tour susceptible d'un travail et d'une véritable transmutation axiologique.

En atteste le fait que Montaigne reprend à son compte un lieu commun de la philosophie morale, le thème de la « préparation à la mort » (3.12, 1632/1051), non cependant dans l'idée traditionnelle qu'il importe de se préoccuper de mourir, mais bien dans celle d'expliciter extensivement la préoccupation dans laquelle nous pensons la mort – comme s'il s'agissait, au fond, de se préoccuper de la préoccupation même de la mort ! « Aussi ai-je pris en coutume, écrit-il dans "Que Philosopher, c'est apprendre à mourir" (1.19/20, 136/90), d'avoir non seulement en l'imagination, mais continuellement la mort en bouche. » « Continuellement » : se préparer à la mort, c'est s'y « apprivoiser » et « s'en avoisiner » (2.06, 601/377), comme ce Canius Julius, « condamné à la mort par ce maraud de Caligula », qui fut « philosophe non seulement jusqu'à la mort, mais en la mort même » (*ibid.*, 592/371) parce qu'il anticipait de s'en donner une manière d'expérience en amplifiant par avance son point de passage, « continuant libre le train de la vie, jusques dedans elle » (2.21, 1051/679). Il y aurait donc plus, dans une certaine épreuve de la mort, que l'expérience inassimilable d'un *terminus ad quem*.

Quelque chose s'en éprouverait à travers l'expansion sémantique de la représentation, de nos imaginations et de nos conceptions, et dans ce creuset mental se feraient jour les repères axiologiques d'un positionnement éthique estimable. Le travail sur la représentation de la mort paraît ainsi constituer pour Montaigne le processus existentiel d'une réévaluation permanente des maximes de l'existence et de leurs principes, « cette constante préméditation de toute la vie[1], [étant] ce qui fait le miracle » (2.29, 1097/708) – miracle d'une infinie ténacité à attendre la mort tout en réfléchissant cette attente.

Or l'argument de Montaigne provoque ici un faux effet de familiarité[2]. Avant toute chose, parce que la « préméditation » de la mort n'est pas précisément la même chose que la pensée que nous pouvons en avoir, la même chose que la préoccupation ordinaire par quoi nous nous en affligeons. « Nous troublons la vie par le soin de la mort, note Montaigne (3.12, 1632/1051), et la mort par le soin de la vie. » Nous n'appliquons par conséquent pas adéquatement notre pensée à l'idée de notre mort, parce que les pensées que nous en avons ne constituent jamais que des stratégies d'évitement, des constructions destinées à en voiler le sens, non à nous y familiariser. « Il est certain, ajoute Montaigne (*ibid.*), qu'à la plupart la préparation à la mort, a donné plus de tourment, que n'a fait la souffrance. » En quoi il faut faire une différence importante entre l'imaginaire de la mort et la relation intellectuelle sans doute, mais non pas artificielle, par laquelle nous nous commettons à nous y rendre coïncidents. À cet égard, le

---

1. Durant la vie entière.
2. Peut-être parce qu'on voudrait y entendre un écho du *Phédon* ou de la *Lettre à Ménécée*, au moment où il est surtout essentiel d'entendre Montaigne.

thème de la « préparation à la mort » n'est pas hérité de façon univoque de la tradition, mais peut même servir à dénoncer une « philosophie » dont c'est un procédé rhétorique plutôt qu'un souci authentique. Montaigne dresse en effet une analogie entre « les médecins qui nous jettent aux maladies, afin qu'ils aient où employer leurs drogues et leur art », et un certain ordre philosophique par quoi « nous nous préparons contre les préparations de la mort » (*ibid.*, 1633/1051), en une sorte de fantasmatique de la mort élaborée pour être opportunément neutralisée par une fantasmatique morale taillée à sa mesure. C'est clairement là le refus d'une médiatisation savante et culturelle de la mort, et comme le projet d'en assumer la survenue hors de toute filiation idéologique et selon un strict principe de « simplicité naturelle » (*ibid.*, 1634/1052). Pour le dire autrement, « apprendre à mourir » est un apprentissage sans instruction, une expérience sans acquis, et donc un savoir sans communauté partagée de ce savoir. « Il ne faut point d'art à la chute, écrit Montaigne (3.10, 1571/1010). La fin se trouve de soi, au bout de chaque besogne. » Privés de tous procédés d'édification de notre représentation de la mort, il ne nous reste rien de plus que l'idée d'une pure rencontre de nous-même à nous-même, de notre propre vie à notre propre mort ; rien de plus en la mort que la coïncidence d'un étant singulier et d'un événement tout aussi singulier, parce qu'il est précisément événement de cet étant-ci, solitaire, non de l'étant en général, c'est-à-dire des hommes considérés en leur masse numérique et abstraite. Le mourir est un événement inassimilable, inqualifiable, inobjectivable, et non pas le phénomène uniforme du passage et de la terminaison des processus vitaux de tout ce qui vit : il traduit la singularité absolue d'un « acte à un seul personnage » (3.09, 1527/979).

Par voie de conséquence, le rapport à la mort est bel et bien régi par le principe d'incertitude, rien ne permettant, strictement parlant, de faire coïncider le spectacle objectif de la mort des autres avec la certitude d'une position éthique déterminée qu'eux-mêmes auraient assumée eu égard à leur propre mourir. Ainsi « la mort [...] est sans doute la plus remarquable action de la vie humaine » (2.13, 933/605), mais aussi remarquable qu'imperceptible en l'intimité de son sens. Dont témoigne par manière d'ironie le récit du « plaidoyer puéril » de Socrate devant ses juges, dans le chapitre « De la physionomie » (3.12, 1634-1636/1052-1054)[1]. Ce qu'il marque, c'est l'inintelligibilité radicale des choix d'une conscience et du positionnement éthique précis qu'ils définissent relativement, non à une vie seulement, mais en l'occurrence à la mort propre en laquelle elle se commue. Dans la solitude absolue du mourir, il y a certes, tout uniment, le défini d'une position éthique et l'indéfinissable du spectacle de cette position : ou la coïncidence du mourant avec son mourir est indicible, parce que le défini est du côté du mourir même, ou le récit d'une mort est possible, mais il est rhétorique et distant, même s'il est édifiant, parce que c'est le récit d'un inaccessible radical.

La relation d'indétermination à laquelle s'adosse ainsi l'analyse du mourir emporte une conséquence considérable, qui est de résoudre la question de savoir si la vie doit être hantée par la mort, ou bien si la mort s'avère une exaltation ultime de la vie. L'irréductible singularité du mourir ne livrant passage à nul discours, il faut prendre le parti soit de bavarder de la mort, soit de parler de vivre, non de mourir. De fait, écrit Montaigne, « qui apprendrait les

1. Le passage est évidemment inspiré de l'*Apologie de Socrate*, de Platon.

hommes à mourir, leur apprendrait à vivre » (1.19/20, 136/90). C'est qu'apparemment tout l'enjeu de la sagesse est de ne pas laisser la vie subjuguée par les représentations infinies de la mort, mais au contraire de parvenir à l'anticiper puis de l'appréhender elle-même sur le mode de la *rencontre*. Si effectivement la mort est le moment ultime et absolu de la singularisation individuelle, celui où l'on est tout ce qu'on peut être, « savoir mourir » n'est fondamentalement qu'accepter d'être ce qu'on est et donc accepter la vie jusque dans la mort. Le mélange même de la mort à la vie[1] n'est pas envahissement de celle-ci par celle-là, mais coïncidence de l'une et de l'autre et processus « simple » et « naturel » d'expansion de l'existence[2]. « Apprendre à mourir » est paradoxalement neutralisation de la préoccupation du mourir, et c'est par la pensée de la mort rendre celle-ci inconsistante de naturalité. Ce qui précisément n'en est nullement la dénégation, qui n'est jamais qu'une stratégie d'évitement. Tout ce que requiert la sagesse, sur le fond de l'indéterminisme éthique qui la conditionne, c'est d'être au regard de la vie dans une relation analogue à celle de tout étant au regard de la nature, livré sans doute au « passage », mais prêt cependant à accueillir « le saut » de l'être-là au non-être (1.19/20, 138/91). Refuser donc de vivre coûte que coûte, tout autant que refuser « d'aimer et désirer à mourir » (2.37, 1184/760) – être dans la pure présence d'un vivre éphémère et mouvant.

γ) Où l'on rejoint en ultime analyse *la question de la vertu*, dont la clé de voûte consiste bien dans une manière d'amour du présent ou de plénitude dans la présence. « Ma

---

1. *Cf.* 3.13, 1718/1102.

2. « Toute mort doit être de même sa vie. Nous ne devenons pas autres pour mourir. J'interprète toujours la mort par la vie. » (2.11, 671/425).

vertu, écrit Montaigne, c'est une vertu, ou innocence, pour mieux dire, accidentelle et fortuite » (2.11, 674/427), et « l'innocence qui est en moi, est une innocence niaise[1] » (*ibid.*, 678/429). Au-delà d'insignifiants présupposés psychologiques, le propos touche au cœur d'une conception de la vertu reposant, non sur les schèmes rationnels de la tradition morale, mais sur le fait même du vouloir comme capacité de cristalliser des maximes pratiques pour l'action présente. Le vouloir est en effet ce par quoi nous sommes tout ce que nous pouvons être dans une situation qui, étant ce qu'elle est, nous engage à mobiliser pour l'action tout ce que nous sommes capables d'être. « Vouloir » exprime une pure présence réciproque de l'étant là-devant et de l'individu qui s'y projette en mobilisant l'ensemble de ses capacités créatrices propres. « Nous ne pouvons être tenus au-delà de nos forces et de nos moyens, dit l'essai "Que l'intention juge nos actions" (1.07, 85/30). À cette cause, parce que les effets et exécutions ne sont aucunement en notre puissance, et qu'il n'y a rien en bon escient[2] en notre puissance, que la volonté : en celle-là se fondent par nécessité et s'établissent toutes les règles du devoir de l'homme. » L'indisponibilité des contextes pratiques de l'action, en raison des « mutations et branles » du monde, ne détermine pas une conception étroitement sceptique de la moralité, mais au contraire, la rassemblant toute autour du vouloir, elle permet de la concevoir comme la création effective d'un agencement approprié de l'action à son horizon pratique effectif. Pour le dire autrement, si « la vertu ne veut être suivie que pour elle-même » (2.01, 541/336), c'est qu'elle n'est le moyen de nulle autre réalisation que son être et sa réalité propres qui sont l'être et la réalité, non d'une norme

---

1. Naturelle.
2. À dire vrai.

de la volonté rationnelle, mais du vouloir lui-même comme puissance active et créatrice. Il y a donc certainement une proximité de l'idée montaignienne de la vertu et de l'idée antique, notamment aristotélicienne, selon laquelle, étant à elle-même sa propre fin, la vertu est *praxis* et non pas une opération rapportée à des contraintes extérieures à elle. Entre elles, une différence très remarquable cependant, c'est qu'il n'y a chez Montaigne nul point de référence auquel rapporter la vertu, ni λόγος ni καλόν, nul horizon régulateur hors le rapport intime et « naïf » de soi à soi, ce qui implique une efficace normative de la pure réflexivité. Par « réflexivité », il faut entendre la capacité décisionnelle par excellence, qui combine la puissance de juger à celle d'assimiler représentations et croyances, et la puissance d'agir face aux exigences d'un maintenant unique. Dans la présence du vouloir à lui-même ne sont pas impliquées des normes issues d'une expérience accumulative, qui déterminent par ailleurs elles-mêmes efficacement l'espace diversifié des métiers – celui de la politique y étant inclus. Au cœur de la vertu, il y a le pouvoir de créer les conditions nouvelles de l'action en assumant ses contraintes, et de donner leur loi aux choses et aux événements, pour autant précisément que cela est « en notre puissance » et non au-delà. Être vertueux, c'est être tout ce qu'on peut être dans le temps où il est question d'être ce que l'on fait : dans l'engagement, les requêtes, les contraintes et les contradictions d'un certain « maintenant », fortuit et manifeste. Ceci seul fait ce que doit « peser un sage homme : l'engageure[1] d'une obligation » (3.09, 1513/969).

Si la conception montaignienne de la vertu peut être dite « indéterministe », c'est ainsi parce qu'elle en éclaire

---

1. Engagement.

l'illisibilité en même temps que la fécondité pratique. Il n'y a guère d'assurance à dire si les hommes sont vertueux, mais il y a une certitude à se mobiliser et à tenter d'agir au mieux de ses moyens ; ou bien il y a du sens à décrire formellement les conduites étrangères, quoiqu'il n'y ait plus guère moyen que d'évaluer leur efficace, non leur valeur. En vérité, l'exacte définition éthique de la vertu se détermine dans les *Essais* par contraste avec deux manières approximatives, opérantes mais aveugles, d'en poser pratiquement le concept.

Pour l'une, elle porte sur « les vertus » considérées comme sédimentations éthiques et culturelles, qu'on évalue diversement selon les circonstances événementielles qui les suscitent. Or au sens strict, « la vertu » est « autre, vraie, parfaite et philosophique, […] une force et assurance de l'âme, méprisant également toute sorte de contraires accidents ; équable, uniforme et constante » (2.07, 608/382). Il faut entendre par là qu'elle ne se laisse pas évaluer à l'aune de critères extérieurs, mais en et par elle-même, comme puissance d'agir ou, pour parler par anachronisme, pure « volonté de puissance ». C'est qu'il n'y est pas véritablement question d'« autonomie », au sens d'une conduite qui serait une suite d'instanciations d'un principe formellement universel. Mais il y est assurément question de liberté, au sens d'un agir dont toute la puissance émane de son propre fonds, non de la variété des circonstances contraires ou « ennemies » : « La vraie liberté, affirme à cet égard Montaigne (3.12, 1624/1046), c'est pouvoir toute chose sur soi. *Le plus puissant, c'est celui qui se tient lui-même en son pouvoir*[1]. » Il n'est ainsi nullement

---

1. Citation de Sénèque, *Lettres*, 90-34 (en latin dans le texte) : « *Potentissimus est qui se habet in potestate.* »

absurde de décrire des conduites à la lumière des vertus qu'on leur reconnaît, mais « la vertu » ne se laisse appréhender que dans l'intériorité d'une puissance de réflexion en même temps que d'action : on ne peut qu'être seul à concevoir, en personne, l'investissement total de l'ensemble de ses facultés au bénéfice de l'action requise par la réalité effective – invisible conviction de la vertu : principe d'incertitude.

Une autre manière de cheminer en marge de la vertu est, selon l'essai « De la cruauté », de l'assimiler à la « bonté », qui participe non plus de certains schémas conventionnels comme la bravoure militaire, l'honneur, etc., mais des dispositions innées du caractère, pour former ce qu'on appellerait une idiosyncrasie morale. L'assurance de la « bonté », c'est d'un « même train » produire des actions qui présentent « même visage que les vertueuses » (2.11, 665/422), donc d'être régulièrement à l'origine d'actions bonnes ou perceptibles comme telles. Cependant, et alors que leurs apparences sont uniformes : « la vertu sonne je ne sais quoi de plus grand et de plus actif, que de se laisser par une heureuse complexion, doucement et paisiblement conduire à la suite de la raison » (*ibid.*). La difficulté de la vertu, sur laquelle Montaigne insiste d'ailleurs de manière récurrente, ne se mesure pas seulement à la complexité des situations ni aux contraintes qu'il lui appartient de surmonter. Elle se mesure également à l'incertitude qu'il y a d'être strictement actif, c'est-à-dire soi-même en première personne à la source des schèmes régulatoires permettant d'appréhender et de transformer telle situation donnée, de lui donner sa loi et de la rendre féconde d'une organisation authentiquement nouvelle du réel. Que la vertu relève d'un « je ne sais quoi » ne signifie pas que son écart à la « bonté » est insignifiant, mais bien que l'internalité des processus judicaires en jeu sont rigoureusement invisibles et indicibles, soit extérieurement, soit généralement. La vertu ne s'énonce pas, elle se vit, sans nulle certitude, sinon celle de la conviction accompagnée du souci du présent plutôt que de celui des dogmes et de leur vérité supposée. Où il n'y a rien de plus que ceci : « savoir jouir loyalement de son être », ou étendre sa puissance aux limites de ce qu'elle est (3.13, 1740/1115).

VIVRE À PROPOS

La loi morale n'est pas chez Montaigne une loi de prudence, et d'ailleurs elle n'est tout bonnement pas une loi. La théorie éthique des *Essais* ne concerne pas un appareil de normes de contrainte mais, fondamentalement, le déploiement d'une puissance à la fois active et réflexive d'exister, où les idéaux d'un système herméneutique donné, ceux qui *sont* l'individu dans sa singularité, sont projetés dans l'actualité d'un maintenant dont l'effectivité est exigence. Socrate apparaît comme l'archétype d'un tel homme fait action et réflexion. « Il fut toujours un et pareil, dit Montaigne (3.12, 1610/1037). Et se monta, non par bourades[1], mais par complexion, au dernier point de vigueur. Ou pour mieux dire : il ne monta rien, mais ravala plutôt et ramena à son point, originel et naturel, et lui soumit la vigueur, les âpretés et les difficultés. » Qu'il n'eût rien à « monter » signifie que pour Socrate la vertu n'aurait été ni en dehors ni au-delà de lui-même, mais comme l'effectivation de son être propre et singulier. La puissance d'exister ne présente authentiquement aucun caractère de réactivité et la moralité n'est pas pour Montaigne un *telos*

---

1. L'Exemplaire de Bordeaux porte la correction : « saillies ».

de l'action, mais l'action elle-même en tant que nous parvenons à ramener à un « soi » « originel et naturel » – qui n'est que ce qu'il est : puissance d'affection, puissance d'appropriation réflexive, puissance de projection de soi – l'ensemble des conditions et circonstances auxquelles nous faisons face. « Nous sommes nés pour agir », écrit Montaigne (1.19/20, 135/89), ajoutant : « Je veux qu'on agisse, et qu'on allonge les offices de la vie, tant qu'on peut ».

L'éthique de Montaigne ne ressortit donc pas à un moralisme, ni à un conventionnalisme, ni, sans doute, *stricto sensu*, au scepticisme. C'est que la vertu est sûre, du moins au point de vue de l'investissement existentiel qu'elle requiert ou mieux : qu'elle exprime. Car justement, elle recouvre l'idée qu'il ne peut plus y avoir de hiatus entre ce qui est requis par les circonstances et ce qui est accompli au point de vue de la sagesse, puisqu'il n'y a dans la vertu que l'ajustement aux conditions de la « vie » d'une puissance d'agir individuelle et déterminée. La vertu est à cet égard objet d'exactitude et de coïncidence, quoique non pas de certitude, la certitude intime de la conscience restant indicible, incommunicable, et ne pouvant au fond jamais être validée selon des procédures discursives, rhétoriques et dialogiques clairement établies. On pourrait en conclure une manière de solipsisme éthique, si précisément ce n'était pas l'action qui effectivait la conscience, si ce n'était pas dans son engagement propre que se déployaient les certitudes d'un être puisant en son propre fonds, et exclusivement, la force non seulement d'être, mais de faire – par une espèce de victoire permanente sur soi, sur les nécessités du monde comme sur les convictions de l'intelligence.

On conclura donc à une certaine espèce de « naturalisme » montaignien, dont il faut cependant manier avec un soin extrême les présupposés et les attendus. Car ce qui est sûr, c'est que le concept même de « nature » ne peut être compris de manière simple et univoque. Certes : « Nature est un doux guide, écrit Montaigne (3.13, 1736/1113). Mais non pas plus doux, que prudent et juste. » Il pourrait ainsi y avoir quelque chose d'archétypal et de régulateur dans la « nature », dont on a du reste pu reconnaître certaines répliques dans l'analyse du Nouveau Monde et de la « naïveté » de ses « cannibales »[1]. Il faudrait par conséquent s'en tenir à la lettre de cette maxime de Montaigne, déclarant qu'il « quête partout sa piste » (*ibid.*, 1737/1113), et consentir à interpréter la « morale montaignienne » comme un « naturalisme ». Ce qu'on ne fera qu'avec d'extrêmes réserves, et pour au moins deux raisons.

L'une, c'est que « nous l'avons confondue[2] de traces artificielles » (*ibid.*) et que, par conséquent, « nature » se dit pour nous, non de ce qui gît en deçà de ces « traces », mais de ce qui les comprend pour les avoir assimilées et en être issu. Un homme culturellement glabre ou libéré des artifices de la coutume n'est rien de réel, mais tout au plus une expérience de pensée ou un fantasme dogmatique. Pour paraphraser Montaigne, « quêter partout la piste de la nature », c'est plutôt assumer les contradictions de la réalité et y consentir pour ce qu'elle est, non pour le désir qu'on aurait de conditions d'existence primitives ou originelles. En un sens réactif, consistant à fonder la normativité éthique sur des normes transcendantes – la nature comme Raison ou comme Dieu – le « naturalisme » constituerait sans doute une thèse philosophique, mais artificieuse et en vérité indéfinissable : « ce souverain bien Académique, et Péripatétique, qui est vivre selon icelle :

---

1. Cf. *supra*, chap. 4, « L'empire de la coutume », p. 198 *sq*.
2. Surchargée. – Il s'agit de la nature. L'argument était le même dans la discussion du rapport de l'agriculture européenne à celle des « nations que nous venons de découvrir » (2.12, 717/457).

devient à cette cause difficile à borner[1] et expliquer »
(*ibid.*). C'est qu'il vise un système de normativité première
et une authenticité que des positions existentielles et
intellectuelles « confondues de traces artificielles » ne
peuvent absolument pas déterminer.

On comprend dès lors la deuxième raison pour laquelle
la thèse du « naturalisme » s'avère approximative, puisque
la sagesse pratique ne peut dès lors plus passer par
l'accomplissement d'une nature éthique du « sujet », dont
l'universalité normative s'étalerait de manière uniforme
ou univoque sur le monde humain. Quand, par exemple,
Montaigne parle de « naïveté », notamment à propos de
Socrate[2], ce n'est certes pas pour stigmatiser l'inaptitude
du philosophe à prendre la mesure des choses, mais ce
n'est pas non plus pour exalter une espèce de « nature »
authentique et inégalable du surhomme incarné ; c'est
plutôt pour reconnaître l'exceptionnalité d'une vie selon
« [l']ordre superbe et impiteux[3] » de la nature (2.37,
1196/767), où se mêlent et s'entre-expriment nécessité,
fortune, mœurs, intelligence, puissance et impuissance,
présence et volonté. Montaigne se contente de rapporter
la vertu à l'existence de l'existant, c'est-à-dire à la puissance
pratique qu'il déploie individuellement dans le simple
présent de l'action qui est sienne – Socrate ou un autre
importe alors peu. Il pense donc la sagesse non « en référence
à » quelque schéma extérieur à la vie proprement dite, mais
comme « identique à » l'adéquation, coïncidence, ou
ajustement de l'existence d'un seul à des existences et

---

1. À définir.

2. On peut comparer à cet égard le passage cité du chapitre « De
l'expérience » à l'examen par Montaigne de la sagesse socratique dans
l'« Apologie… », 2.12, 777/498.

3. Hautain et sans pitié.

situations multiples et foncièrement indisponibles. En quoi la vraie formule du « naturalisme » de Montaigne est celle de l'indéterminisme et du principe d'incertitude qui le fonde.

Dans sa pure actualité, une position morale est par conséquent ce qui dissipe la frontière de l'intériorité et de l'extériorité, aussi bien que du « sujet » et du monde « objectif ». Car elle ne consiste pas pour une âme forte à imprimer sa marque sur un monde qui lui reste désespérément incommensurable. Ne signifiant qu'une chose, qu'on n'est en telles circonstances que ce qu'on peut être, mais aussi absolument tout ce qu'on peut être, la formule montaignienne de la moralité ne vise qu'à dire l'arrimage d'un vouloir-être à l'ensemble de l'étant, ainsi que la mise en abyme de cet arrimage au point de vue de la compréhension de l'individu agissant. Qui n'est effectivement point « sujet », puisqu'il est le compendium des croyances et savoirs de son temps ; lequel à son tour n'est pas « monde-objet », puisqu'il est l'horizon mobile des croyances et des pratiques qui viennent s'y échouer. Relation d'un « non-sujet » à un « non-objet », dont la clé est irrévocablement indéterministe, nulle position éthique ne pouvant être dite et décrite en son authenticité, nulle posture dite et décrite ne livrant avec assurance sa nature éthique. Où il ne reste précisément rien à dire, parce qu'il n'y a pas d'intime pour surclasser le mondain, ni de sérieux des affaires pour anéantir tout à fait l'action de l'exister. En somme, « être à soi » n'est qu'un petit point actuel d'existence, et pourtant « le glorieux chef d'œuvre de l'homme ». C'est « vivre à propos » (3.13, 1727/1108) – qui est toute la vérité de l'existence en son vierge, son vivace et son bel aujourd'hui.

MON LIVRE ET MOI

Le texte des *Essais* est réputé dresser un « portrait » de Montaigne : « Je veux qu'on m'y voie en ma façon simple, naturelle et ordinaire, dit-il (53/3), sans étude et artifice : car c'est moi que je peins. » Confirmant cette remarque inaugurale de l'adresse « Au lecteur »[1], Montaigne revendique effectivement de se devoir « au public universellement[2] » (3.05, 1392/887) et dans toute la vérité de sa « nature ». C'est donc comme si l'on pouvait recomposer un portrait détaillé à partir d'une mosaïque de narrations évoquant tantôt le plaisir, tantôt la maladie, tantôt la prestance, la silhouette, l'anatomie, ses « pensements », ses sentiments ou ses opinions. Ce qui importe le plus, peut-être, c'est qu'il s'agisse toujours, selon ses propres termes, de « fantaisies informes et irrésolues » (1.56, 512/317) et que son texte soit « un registre des essais de [sa] vie » qu'il « barbouille » comme une « fricassée » (3.13, 1679/1079). Plus que de l'auto-dérision, c'est une façon de souligner le caractère éminemment problématique d'une œuvre dont la leçon semblerait

---

1. Pour le commentaire, cf. *supra*, Prologue, « Un philosophe imprémédité et fortuit », p. 14.
2. Totalement.

tenir essentiellement au portrait qu'elle dresse de son auteur. Portrait dont la destination n'est pas seulement d'être exposé, mais plutôt de servir à l'édification de cet auteur par lui-même. Paraphrasant en effet Pline : « chacun est à soi-même une très bonne discipline, écrit Montaigne (2.06, 601/377), pourvu qu'il ait la suffisance[1] de s'épier de près. Ce n'est pas ici ma doctrine, c'est mon étude : et n'est pas la leçon d'autrui, c'est la mienne ». Ce qui donne à penser aux *Essais* comme à un texte qui ne ferait écho qu'à lui-même, c'est-à-dire dans lequel Montaigne se projetterait pour apprendre à connaître et simultanément édifier Montaigne, sans considération d'autrui ni de véritable souci du jugement public.

La question se pose dès lors de savoir s'il y a proprement une leçon des *Essais*. Que nous puissions y voir décrite ce que nous appellerions une « vision du monde », qu'il apparaisse un Montaigne épistémologue, s'il faut forcer le trait, ou métaphysicien, psychologue, moraliste ou publiciste, la contestation n'est guère possible, puisque précisément la lecture académique des *Essais* ne peut consister qu'en de telles catégorisations formelles et instructives. Mais là n'est pas la difficulté. Elle réside dans le caractère vaguement insaisissable de la puissance édificatrice que Montaigne prétend assigner aux *Essais*. Car ils sont explicitement définis comme un processus herméneutique dont il fait lui-même l'objet, dans toute l'équivocité du mot, c'est-à-dire à la fois en tant qu'objet d'investigation et en tant que destinataire de cette investigation. Montaigne dit s'édifier à travers eux, en faire sa « leçon », s'y instruire de lui-même, par conséquent de ce que sont « être » ou « vivre », aussi bien seul que parmi

---

1. La capacité.

les autres, aussi bien dans l'ignorance que dans le savoir, avec en somme une manière de probité sceptique. On est donc amené à se dire que les *Essais* n'en finissent jamais de faire problème, parce qu'ils sont, selon la revendication expresse de Montaigne, un espace privilégié de production, de réalisation, de conception, de recollection de soi. Commodément, on peut sans doute les identifier à une espèce de portrait de l'auteur en tant qu'homme ne cessant de s'inachever – de se « portraire au vif » (2.08, 612/386) – mais ce ne serait là qu'une manière rhétorique de dire la difficulté sans la décrire précisément, ni, *a fortiori*, l'expliquer.

Or cette difficulté tourne manifestement autour de ceci : « Il y a plusieurs années que je n'ai que moi pour visée à mes pensées, écrit Montaigne (2.06, 601/378), que je ne contrerôle[1] et étudie que moi. Et si j'étudie autre chose, c'est pour soudain le coucher sur moi, ou en moi, pour mieux dire. » Ce qui ne s'entend pas seulement comme l'énoncé d'une « préoccupation » que Montaigne aurait de lui-même. Bien plutôt, il faut entendre que les *Essais*, tout en étant au moins pour lui le tableau inachevé de son vivre et de son penser, sont en retour également le lieu de formation et de reformation, de formulation et de reformulation de ce vivre en ce penser, comme si l'essentiel n'était pas seulement la vérité de leur propos, mais également la réalité de la vie nécessaire à leur élaboration, édifiée à travers cette élaboration, objet enfin de cette élaboration chargée de « l'instituer » – chargée d'instruire et d'édifier avant tout Montaigne en personne, même si cela « peut

---

1. Examine. – On pourra comparer ce commentaire avec celui-ci du chapitre « De la présomption » : « Je n'ai affaire qu'à moi, je me considère sans cesse, je me contrerôle, je me goûte » (2.17, 1015/657).

aussi par accident servir à un autre » (*ibid.*). Que le texte soit en somme le texte d'une vie indique non qu'elle en est l'objet, mais paradoxalement qu'elle en est le sujet : le texte est l'être-autre de la vie, et la vie de Montaigne l'opérateur de sa propre textualisation.

Quel que soit par conséquent le portrait de Montaigne composé à partir des *Essais*, la fixation *a posteriori* qu'on en ferait manquerait la spécificité et le sens que Montaigne assigne lui-même à sa portraiture, c'est-à-dire le sens et la portée de la visée égologique des *Essais*. Celle-ci s'enracine dans l'incessante réélaboration du texte, qui ne participe nullement de réajustements épistémiques, comme s'il fallait passer d'approximations en approximations et de révisions en corrections[1]. La réélaboration concerne essentiellement l'objet même des *Essais*, qui n'est pas simplement Montaigne, mais plus précisément Montaigne s'appréhendant réflexivement et appréhendant en même temps toute la difficulté de cette réflexivité, les opprtunités autant que les impossibilités du miroitement intérieur de la « vie » et de son analyse. « Je peins principalement mes cogitations », dit-il en effet (*ibid.*, 603/379), mais elles sont instables et mal définies : « mes conceptions et mon jugement ne marche qu'à tâtons, chancelant, bronchant, et choppant[2] : [...] d'une vue trouble, et en nuage » (1.25/26, 224/146). Au point de vue de Montaigne, toute la difficulté d'une mise en œuvre textuelle d'une réflexivité vécue vient de ce qu'elle suppose la mobilité d'un regard qui se porte sur un objet muable, et par voie de conséquence la mobilité d'un texte qui ne saurait cesser d'être repris, amendé,

---

1. Sur ce point, cf. *supra*, Prologue, p. 11-12.
2. Trébuchant.

réarticulé, recomposé, et raccordé enfin de façon renouvelée à lui-même.

Ce miroitement textuel de Montaigne sur lui-même n'est pas conçu sans un certain écart traduisant la difficulté structurelle de se dire « en personne ». Ce qui est en jeu ce n'est pas la possibilité seule, mais aussi le sens qu'il y a de s'exposer « en personne ». « Je me pare sans cesse, ajoute-t-il dans l'essai "De l'exercitation" (2.06, 602/378) : car je me décris sans cesse. » Un décalage est donc inévitable et même nécessaire au travail de cette espèce d'introspection, le regard étant amené à biaiser avec lui-même et à simuler une projection ou une mise en situation de son objet dans un certain espace public à la théâtralité duquel il faut savoir consentir, car « encore se faut-il testonner[1], encore se faut-il ordonner et ranger pour sortir en place[2] » (*ibid.*). Le dessein d'une exposition « naïve » de Montaigne ne peut faire l'économie de la distanciation et avec elle d'une distorsion. Si « se décrire » passe par « se parer », alors la dimension d'authenticité du texte pourrait être irrévocablement faussée et l'on serait amené à considérer l'ensemble des *Essais* comme une immense illusion autobiographique ou même comme un rendu purement narratif et rhétorique de leurs visées égologiques. À moins précisément de considérer avec sérieux l'assomption, par Montaigne lui-même et au cœur de son entreprise, de cette inévitable inclinaison du regard, et que le déport et son biais représentent une condition décisive de sa visée. Dont témoigne un détour du chapitre « De l'art de conférer »[3], où son insistance à traiter, non pas de soi, mais du traitement même de soi par

1. Coiffer.
2. Sur la place publique.
3. Voir 3.08, notamment à partir de 1471/940.

soi, se trouve entrelacée à une série de remarques sur le travail de Tacite principalement, mais aussi sur les pratiques intellectuelles des historiens en général. Les *Annales* ne sont pas « un livre à lire », mais « un livre à étudier et apprendre », dit Montaigne (3.08, 1472/941), car Tacite « plaide toujours par raisons solides et vigoureuses, d'une façon pointue et subtile » (*ibid.*). En faisant droit à l'événementialité du monde des hommes, le récit historique approche et examine les croyances et les actions en une pratique toujours renouvelée du jugement, assertif en même temps que dubitatif, attentif à la réalité humaine en même temps qu'à distance des convictions qui l'animent. « Qu'ils nous rendent l'histoire, conclut Montaigne (*ibid.*), plus selon qu'ils reçoivent, que selon qu'ils estiment. » La science historique est un paradigme de l'appropriation intellectuelle de l'humain et de ses contradictions, parce qu'elle révèle une tension architectonique entre l'exigence pour l'historien d'une distance aux événements et l'inévitable mixtion de ses propres évaluations à celles dont il lui appartient de dresser un tableau historique. Par analogie, c'est comme si l'énonciation de Montaigne par Montaigne et l'exposition de sa nature « naïve » devaient à toute force présenter ce caractère à la fois réflexif et distancié qui donne crédit au discours historique. « Je ne m'aime pas si indiscrètement et ne suis si attaché et mêlé à moi, que je ne me puisse distinguer et considérer à quartier[1], comme un voisin, comme un arbre », écrit-il (3.08, 1474/942), ajoutant : « C'est pareillement faillir, de ne voir pas jusques où on vaut, ou d'en dire plus qu'on en voit. »

---

1. À part.

De la manière des historiens, on peut donc retenir deux choses : à la fois une distanciation de l'événement et l'accompagnement de cette procédure de distanciation d'une réflexion sur ses propres conditions. « Voir jusques où on vaut », cela suppose la détermination d'une espèce de sphère d'objectivité à l'intérieur de laquelle il devient possible de s'observer « comme un voisin, comme un arbre ». Pour dire par anachronisme et dans un vocabulaire de logique à peu près contemporain, il faut concevoir l'auto-narrativité, chez Montaigne, comme une procédure d'indexicalisation du discours égologique, le travail de l'autoportrait consistant précisément à projeter hors de soi, comme si l'on était « chose », les propriétés qu'on se donne les moyens de décrire telles qu'elles-mêmes se donnent : mondainement. Il faut faire attention à ceci, par exemple, qu'un même texte « De l'exercitation » fait état du masque et de la parure, et ajoute (*ibid.*, 604/379) : « Ce ne sont mes gestes[1] que j'écris ; c'est moi, c'est mon essence. » D'un côté l'aveu d'une pratique de la dissimulation ; de l'autre le postulat de l'innocence et du naturel ; d'un côté, l'inévitable déviation, de l'autre, la vérité. La visée de vérité est par conséquent intimement liée à l'aveu de la déviance et du biais, de l'ornement, sinon du travestissement. Se dire, ce serait peut-être idéalement dire ce qu'on est, mais dire ce qu'on est ne consiste réellement qu'en une tentative d'assumer et de réduire textuellement l'angle d'inclinaison de son propre regard vis-à-vis de l'intime réalité existentielle qu'il embrasse.

---

1. Actions.

C'est que de toute évidence, « il n'est description pareille en difficulté à la description de soi-même » (2.06, 602/378). Dans toute visée égologique, la coïncidence de l'authentique et de l'inauthentique ne se dénoue pas aisément. On pourrait certes, au premier abord, conclure que Montaigne se manque dans sa propre vérité et que son égarement est d'autant plus inévitable qu'il est corroboré par l'atmosphère de scepticisme dans laquelle il situe globalement sa conception du monde. Voire plus, on ajouterait que ce serait là une ignorance avouée et que Montaigne pourrait marginalement satisfaire à sa propre exigence d'authenticité en reconnaissant ouvertement l'impossibilité d'atteindre à toute essentielle authenticité narrative ! Seulement il n'est pas si sûr que de telles subtilités dialectiques soient la clé de la sphère égologique que parcourent les *Essais*. Celle-ci passerait plutôt par une redéfinition de l'essence et de la vérité des choses, exprimant non l'immuable substantialité de leur être, mais un certain état appréhendable et évaluable de leur être-là, non par conséquent une propriété ontologique immanente, mais un équilibre métastable de propriétés ontiques perceptibles. Dans ces conditions, « se parer » ne contredirait pas à l'exigence de « vérité », celle-ci consistant dans la confi-guration actuelle mais temporaire et modifiable du travail textuel de la réflexivité ; une visée égologique de vérité devrait se comprendre dans les *Essais* comme une tentative perpétuellement renouvelée de faire émerger, dans ses présents successifs, un portrait structurellement inachevé de Montaigne.

Ainsi même comme « nature », le « moi » n'est rien de substantiel, mais une construction continue des *Essais*, dont la toile coïnciderait avec l'être propre et singulier de leur architecte. L'enjeu est toujours du côté de l'arrimage d'une « vie » sur un texte et de la tentative de faire coïncider le point de vue du portrayant avec le point de vue du portrayé. La question qui se pose dès lors est celle de savoir quelle position tient Montaigne eu égard à sa propre description, eu égard à la composition totale, mais indéfinie de son « portrait » (3.05, 1392/887). Si l'on fait l'hypothèse qu'il y a, dans l'égologie des *Essais*, une visée d'exhaustivité, il faut y associer le postulat selon lequel « il y a » quelque chose comme un « moi » dont le texte exhiberait les propriétés, serait-il en toute connaissance de cause condamné à l'échec et à la parcellarité. Sous cette condition, la « leçon » (*ibid.*) de Montaigne à lui-même exigerait une séparation de son objet d'un côté – une existence individuelle et ses circonstances – et d'un poste extérieur d'observation de l'autre – l'auteur de la narration, le destinataire de la « leçon » : essayiste ou romancier ? En faisant en revanche une hypothèse symétrique, que les *Essais* sont seulement un tissage fortuit exhibant progressivement, selon la fortune, *du* moi et *des* propriétés physiques et morales qui le trahissent, on peut économiser le postulat d'une réalité sous-jacente et inappropriable et considérer seulement l'unité d'un processus où se fondent la « vie » de Montaigne en personne et l'effectivation textuelle du sens que prend cette vie pour lui-même. Cette alternative est au fond celle du réalisme ou de l'irréalisme du moi, et plus précisément : du réalisme impuissant à se parachever ou de l'irréalisme flexible, prolixe, redondant et dont les procédures infinies entre-expriment la « vie » et sa reprise textuelle par elle-même.

D'après la façon dont Montaigne thématise lui-même l'entreprise des *Essais*, on observe qu'ils forment un espace textuel de déploiement spéculaire où il s'efforce d'assumer une tension qui demeure constante entre les possibilités restreintes du discours autoréférentiel et l'exigence de vérité qu'impose la loi de franchise. Assumer une telle tension, c'est « oser parler rondement de soi » (3.08, 1473/942) quand, dans le même temps, « la révérence publique » (53/3) infléchit la franchise ; c'est accepter l'adresse à autrui et que cette loyauté puisse nuire autant que servir[1]. « Mais quel que je me fasse connaître, écrit encore Montaigne (2.17, 1008/653), pourvu que je me fasse connaître tel que je suis, je fais mon effet. Et si[2] ne m'excuse pas, d'oser mettre par écrit des propos si bas et frivoles que ceux-ci. La bassesse du sujet m'y contraint. » Il est manifeste que l'exigence de vérité ne s'apparente nullement à celle de produire une figure idéale de soi, mais seulement à celle de tracer les contours actuels d'un être singulier aux prises avec sa propre existence et avec les contradictions qu'elle renferme. « Je m'ouvre aux miens tant que je puis […] : je me hâte de me produire, et de me présenter : car je ne veux pas qu'on s'y mécompte, à quelque part que ce soit[3] » (2.08, 628/396). Disons autrement : pour l'explicitation qu'en donne Montaigne, les *Essais* sont le présent textuel d'une singularité qui ne cesse d'espérer appréhender en l'exprimant son sens d'être actuel. Par où il apparaît qu'une dimension primordiale de leur entreprise autonarrative gît dans sa thématisation de la *présence*, c'est-à-dire dans l'exposition textuelle de la « vie » elle-même comme présence aux choses et aux autres.

1. « J'avoue la vérité lorsqu'elle me nuit, de même que si elle me sert. » (3.05, 1388/885).
2. De la sorte.
3. En quelque façon que ce soit.

Pensons à la façon dont Montaigne dit avoir envisagé sa tâche à la Mairie de Bordeaux. Le chapitre « De ménager sa volonté » lui donne l'occasion de se remémorer le portrait qu'il dit avoir présenté de lui-même aux Jurats de la ville : « À mon arrivée, écrit-il (3.10, 1563/1005), je me déchiffrai[1] fidèlement, et consciencieusement, tout tel que je me sens être : Sans mémoire, sans vigilance, sans expérience, et sans vigueur : sans haine aussi, sans ambition, sans avarice, et sans violence : à ce qu'ils fussent[2] informés et instruits de ce qu'ils avaient à attendre de mon service. » Deux choses s'entremêlent donc : la manière du portrait dévoilé aux Jurats, et le récit que fait Montaigne, dans une recollection et un présent tout à fait distincts, de la manière de son « déchiffrement » à eux. Outre donc la « portraiture », le portrait de la portraiture ! La question n'est dès lors plus de savoir si un tel dispositif narratif peut correspondre à la vérité historique de l'accession de Montaigne à la Mairie de Bordeaux, mais elle est de comprendre ce que signifie pour Montaigne de se comprendre et de s'exposer, même *a posteriori*, et sous le jour de ce qu'il appelle également sa « naïveté ». Or au-delà du caractère proprement éthique de la « fidélité », l'important est dans le régime de la présence à soi, qui est aussi entièreté et adhésion à un présent de l'étant et de sa représentation. Ainsi tout comme la connaissance, qui s'origine dans une présence du regard à la présence du « réel » en son « branle », tout comme la moralité, qui se fonde sur la coïncidence de l'action avec une assiette intime du jugement, l'autoportrait rencontre sa vérité dans une exacte présence à soi, ou du moins dans la relation écrite qu'il est possible d'en faire en la

1. Dévoilai.
2. Afin qu'ils fussent.

recomposant dans son détail qu'il est possible d'en faire en la recomposant dans son détail, non pas en la reconstituant à partir de souvenirs, mais en l'inventant comme forme renouvelée de soi-même.

Le portrait formel qu'on dresserait avec les *Essais* d'un Montaigne figé dans un ensemble de caractères physiques et moraux clairement arrêtés pourrait bien, dans ces conditions, n'en être qu'une reconstitution fixe, arbitraire, se résumant à un artefact biographique parfaitement dénué d'intérêt. Pour dire par excès, et tout au rebours : « Montaigne n'existe pas », soit qu'il faille entendre par là que dans l'actualité du travail des *Essais* il ne pouvait cristalliser qu'en individuations textuelles partielles et fugitives, soit qu'il faille concéder que les comptes rendus *a posteriori* que nous pouvons en produire ne sont que les sédimentations fossiles d'une existence artificiellement isolée, figée et manquée dans son authentique présence.

L'impossibilité radicale d'une portraiture ne se résume cependant pas chez Montaigne à l'espèce de contradiction inhérente à tout discours égologique, selon laquelle parler de soi-même serait structurellement problématique au motif que le sujet peut difficilement s'objectiver dans un discours sincère et entier. Montaigne assume au contraire la difficulté comme un moment essentiel de la composition même des *Essais*. L'autoportrait y présente une dimension résolument performative, il n'est pas le simple reflet d'une existence empirique, mais un moment crucial du processus selon lequel la « vie » se configure intellectuellement et textuellement, et ainsi se singularise. Il ne s'agit par conséquent pas d'un exercice rhétorique et littéraire, il ne s'agit pas d'un exercice d'autobiographie descriptive. « Mon métier et mon art, c'est vivre », dit encore Montaigne (2.06, 603/379), montrant qu'il n'y a d'autre véritable finalité pour lui que le redéploiement de sa propre existence à travers la pensée qu'il s'en donne. Mais par là, c'est le travail du jugement, dans son actualité, qui conditionne d'abord la façon dont le geste de la « vie » peut être appréhendé, ensuite et en retour la façon dont la « vie » est à nouveau infléchie ou orientée : « Qui me défend d'en parler selon mon sens, expérience et usage : qu'il ordonne à l'architecte de parler des bâtiments non selon soi, mais selon son voisin, selon la science d'un autre, non selon la sienne » (*ibid.*).

Mixtion du possible et de l'impossible, du portrait et de son inachèvement radical, les *Essais* parviennent à ouvrir une issue à cette apparente contradiction par un double travail de la sincérité et de l'écriture : se dire, c'est pour Montaigne pointer des positions existentielles déterminées par des circonstances existentielles, c'est expliciter pour son propre compte d'abord les contraintes qui pèsent sur un rapport au monde pleinement pensé comme intrication et inscription, c'est enfin faire varier indéfiniment les discours sur soi, ne cesser de parler de soi, non par préoccupation, non par souci, non par complaisance, mais pour accentuer des traits, enrichir des couleurs, donner enfin autant que possible à la représentation textuelle de soi l'épaisseur de la « vie » qu'elle recoupe et qui la recoupe en retour.

La voie en direction d'une authenticité autonarrative est ouverte par le critère de la « sincérité », laquelle n'est pas comme on s'y attendrait une qualité morale, mais bien plutôt une *méthode* d'investigation et de présentation de soi. « Cette publique déclaration, dit Montaigne (3.09, 1528/980), m'oblige de me tenir en ma route ; et à ne démentir[1] l'image de mes conditions. » Une dimension pratique et sociale vient donc immédiatement surdéterminer

---

1. Falsifier.

la posture éthique par laquelle s'accomplit le choix de la franchise, qui ne s'explique par conséquent pas en référence seulement à un idéal intime de transparence ainsi d'ailleurs que de liberté, mais aussi à la lumière, sinon des interactions sociales proprement dites, du moins de la publicité de l'écrit et de son exposition mondaine. La personnalité livrée au public n'est par conséquent pas considérée par Montaigne comme son intimité la plus restreinte, mais comme ce qui en est dicible et lisible. L'exposition de soi est sans doute commandée par la « conscience », mais non pas par elle seule, puisque précisément la « sincérité » n'est pas par elle-même un exercice purement réflexif du sens moral. Toute exposition, faut-il dire, est position. Entendons que la publicité détermine en retour, sinon la nature, du moins l'étendue de ce qui est rendu public, ou que l'homme Montaigne n'est pas en son texte une image lumineuse ni un simple ectype de sa vie intime. C'est dès lors en termes d'*extranéation* qu'il faut décliner l'« étude » de Montaigne : le texte expose et cristallise tout à la fois, il ne dit pas seulement, mais compose également les conduites en définissant un ensemble de possibles pour celui dont c'est l'expression imagée ou la parole professée.

Il y a en vérité un caractère pratiquement normatif de la « confession » (2.17, 1008/653) de Montaigne, qui tient entre une exigence : « Il ne faut pas toujours dire tout, car ce serait sottise » ; et une contrainte : « Mais ce qu'on dit, il faut qu'il soit tel qu'on le pense » (*ibid.*, 999/648). Car en somme : « Qui s'obligerait à tout dire, s'obligerait à ne rien faire de ce qu'on est contraint de taire » (3.05, 1320/845). La « sincérité » des *Essais* a ainsi partie liée à un impératif de discrétion, dont il faut prendre en charge deux déterminations congruentes mais néanmoins distinctes, à savoir le refus de l'impudicité d'une part, et les contraintes pratiques de la conduite d'autre part. C'est en quoi du reste elle relève d'une méthode : être sincère, c'est pour Montaigne, non s'exhiber, mais se dire, non simplement parler, mais également agir. Nous sommes sincères quand notre discours recouvre un positionnement pratique admissible et que nous ne nous contentons ainsi pas de nous décrire, mais contribuons par notre parole à nous faire. D'où que « je me suis ordonné d'oser dire tout ce que j'ose faire », confirme Montaigne (*ibid.*), de sorte qu'en effet le « faire » est au sens propre et littéral civil, public et inscrit dans une réalité effective des pratiques humaines. Ce qui importe au premier chef, c'est dès lors de réduire la distance qu'il y a du positionnement pratique que recouvre la franchise à l'édification en première personne de l'être singulier qui trouve le courage de la parole : « Les maux de l'âme, dit Montaigne (*ibid.*, 1321/846), s'obscurcissent en leur force : le plus malade les sent le moins. Voilà pourquoi il les faut remanier au jour, d'une main impiteuse[1] : les ouvrir et arracher du creux de notre poitrine » – où se dire est se faire, et se faire est s'instruire de soi, se former, s'élever, s'édifier.

Ce n'est manifestement pas tant par complexion que par rigueur, non pas tant par nature qu'avec application que Montaigne se fait Montaigne au creux du travail des *Essais* et de leur visée de réflexivité. Que faire l'aveu de sa nature consiste à régler sa conduite, cela subvertit à coup sûr l'idée qu'on se fait ordinairement de la « confession » et de la prétendue intimité de ses motivations. Mais pour autant le problème de la « sincérité » n'est pas tout à fait résolu par la solution pratique que paraît lui donner Montaigne. « Je dis vrai, concède-t-il en effet (3.02,

---

1. Implacable.

1257/806), non pas tout mon saoul : mais autant que je l'ose dire : Et l'ose un peu plus en vieillissant : car il semble que la coutume concède à cet âge, plus de liberté de bavasser, et d'indiscrétion à parler de soi. » Si les règles de la civilité maintiennent le discours dans le champ de la pondération et qu'elles ordonnent la franchise sur ce que les mœurs ont la capacité d'en recevoir, il paraît y avoir dans l'esprit et la lettre du texte de Montaigne quelque irréductible résidu, qui ressortit à l'impubliabilité de certaines pensées, opinions, réflexions intimes, images verbales de soi. Et que cela afflige fondamentalement Montaigne se déduit de la gêne qu'il en éprouve : « [je] me déplais des pensées mêmes impubliables », reconnaît-il (3.05, 1320/845), soulignant par là qu'on n'est pas absous de ne simplement rien commettre de répréhensible, et que de la confusion des pensées émanent les relents jaillis d'une tourbe intellectuelle présente à soi et entretenue de mots, pourtant insupportable à soi comme à l'espace public de la parole. La méthode de la sincérité ne couvre donc pas complètement à elle seule la voie de l'authenticité et de l'auto-narrativité, qui requièrent en outre, sinon que l'indicible soit dit, en tout cas que ce qui se dit parvienne à voiler ce qui doit rester caché. Est-ce donc vraiment à dire que « ce dont on ne peut parler, il faut le taire » ?

Pour reprendre alors l'image de ce qu'on s'arrache de la poitrine, il faudrait donc expectorer l'indicible qu'on porte en soi, l'exigence de sincérité le demande, et se retenir d'être sot, qui est pratique de civilité. Or ce qui importe à Montaigne, ce n'est pas cette tension, voire cette contradiction apparente entre l'exposition et la rétention, mais précisément que nous puissions nourrir d'indicibles pensées, non pas tout à fait indicibles d'ailleurs, puisque nous les concevons, mais informulables, c'est-à-dire indémêlables. Par où nous ne sommes pas tant dissimulateurs comme méconnaissables à nous-mêmes, instables et fragiles. « Je n'ai vu monstre et miracle au monde, plus exprès, que moi-même, lit-on dans l'essai "Des boiteux" (3.11, 1599/1029). On s'apprivoise à toute étrangeté par l'usage et le temps : mais plus je me hante et me connais, plus ma difformité m'étonne : moins je m'entends en moi. » Autrement dit, l'intention de vérité et de sincérité qu'entretiennent les *Essais* se heurte à une impossibilité structurelle d'accéder à soi-même en toute connaissance de cause et en toute transparence. Ce qu'on aurait tort d'interpréter comme un aveu d'impuissance. Certes, Montaigne se reconnaît dans l'« Apologie… » « vanité » et « faiblesse », avant de s'en remettre à Catulle pour se comparer à « un frêle esquif », *deprensa navis* (2.12, 878/566). Non pas au seul sens où il est comme toutes choses asservi à un mouvement universel, mais aussi et sans doute surtout au sens où cette mobilité s'éprouve existentiellement et spéculativement comme une espèce de mutation ou même de métamorphose de soi-même en d'innombrables et méconnaissables nouveaux soi.

Très paradoxalement en effet, l'autoportrait que dresse Montaigne de lui-même confine à une forme de déconnexion de soi à soi, ou même à quelque chose comme à une *structure d'oubli*. Prenant le contre-pied du thème ordinaire de l'identité, qui requiert non peut-être qu'on soit toujours le même, mais du moins qu'on n'ait pas oublié d'avoir été ce qu'on n'est plus, il va jusqu'à s'identifier à une sorte de présent textualisé dont l'épaisseur n'est pas de temps, mais dans lequel sa « difformité » se fait singularité. « En mes écrits mêmes, dit-il (*ibid.*), je ne retrouve pas toujours l'air de ma première imagination : je ne sais ce que j'ai voulu dire : et m'échaude[1] souvent à corriger, et y mettre un nouveau sens, pour avoir perdu le premier qui valait mieux. » Ce qui ne traduit pas une vague instabilité psychique, mais accuse bien une problématique de l'oubli de soi. Seulement pour Montaigne l'oubli, se conjuguant à l'actualité d'un train de pensées, produit de nouveaux effets de sens dans lesquels transpirent un travail de la conscience et des mécanismes de formation et de reformation permanente de l'identité personnelle. En jeu, il y a ici, non la caducité d'une écriture et de ses interprétations, mais le caractère protéiforme de la personnalité qui forme le noyau d'une telle expérience existentielle d'écriture. Il faut dès lors faire le pari d'une approche symptomatologique des *Essais* et y lire une conception non pas instrumentale mais ontologique de l'écriture, destinée à produire l'expérience unique et perpétuellement renouvelée d'un Montaigne aux prises avec sa propre existence et avec l'horizon de sens qu'elle recouvre pour lui. « Je m'entraîne quasi où je penche, insiste-t-il en effet (*ibid.*, 879/566), comment que ce soit[2], et m'emporte de mon poids. » Où il faut bien reconnaître qu'exprimant dans son événementialité le renouvellement de ses conceptions, le texte des *Essais* livre non seulement une manière d'enregistrement de ses états de conscience et de pensée, mais aussi la matrice dans laquelle Montaigne lui-même s'identifie à eux. Ce qui signifie que la succession des pensées ne préfigure pas l'histoire d'un « sujet » exposant ses conceptions tout en restant essentiellement rassemblé autour de lui-même, mais que le travail de l'écriture cristallise plutôt en une

1. Me nuis.
2. De quelque façon que ce soit.

succession d'épreuves l'individu singulier Montaigne, qu'on reconnaît à travers l'inlassable permutation de ses discours, organisés selon une logique de l'oubli et de la recomposition permanente de soi.

Les *Essais* forment assurément un système d'énoncés recouvrant une véritable ontogenèse de Montaigne, non comme mémoires ou confessions, non comme des éphémérides, mais comme la formule livresque et vivante à la fois d'un destin singulier portant le nom de « Michel de Montaigne ». Interpréter comme étroitement liés, voire entre-expressifs, les *Essais* et le récit qu'ils donnent de leur élaboration et de leur débordement textuel, c'est comprendre que le travail de l'écriture ne peut être isolé du portrait que dresse Montaigne de lui-même comme centre de rotation de l'ensemble de ce processus. Qu'il y soit oublieux du sens des choses et de lui-même ne trahit pas nonchalance ou distraction, mais que l'écriture, dans une fonction performative qui lui est propre, impose de reconnaître qu'on ne cesse de se perdre et qu'il importe par là de ne cesser de se reconstruire – processus réflexif qui se rapporte en somme à la reconstruction originale de la pensée et de son discours, c'est-à-dire à l'ouverture de possibilités originales pour l'écriture et de nouvelles figures de la rationalité.

Tout le problème du rapport de Montaigne aux *Essais* est effectivement là : le processus de leur composition est un moment privilégié de la formation et de la réalisation de leur objet, et un tel objet ne se réduit pas à certaines opinions, même nombreuses, de Montaigne, mais recouvre quelque chose comme lui-même « en personne » : c'est que « nous allons conformément, et tout d'un train, mon livre et moi », assure Montaigne dans l'essai « Du repentir » (3.02, 1258/806), signalant une coïncidence effective du cheminement textuel du livre et de celui, existentiel, de son auteur. Il faut donc admettre que « livre » et « moi » sont les formules réciprocables d'une réalité humaine parfaitement unique dans sa spécularité. Simple hypothèse d'une efficace de la connexion « et » entre un livre qui n'existe, au point de vue de Montaigne, que dans sa construction perpétuellement refondée, et un moi que rien n'indique comme substantiel et objectivable ; et que rien, même, n'indique comme substantif et descriptible. Au point de vue des *Essais*, parler d'un « moi » de Montaigne, au sens d'un génitif de possession, c'est un complet contresens sur l'événementialité de l'œuvre, c'est-à-dire sur la volatilité de l'écriture et sur l'infinie discursivité de son fait. Entendons à la fois par-là que la fabrication du texte des *Essais* est perpétuellement reprise, donc perpétuellement retardée ; et que l'ensemble composé de l'ouvrage et de son auteur présente une dimension qu'on pourrait par approximation qualifier de « performative », le discours ayant pour fonction la réalisation d'un fait, Montaigne, que traduit son dire, les *Essais*. « Je n'ai pas plus fait mon livre, écrit-il (2.18, 1026/665), que mon livre m'a fait. Livre consubstantiel à son auteur : d'une occupation propre : Membre de ma vie : Non d'une occupation et fin, tierce et étrangère, comme tous autres livres. » Mettre ainsi au jour l'événementialité discursive de l'œuvre, c'est faire l'hypothèse qu'elle n'est pas l'ectype – à la lettre : l'imprimé – d'une vie qui s'enregistre au fur et à mesure de son défilement, et qu'elle n'est donc pas la doublure stylisée d'une réalité empirique déterminée dans sa contingence. En disant autrement : les *Essais* ne sont pas le « livre-miroir » de Montaigne, ils sont quelque chose comme son « livre-existence ».

En soi néanmoins, cette conjonction du texte et de l'existence n'est pas très aisée à déterminer. « J'ai mis tous mes efforts à former ma vie », écrit en vérité Montaigne, commentant par là le souci qu'il vient de formuler : « Quel que je sois, je le veux être ailleurs qu'en papier » (2.37, 1226/784). Il y aurait donc argument à disjoindre le texte des *Essais* de la vie de leur auteur et à marquer le privilège pratique de celle-ci au détriment de l'inconsistance langagière de celui-là. « Mon Dieu, Madame, ajoute Montaigne (*ibid.*), que je haïrais une telle recommandation, d'être habile homme par écrit, et être un homme de néant, et un sot, ailleurs. » Si le propos est difficile, c'est qu'il ressortit à une véritable dénégation de l'écriture et de sa performativité, à une véritable dénégation des *Essais* eux-mêmes, qu'on pourrait résumer par cette annonce : « Je suis moins faiseur de livres, que de nulle autre besogne » (*ibid.*). Ce qui ne se comprend guère, sinon à retourner le propos contre les apparences que veut manifester Montaigne, et considérer que les *Essais* ne sont pas un « livre », chose en quoi il serait par exemple simplement question de « faire magasin »[1] de ses opinions (*ibid.*). L'idée qui se dégage de la distance que Montaigne entend mettre entre son œuvre et lui-même est qu'il ne la conçoit pas comme le texte édifiant d'une existence qui s'érigerait en modèle moral – et proprement « livresque » – mais comme intégrée au destin prétendument ordinaire d'un « homme de la commune façon » (2.18, 1024/663) à qui il importe fondamentalement de parvenir à s'y entendre sur lui-même – à s'y entendre sur l'existence et ses infinies modalités cognitives ou morales. « Je ne dresse pas ici une statue à planter au carrefour d'une ville, ajoutera-t-il (*ibid.*,

1. Emmagasiner comme des provisions.

1025/664), ou dans une Église, ou place publique. » En
concédant même la « bonne foi » du propos et que l'intimité
de l'entreprise des *Essais* en est une propriété essentielle,
une question demeure, qu'on pourra énoncer en mode de
paraphrase : à quoi bon le livre, qui n'est pas un livre, mais
qui ne laisse pourtant rien à désirer et deviner de Montaigne[1],
lequel à son tour ne consent pas de n'être que son livre ?

La clé d'une solution à cette difficulté pourrait se trouver
dans l'analyse, non des fins de Montaigne, prises dans les
contradictions de l'être et du faire, de l'intime et du social,
du public et du privé ; mais de sa « méthode », s'il est
permis d'abuser du mot, et plus exactement dans les
procédures d'auto-narrativité qu'il met en œuvre pour
satisfaire aux exigences d'une portraiture à laquelle il
refuse d'être assimilé et sans laquelle pourtant il ne conçoit
ni d'être ni de laisser de traces de ce qu'il est[2]. « J'ose non
seulement parler de moi, écrit-il vers la fin du chapitre "De
l'art de conférer" (3.08, 1474/942), mais parler seulement
de moi. » Pour éviter d'y voir un fait de coquetterie littéraire,
on admettra que la diversité des thèmes montaigniens
renvoie toujours, de près ou de loin, à une problématique
de son édification propre. Et qu'elle explique qu'il se
déclare « Roi de la matière [qu'il] traite », et ne devoir
« compte à personne » (*ibid.*, 1475/943). Or c'est précisément
dans ce rapport exclusif à soi que se fait jour une vérité de
la « méthode » autobiographique de Montaigne, qui n'est
ni méthodique ni descriptive, mais révélatrice d'un enjeu

---

1. Paraphrase de l'essai « De la vanité » (3.09, 1533/983) : « Je ne
laisse rien à désirer, et deviner de moi. »

2. Dans le même essai « De la vanité », Montaigne écrit en effet
(3.09, 1532/982-983) : « Je ne veux pas, après tout, comme je vois souvent
agiter la mémoire des trépassés, qu'on aille débattant : Il jugeait, il vivait
ainsi : il voulait ceci […]. Tant y a, qu'en ces mémoires, si on y regarde,
on trouvera que j'ai tout dit, ou tout désigné. »

à la fois, pour lui, épistémique et existentiel : rendre compte de la possibilité de l'autonarration, et s'entendre soi-même dans l'effort accompli de cette autonarration. De fait, que tout le texte de Montaigne renvoie systématiquement à l'homme Montaigne, cela s'explique par au moins deux passages emblématiques des *Essais*.

α) Le premier est dans la continuité des analyses réflexives du chapitre « De l'art de conférer » (*ibid.*) : « Je me présente debout et couché ; le devant et le derrière ; à droite et à gauche ; et en tous les naturels plis. Les esprits, voire pareils en force, ne sont pas toujours pareils en application et en goût. » Ce qui signifie assez simplement qu'il n'y a d'autre véridique façon de se dire qu'en s'exposant *contradictionnellement* et, consécutivement : prolifiquement. Ce n'est en effet pas la série des contradictions, en tant que telles, qui fait sens, mais plutôt qu'elle laisse transpirer une prolixité de l'énonciation, dans la variation de laquelle se dessine temporairement, fugitivement, une certaine esquisse momentanée d'un Montaigne momentané. Ce que corrobore de fait le début du chapitre « Du repentir » (3.02, 1256/805) : « Il faut accommoder mon histoire à l'heure. Je pourrai tantôt[1] changer, non de fortune seulement, mais aussi d'intention : C'est un contrerôle[2] de divers et muables accidents, et d'imaginations irrésolues, et quand il y échoit, contraires : soit que je sois autre moi-même, soit que je saisisse les sujets[3], par autres circonstances, et considérations. [...] Si mon âme pouvait prendre pied, je ne m'essaierais pas, je me résoudrais : elle est toujours en apprentissage, et en épreuve. » Si, par approximation, il est permis de parler d'une méthode montaignienne de

1. Sous peu.
2. Registre.
3. Objets.

l'autonarration, c'est pour y reconnaître l'exigence, non de la prolixité seulement, mais bien de la variété et de son irréductibilité, dont elle est précisément le symptôme. Il n'est pas fortuit que Montaigne dise se trouver tout uniment dans l'instant et que l'instant soit, non celui de son être seulement, mais aussi celui de son dire, non de sa « vie », mais de l'énonciation qu'il parvient à en donner. Et c'est précisément parce que la chose n'est pas fortuite qu'elle est problématique et assumée comme telle par Montaigne.

Ainsi « De l'inconstance de nos actions » (2.01, 539/335) : « Je donne à mon âme tantôt un visage, tantôt un autre, selon le côté où je la couche. Si je parle diversement de moi, c'est que je me regarde diversement. Toutes les contrariétés s'y trouvent, selon quelque tour, et en quelque façon. » Montaigne n'accuse pas le caractère primesautier du discours égologique, il postule plutôt que la diversité de l'être et du faire doit être prise dans celle du regard et de sa traduction sémantique, comme si le nuage de points constitutif de la réalité individuelle et singulière n'était appréhendable que sous le flux passager de l'éclairage herméneutique qu'un regard lui-même singulier et fugitif est capable d'y projeter. « Moi à cette heure, et moi tantôt, sommes bien deux », écrit encore Montaigne (3.09, 1505/964), ajoutant que l'existence est « un mouvement d'ivrogne, titubant, vertigineux, informe », soumis à un regard en lui-même parfaitement incertain[1]. Où – pour

---

1. On aura parfois hâtivement tenu les *Essais* pour l'enregistrement minutieux d'états de pensée successifs et passablement contingents. Il est clair, par exemple, qu'on trouve en Pascal une lecture qui les réduit à quelque chose comme une figure littéraire relativement complaisante des désordres du moi. Car si Montaigne « avait bien senti le défaut d'une droite méthode » pour traiter « de la connaissance de soi-même », ce n'en était pas moins un « sot projet qu'il a [eu] de se peindre », et plein

forcer le trait – se fait jour la personnalité de Montaigne, identifiable non point à tels traits caractéristiques, mais à une écriture et à ses effets de recoupement, de redondance, de prolixité : « Je peins principalement mes cogitations, sujet informe qui ne peut tomber en production ouvragère[1] », assure-t-il (2.06, 603/379), rapportant en effet systématiquement son propos à lui-même en première personne, puisqu'il n'y a de propos des *Essais* qui ne soit le biais herméneutique d'une véritable préhension des choses et des événements, des autres et du monde. « Je m'étale entier » n'a donc pas le seul sens d'un déploiement complet de soi-même dans la succession des appréhensions fugitives qu'en a Montaigne. Il faut y voir également un retournement incessant du geste de la « vie » dans les contraintes de

de « confusion » (*Pensées*, 780 [Lafuma] / 62 [Brunschvicg]). L'interprétation, qui trahit plus Pascal qu'elle ne décrit Montaigne, présente le réel intérêt de cristalliser une certaine question de méthode, c'est-à-dire de montrer que « se peindre » serait déterminé comme un projet relevant de l'alternative de l'ordre ou du désordre, c'est-à-dire d'une entreprise disciplinaire – il faut penser à Descartes – ou bien d'une « nonchalance […] sans crainte et sans repentir » (cf. *Pensées*, 680 [L] / 63 [B]). Double faute, selon Pascal. De Descartes, d'abord, qui croit pouvoir demander : « Mais moi, qui suis-je […] ? » (*Méditations métaphysiques*, II, AT, IX, 21) et apporter une réponse méthodique et objective. Ce qui ne saurait être qu'un présomptueux dispositif rhétorique allant donner raison à Montaigne contre Descartes, car il ne peut y avoir de méthode relativement à ce qui ne peut tout bonnement pas être objet. Mais faute aussi de Montaigne, et non pas moindre, notamment eu égard au devoir de piété : « il parlait trop de soi » (*Pensées*, 649 [L] / 65 [B]), stigmatise Pascal, c'est-à-dire qu'il avait tout simplement le tort de montrer de l'intérêt pour lui-même, ce qui rend ses propos « inexcusables ». D'où le renvoi dos à dos de Montaigne et de Descartes, Pascal enfermant la question du moi dans l'alternative de l'ordre et du désordre, qu'il ne parvient à dissiper qu'avec une thématique de la haine de soi et du postulat de la charité qui lui est connexe (Comparer *Pensées*, 597 [L] / 455 [B] à 220 [L] / 468 [B] et 271 [L] / 545 [B]).

1. Se traduire par des actes.

l'écriture, celle-ci formant le dispositif opératoire d'une espèce de dépeçage libre et spontané de Montaigne par lui-même.

β) En Montaigne, le singulier est pluriel : multiple, variable, hétéronome, passant d'une pensée à une conviction et de celle-ci au désarroi, faisant parfois écho à lui-même et parfois y demeurant aveugle. Singularité démultipliée, pluralité réappropriée, les *Essais* ne « récitent » pas le délitement de l'entreprise égologique, ils en marquent une relation pénélopéenne à l'universel. Le portrait, le moi qui s'y dessine, le texte qui les rend manifestes, « c'est un *skeletos*, écrit Montaigne (*ibid.*), où d'une vue les veines, les muscles, les tendons paraissent, chaque pièce en son siège ». Métaphore que son caractère très atypique interdit de résumer à une thématique de l'authenticité, par le biais non de la nudité seulement, mais de l'écorchure et de l'intériorité qui s'expose. Il se peut que la métaphore appelle d'abord une lecture classique et une mise en correspondance des organes et de l'intériorité, de leur exposition et de la parole sincère et authentique. Mais le texte de Montaigne exige plus, et de considérer également que « veines », « muscles », ou « tendons » sont en eux-mêmes ces pièces très singulières – au sens où elles appartiennent à un être singulier dont elles trahissent fonctionnellement les mouvements – par quoi le singulier cesse d'être singulier, par quoi un individu n'est plus rien de « propre » mais au contraire assimilable à tout autre individu, par quoi enfin le particulier, sans aucune dialectique, sans aucune conversion, mais immédiatement, est perçu comme universel. Les pièces mécaniques de notre corps sont bien nôtres, et même au sens le plus intime possible du terme, puisqu'elles sont nous, tout simplement, et que nous ne sommes que par elles. Mais ces pièces sont aussi ce en quoi nous ne sommes plus en tant que *nous-même*, elles sont ce par quoi nous devenons assimilables les uns aux autres, identiques de condition et, en somme, tout simplement universels – corps, fonctions, interactions, réseaux : évanescence du réel et de son humanité.

« Mon livre et moi », ce n'est donc assurément pas pure réflexivité, mais bien construction : l'émanation discursive d'une expérience de soi et du monde, à la fois inachevable et irréductible aux schèmes d'appropriation que nous sommes accoutumés de nous en donner par voie de dédoublement spéculaire et de techniques autobiographiques. Quant aux *Essais*, le moi est dans le livre, le livre est le moi, tandis que le livre se fait et tandis que le moi se compose incessamment. Mais c'est parce que, d'un seul et même mouvement, ils marquent une fluidité, un ressassement, une reconstruction permanente de la « réalité » confondue aux représentations que nous en avons, identique aux interprétations que nous nous en donnons. La leçon de Montaigne à Montaigne est leçon de connaissant à connaissant, d'agissant à agissant, d'incertain à consentant, de la curiosité à la contemplation. Se plaindra-t-on que Montaigne parle trop de soi ? Lui s'énonce « le premier par [son] être universel[1] : comme, Michel de Montaigne » (3.02, 1256/806). La rencontre de l'« universel » et du singulier, c'est le tissu indéfini des concrétions textuelles dont porte témoignage le texte indéfiniment retravaillé des *Essais*, texte d'une entièreté perpétuellement questionnée. Il ne faut par conséquent pas interpréter de manière prosaïque et unilatérale cette idée que : « Chaque homme porte la forme entière, de l'humaine condition » (*ibid.*). On jugera

1. Entier.

que s'il *ne* s'agit *que* d'une « forme », il revient à l'individuel et au singulier d'en être l'effectivation, c'est-à-dire la pluralisation. Dans cette optique, on comprendra mieux la distance que voit Montaigne entre son entreprise égologique et celle des moralistes : tandis que « les autres forment l'homme, dit-il (*ibid.*, 1255/804), je le récite ». Eux postulent l'universel et cherchent à l'abstraire, lui rencontre le singulier-pluriel et le réalise en son entièreté textuelle indéfiniment inachevée. Peut-être faut-il donc en venir à imaginer que les *Essais* vont outre Montaigne et qu'en effet Montaigne n'a de réalité, pour lui-même comme pour nous, qu'en tant que cette aspiration à *de* l'universel, comme parole textuelle et proliférante, critique, contradictoire, redondante, récurrente, réajustée, assertive ou interrogative, sceptique et dogmatique, protéiforme en tout cas et pour reprendre une de ses expressions : « effectuelle ». Et qui s'offre très simplement : « Comme les enfants proposent leurs essais, instruisables, non instruisants » (1.56, 523/323).

LIRE MONTAIGNE COMME LIT MONTAIGNE

« *Au lecteur intelligent et digne de foi* »[1]

Une lecture académique des textes consiste dans l'application d'un protocole très spécifique et qui se tient relativement à distance de ce qu'on nomme ordinairement « lire ». Le plaisir de lire ou son utilité immédiate forment un ensemble extrêmement disparate d'où se détachent précisément des pratiques professionnelles elles-mêmes assez diverses, mais qui se rassemblent autour d'une intention de vérité et d'un partage communicationnel de cette vérité. Partage qui prend la forme de l'article, de la leçon ou du livre, parfois même du sermon – en somme du commentaire écrit ou oral qu'on propose à l'attention d'un public indifféremment large ou étroit. Dans son sens académique, la lecture consiste dans une construction associant un travail de déchiffrement des textes et la mobilisation, aussi bien d'appareillages conceptuels jugés appropriés, que de contextes méthodologiques réputés efficaces. C'est alors un va-et-vient harmonique entre un bloc de références – les textes employés comme ressources

---

1. L. Strauss, *La Persécution et l'Art d'écrire*, trad. fr. O. Sedeyn, Paris, Gallimard, 2009, p. 55.

destinées à la réflexion – et la couture plus ou moins fine et ajustée d'opérations herméneutiques, de paraphrases éclairantes, d'extrapolations proches ou distantes, de reformulations ou d'explications tentantes, parfois discutables, souvent discutées. Le métier ainsi mobilisé a pour vocation d'augmenter le savoir disponible au sujet des œuvres ou de leurs extraits étudiés et d'en porter plus avant la compréhension, quitte parfois à bouleverser cette dernière. La classe, le séminaire, le colloque ou le livre recouvrent sans doute des attitudes et des techniques différenciées, mais ils reposent au fond tous sur une même volonté professionnelle de vérité et ne visent pas à autre chose qu'à de la compréhension commune : à de l'intercompréhension savante.

Mais « lire Montaigne » ? Par métonymie, on entend principalement les *Essais*, quoique précisément l'objet « Montaigne » fait en lui-même problème. Qu'est-ce donc, en effet, que « Montaigne » ? Une réponse triviale à la question n'est pas tout à fait une réponse. L'homme naquit, il vécut et il mourut : nul n'en doute, nul n'en juge autrement. Et d'une certaine manière, tout est dit par cela seul. À quoi on peut bien ajouter qu'il vécut ainsi, qu'il fit cela et même, peut-être, qu'il pensa encore autre chose. De fait, par analogie avec ce que chacun de nous expérimente intimement et en première personne, on peut estimer, non seulement que Montaigne vécut ce qu'il vécut, mais qu'il comprit ce qu'il comprit et qu'il entreprit d'écrire ce qu'il écrivit. En quoi, sans doute, Montaigne écrivant p, Montaigne pensait p. L'ennui reste que p n'est pas toujours clairement saisi ; que p n'est *a fortiori* pas toujours précisément exprimé ; enfin qu'à p se substitue impromptu q, dont il apparaît derechef qu'il peut n'être pas toujours clairement saisi ni précisément exprimé. Que pensons-nous effectivement quand nous pensons p ? Cela dépend beaucoup de p. Parfois, par exemple, nous imaginons que « le petit chat est mort », proposition dont l'intellection, pourtant si simple, renvoie à tant de choses si différentes les unes des autres... Et savait-il vraiment ce qu'il écrivait, celui qui écrivit dans l' « Apologie de Raymond Sebond » (2.12, p. 710/452) : « Quand je me joue à ma chatte, qui sait si elle passe son temps de moi plus que je ne fais d'elle » ? Incertitude de sceptique ? Trait d'humour aristocratique ? Conviction profonde de métaphysicien : que les bêtes projettent leur intentionnalité et l'orientent dans un usage délibéré des représentants de l'espèce humaine ? Un peu de tout cela, peut-être, rien de tout cela, possiblement. Pour bien faire, il faudrait en réalité identifier convenablement le contexte d'énonciation de p et s'attacher à tirer et à relier l'ensemble des fils permettant d'en tisser le sens, c'est-à-dire d'en restituer la plénitude discursive.

Aussi l'objet « Montaigne » est-il plutôt affaire de contextes que de simple dénotation, c'est-à-dire une construction sémantique au sein d'un système représentationnel normatif auquel on se réfère pour lire les *Essais*. Sans difficulté, on peut à cet égard distinguer au moins trois de ces contextes. Pour le premier, il s'agit de celui d'une philosophie de grand public, pour lequel Montaigne est un « homme », un « sage », un écrivain qu'il faut lire ou, à défaut, qu'il faut savoir écouter par le truchement de ses vocalisateurs et commentateurs audiovisuels. S'imprégner de son calme, s'inspirer de son honnêteté, s'amuser de ses traits d'esprit et admirer l'indéfectible amitié qui pouvait le lier à La Boétie – l'essentiel est dans cette servitude de consommation volontaire qui fait du produit « Montaigne » une valeur sûre de l'édification morale et le représentant majeur d'un humanisme bon teint et « tellement contemporain ».

Mais ce qu'on appelle « Montaigne » ou, alternativement, « *Les Essais* », est aussi un objet philologique éminent pour les études littéraires, auxquelles nous devons en fait la réalité même du texte disponible, c'est-à-dire la succession de ses éditions savantes. Un siècle sépare les débuts de l'édition dite « municipale » de Bordeaux, à partir de 1906, de celle, minutieuse et peut-être définitive, de la Pléiade, en 2007 – un siècle de travaux issus de la patience tout archéologique d'une nuée de chercheurs, de défricheurs, d'enquêteurs et d'herméneutes ne renonçant à aucun effort pour produire l'œuvre d'abord, mais le dispositif technique également portant le nom : *Les Essais*. Sans cette fabrique de la mémoire matérielle que constituent les études philologiques, le texte reconstitué dont l'individu Montaigne fut le scripteur ne serait pas consolidé et nous n'en pourrions pas expérimenter les possibilités, c'est-à-dire entreprendre de le lire et de l'interpréter. Notre dette à l'égard des « bibliophiles », comme on les appelle parfois, est donc considérable et elle fait de nous leurs éternels débiteurs.

Cependant, à partir d'un tracé facilement identifié de la jointure du texte et de son auteur, cette jointure étant diversement et explicitement revendiquée par Montaigne lui-même[1], un troisième contexte s'est créé dès le milieu du XXᵉ siècle, qui intégra Montaigne dans les études philo-sophiques et prit le parti d'excéder un intérêt philologique et littéraire cultivé de longue date. Les thèmes de la « conscience » ou de l'« identité personnelle » permirent de dessiner un « Montaigne philosophe », c'est-à-dire, au

---

1. Cf. *supra*, « Épilogue », p. 299 *sq.*

premier chef, un humaniste et un moraliste, tandis qu'on passait de la description d'actions et d'états d'esprit liés à ces actions aux thématiques qui en tiennent lieu de forme ou de schème d'abstraction, comme le montre l'essai « De l'exercitation » (2.06, p. 604/379)[1] : « Ce sont mes gestes que j'écris ; c'est moi, c'est mon essence ». Convertissons donc avec Montaigne l'apparence en son essence et nous rejoindrons ainsi les premières aires de vérité des *Essais*. Adossée à une telle formalisation et lovée dans un espace de familiarité conceptuellement accessible, une certaine philosophie, convenablement distillée, peut dès lors à son tour inspirer les images que le grand public se fait désormais du philosophe que nous connaissons pour être un modèle de sérénité existentielle : « la figure même du gentilhomme humaniste auréolé du plus pur détachement »[2]. Et la boucle des contextes est ainsi close sur elle-même.

Car ces trois contextes se font réciproquement écho et partagent un commun : l'intention de vérité. Mais, plus précisément, ils partagent la conviction intime qu'il est possible, à travers les *Essais*, d'atteindre l'objet « Montaigne » tel qu'en lui-même – en son « essence », pour reprendre l'expression même de l'auteur. Mais il reste à savoir s'il faut entendre uniformément le « c'est mon essence » de Montaigne et la revendication plus ou moins explicite de l'exégète : « ma lecture des Essais révèle l'essence de Montaigne ». Le présupposé fondamental de cette dernière est que la lecture et l'interprétation, que la multiplication des lectures et des interprétations permettent de faire émerger, même asymptotiquement, une figure vraie nommée « Montaigne », dont l'existence en même temps que la vie

---

1. Cf. *supra*, p. 305.
2. *Philosophie magazine,* 22 mai 2014.

intellectuelle, proprement interconnectées, deviennent dicibles et reconstructibles dans leur authenticité première. Nous ne rencontrerons plus jamais « l'homme Montaigne », mais un certain travail de l'exégèse permet de revendiquer de nous faire approcher « Montaigne, l'homme, le penseur » ou, du moins, la diversité des champs d'exercice de sa réflexion. Telle est la tâche de la communauté des spécialistes de Montaigne, de ceux qu'on appelle les « montaignistes », et elle s'accomplit régulièrement et avec un incontestable bonheur dans les aires institutionnelles appropriées à son déploiement académique. Mais il ne viendrait à l'idée de personne de se déclarer « montaignien », alors même que le vocable existe et qu'il permet de qualifier telle manière de dire, tel trait d'esprit, le rythme d'une phrase ou le mouvement discursif d'une séquence. Autrement dit, on peut bien être kantien ou hegélien, c'est-à-dire adopter un système de pensée et s'y glisser tout entier – alors qu'un hegélianiste n'est qu'un spécialiste de Hegel – mais il reste bien certain que nul ne saurait prétendre suivre Montaigne comme on a suivi Augustin ou qu'on suit Bergson : de Montaigne, il y a bien des spécialistes, il n'y a pas de sectateurs !

Or en quoi cela consisterait-il, que d'être proprement montaignien plutôt que simplement montaigniste, et que de revendiquer une authentique communication des pensées plutôt que l'objectivité d'un déploiement et d'une mise à distance académiques d'un corpus littéraire ? Sans doute « vivre comme Montaigne » est-il dénué de sens, tout comme discerner, dans la foule de ses « pensements », ceux qui aideraient à mener une vie bonne, tout à la fois heureuse et juste. Il y a même dans cette formule d'une « vie bonne » un certain anachronisme, l'expression n'irriguant plus guère les valeurs de vie contemporaines, plutôt axées autour des principes d'égalité ou de liberté. « Être montaignien » ne peut donc avoir de sens que dans l'idée que certaines manières de penser, certains arguments accompagnés des modalités selon lesquelles ils font précisément argument s'imposent à ce jour à nous comme autant de pistes intellectuellement et pratiquement fécondes. Les positions théoriques de Montaigne, autant dans le domaine d'une épistémologie que dans celui d'une éthique, si singulières soient-elles, seraient réplicables parce qu'elles resteraient pertinentes dans un temps, le nôtre, dont leur auteur ne pouvait évidemment anticiper ni les contraintes, ni les propriétés historiques. Or notre aujourd'hui, en retour, n'a lui-même qu'une connaissance vague et médiocre de l'époque où une pensée a cristallisé sous cette forme si particulière qui porte le nom : *Les Essais*. Nous sommes de fait aussi étrangers au monde de Montaigne qu'il est naturellement étranger au nôtre, et pourtant nous pouvons parier sans audace excessive que des procédures intellectuelles engagées dans un ouvrage natif du passé restent éclairantes pour notre présent et susceptibles de faire sens dans un monde totalement étranger à celui qui en a été le ferment.

Montaigne est donc à distance, irrémédiablement. Que signifie alors : « combler la distance » ? Une chose est sûre, c'est que le projet de converser avec lui à partir des traces textuelles qu'il a laissées, aussi abondantes soient-elles, est un pur non-sens : ni Montaigne, ni les *Essais* ne nous parlent, pas plus que nous ne leur parlons ! La métaphore d'un va-et-vient conversationnel, quoique largement usitée, se révèle littéralement absurde, et c'est à nous – et exclusivement à nous – qu'il revient d'y lire ce que nous pouvons y lire, cent choses que nul n'y a jamais lues « et à l'aventure outre ce que l'auteur y [a] mis »[1]. Pour dire simplement : être montaignien, ce pourrait bien consister à lire Montaigne comme a lu Montaigne. Et ce serait alors penser comme il a pensé : non ce qu'il a pensé, assurément, mais *comme* il pensait, peut-être, très sérieusement, « à sauts et à gambades »[2].

Il est vrai que Montaigne associe explicitement la lecture à des visées diverses et, avant tout, au plaisir et même à une forme toute littéraire de critique. « Je ne cherche aux livres qu'à m'y donner du plaisir », écrit-il dans l'essai « Des livres » (2.10, p. 647/409 et 649/411), ajoutant : « Je ne puis lire si souvent que je n'y trouve quelque beauté et grâce nouvelle ». À quoi sont consacrées quelques pages qui suivent, tantôt pointant « cette perpétuelle douceur et beauté fleurissante des Épigrammes de Catulle », tantôt comparant Virgile, qui irait « à tire d'aile, d'un vol haut et ferme », à l'Arioste, qui se contenterait de « voleter et sauteler de conte ne conte […] pour une bien courte traverse » (p. 651-652/412). Où l'on observe l'émergence presque spontanée d'une pratique de la « littérature comparée » et les linéaments d'une justification argumentée de ses distinctions formelles et de ses évaluations rhétoriques. Pour autant, il existe aussi chez Montaigne des lectures d'édification, pour ainsi dire, « par où [il] apprend à ranger [ses] opinions et conditions » (p. 652/413). À ses yeux comme aux nôtres, les livres sont donc souvent instructifs et nous avons selon lui – comme selon nous – beaucoup à y apprendre. Aucune originalité en cela, d'ailleurs, ce qui permet à tout un chacun, par une sorte de projection

1. « De l'institution des enfants » (1.25/26, p. 240/156) – voir *supra*, p. 174.
2. Cf. *supra*, « Prologue », p. 32.

spéculaire, de s'approprier un Montaigne rendu un peu insipide, mais si facile à suivre et à imiter !

Mais ce Montaigne littéraire et ce Montaigne moraliste pourraient bien être fort éloignés, en réalité, d'un Montaigne véritablement théoricien de la lecture. Il y a effectivement, dans les *Essais*, une autre entrée par où s'exprime une double exigence d'hétéronomie et d'autonomie entremêlées de la lecture.

L'hétéronomie du lire, d'abord, c'est la rencontre d'une « matière étrangère », comme dit l'essai « De trois commerces » (3.03, p. 1278/819), par quoi l'esprit, tantôt se « débauche de son étude » (*ibid.*), tantôt se laisse « éveiller par divers objets » (*ibid.*, p. 1279/819) ; et l'autonomie du lire, ensuite, c'est l'opportunité d'y « entretenir ses pensées » et « embesogner [son] jugement, non [sa] mémoire » (*ibid.*). La lecture est donc à la fois expérience de l'altérité des pensées et en cela une expérience de déviation qui emporte le risque d'une désorientation, voire d'un dévissage intellectuel ; et expérience en première personne de la fécondité des processus représentationnels ainsi provoqués, nourris et appelés à reproduire des énoncés, à les agglutiner, les assimiler et les transfigurer. Agitation, mise à l'épreuve, invention constituent une issue sans doute rare, mais particulièrement féconde de l'acte de lecture. Lequel est alors libéré de ses liens de soumission à la matière livresque qui l'inspire, celle-ci tenant lieu de matrice pour un effort et pour un mouvement dont l'aboutissement réel est l'écrit lui-même. Les *Essais* se révèlent ainsi un livre d'érudit, non seulement parce qu'ils sont saturés de références, mais aussi parce que Montaigne en thématise l'usage. Pour autant l'érudition ne constitue nullement la vérité des *Essais*, parce qu'ils surgissent, se détachent et s'affranchissent de la découverte des possibilités encloses dans l'expérience différenciée des textes.

Être montaignien, c'est par conséquent, dans une logique lectorale et processuelle directement héritée de l'objet indistinctement nommé « Montaigne » ou « *Les Essais* », parier sur l'usabilité des textes. La masse textuelle des *Essais* appelle effectivement à les considérer, non comme l'occasion d'une mise à jour applicative de leur sens – apprenons à faire nôtre la sagesse qui fut celle de leur auteur – mais comme un appareillage efficace, comme un dispositif sémantique permettant de pénétrer et d'assumer pleinement le présent de notre réel, c'est-à-dire des enjeux cognitifs ou pratiques auxquels nous sommes confrontés en tant que lecteurs d'un autre présent que celui de l'œuvre elle-même – une œuvre que portent quelques siècles déjà et qui a sédimenté comme elle a fait, de manière principalement bibliophilique, en raison de sa propre histoire. En quoi il ne s'agit pas de s'approprier à bon compte les préceptes ou les sentences de Montaigne et d'en faire des valeurs de vie fétiches, il s'agit de comprendre les modalités de fonctionnement sous-jacentes de sa pensée, d'en identifier les possibilités, d'en ouvrir l'horizon comme horizon nous appartenant en propre et d'en manipuler les instruments conceptuels afin d'éclairer pour nous-mêmes les objets sur lesquels il nous paraît approprié de les faire porter.

Il s'agit donc de pratiquer à notre tour une manière d'ingénierie textuelle en posant, non pas la question : « Qu'a voulu dire Montaigne ? », mais les questions : « Comment telle association de notions, comment telle juxtaposition d'arguments, comment tel postulat fonctionnent-ils dans le corps des *Essais* et qu'en pouvons-nous faire ? comment infléchissent-ils les interrogations qui sont les nôtres ? quel parti avons-nous à tirer de ce qui gît dans ce corps de pensées ? » Où il s'agit de parier qu'en effet les *Essais* « fonctionnent », c'est-à-dire qu'ils ne forment pas un simple empilement de sédiments propositionnels faits de citations et de digressions, de soudures plus ou moins artificielles avec des textes pris à d'autres et de réflexions inspirées par eux, enfin qu'ils ne sont pas un va-et-vient gracieux, délicat ou édifiant entre un auteur nourrissant son texte de ses notes de lecture et ce texte exprimant le génie de son auteur. L'ouvrage de Montaigne ne consiste pas dans l'enregistrement écrit du fil ininterrompu de ses pensées : celles d'un individu sans doute génial au plan de l'observation de soi, des choses, des autres, mais aussi au plan de la langue, de sa manipulation et de son façonnage. Le parti-pris d'être montaignien, c'est celui de considérer que, dans l'ignorance même de leur auteur, les *Essais* forment un système fonctionnel destiné, non pas seulement au plaisir de la lecture et à l'éveil de l'intelligence, mais à éclairer les problèmes que nous pouvons nous poser, tant dans le domaine de la cognition que dans celui de l'action. Cette ingénierie textuelle n'exige dès lors pas qu'on mette au jour ce que pensait Montaigne, dont il faut d'ailleurs bien reconnaître qu'on ne peut reconstituer que d'infimes parcelles, lui-même reconnaissant ne pas systématiquement penser ce qu'il pense, sinon dans le temps qu'il le pense. En revanche, elle envisage que le texte massif des *Essais* permet d'élaborer une compréhension du monde, non pas surannée, mais actuelle, efficace au-delà de l'histoire littéraire ou philosophique dont il est issu. Il s'agirait donc bien de faire avec Montaigne ce que Montaigne fait avec ses propres auteurs, qu'il recopie ou qu'il greffe à ses propres « pensements » pour en forger et en consolider une pensée parfaitement originale et, pour lui-même, efficiente.

Dans ce contexte, faut-il par exemple admettre que la théorie montaignienne de la connaissance ressortit à un « pointillisme sémantique », et que ce « pointillisme » est un « présentisme »[1] ? En un sens, et sans considération de son élégance ou de son inélégance stylistique, la locution « pointillisme sémantique » peut paraître absurde, Montaigne ne pouvant absolument pas en envisager l'idée, même par approximation, l'expression relevant d'un monde et d'un discours totalement étrangers aux siens. Pour autant, les fils et la trame des *Essais* permettent bien, s'ils ont été convenablement noués – il convient au lecteur attentionné et attentif de l'établir – de conclure à une telle caractérisation de l'épistémologie de Montaigne. Faudrait-il d'ailleurs qu'il y eût en Montaigne l'idée, même éloignée, d'une « épistémologie » ? Non pas plus, le concept même d'une telle discipline, d'un tel éclairage méthodologique des processus de la connaissance n'appartenant en aucune façon à l'univers de cet écrivain. Ce n'est pourtant pas une raison pour renoncer à l'idée d'une « épistémologie de Montaigne » et à la décliner dans les termes d'un « présentisme », pourvu qu'on accepte d'en mettre l'hypothèse à l'épreuve d'une robustesse herméneutique : apprenons-nous quelque chose d'une telle hypothèse, non pas tant sur Montaigne, ni même sur les *Essais*, mais sur ce que nous pouvons nommer « savoir » et sur les protocoles que nous mobilisons lorsque nous prétendons cristalliser des conceptions, nous y tenir et en faire résulter nombre de nos actions ? « Pointillisme sémantique » ou « présentisme » traduisent-ils ou non de manière pertinente, à partir des textes des *Essais*, une manière cohérente d'envisager l'acte de connaître et les processus intellectuels qui s'y rattachent ?

1. Cf. *supra*, « Prologue », p. 23.

Le même ordre de questions se pose au sujet de l'interprétation de l' « hyper-scepticisme de Montaigne »[1]. Nul n'ira jamais imaginer que, de fait, Montaigne, en son temps, fut « hyper-sceptique », le mot, l'idée, l'ambiance de sens qu'ils trahissent n'offrant aucune prise sur l'époque intellectuelle qui fut la sienne. Mais le système de pensée des *Essais* ou, si l'on préfère, le repère herméneutique qu'ils constituent pour nous peut parfaitement être dit « hyper-sceptique », pour autant que des arguments admissibles permettent une différenciation caractérisée avec d'autres figures historiquement attestées du scepticisme. Or on observe chez Montaigne, très manifestement, sinon une rupture avec le schème suspensif de la pensée sceptique – ἐπέχω – du moins un réamorçage de ce schème sous une forme démultiplicatrice : « suspendre » ne signifie ni « arrêter » ni *a fortiori* « taire », mais bien plutôt « réitérer », « ressaisir », « réinterpréter » dans une succession d'ajouts et d'amendements, qu'ils soient issus de lectures nouvelles ou qu'ils soient nécessités par la lecture et la relecture d'états antérieurs du texte et d'une certaine expression de l'expérience visée. L'hyper-scepticisme est bien à cet égard la méthode de Montaigne plutôt qu'une simple position théorique ou dogmatique, l'imagination langagière étant le facteur démultiplicateur de la représentation, de sa consignation et donc de l'écrit, non bien sûr de la vérité, pluralisée et altérée, mais des expressions et des propositions qui se révèlent comme autant d'approches et de descriptions potentiellement concurrentes d'une chose, d'un être, d'une action – rendant possibles une déclinaison du savoir et de l'ignorance, une déclinaison du plaisir ou de la douleur, une déclinaison du devoir ou du convenable à réaliser.

---

1. Cf. *supra*, chapitre III, p. 152 *sq.*

Les travaux académiques sont réputés faire émerger le dit des textes et le vouloir-dire de leurs auteurs. Si la prétention de révéler les intentions des auteurs ne perdure qu'à l'école et dans quelques classes seulement, la visée du vouloir-dire s'est détachée depuis plus d'un demi-siècle de l'intériorité psychique de l'auteur pour se reporter sur les textes eux-mêmes et sur la géographie sémantique générale qu'ils forment les uns avec les autres ou les uns par rapport aux autres. Le lecteur critique est aujourd'hui un géographe décrivant des territoires sémantiques, les multiples textes qui les occupent, l'histoire qui les superpose et les met en communication herméneutique les uns avec les autres – et nous habitons nous-mêmes, académiquement, toujours, résolument, de tels territoires.

Moins commune, peut-être dissidente, une hypothèse se tient à l'écart, qui consiste, au contact des textes, à entreprendre d'en faire émerger les possibilités présentes – non celles de toujours, ni pour toujours, mais bien présentes. Le présupposé en est qu'un texte n'est jamais établi ou que, s'il est établi, autre est son établissement bibliophilique, autre son établissement herméneutique. L'établissement bibliophilique du texte des *Essais* ne fait plus problème, du moins pour un temps certainement long ; des modifications futures sont toujours envisageables, mais elles n'en altéreront incontestablement pas la tenue actuelle, qu'on peut dire « ferme et définitive ». Car comme tant d'autres, le texte des *Essais* est pour ainsi dire clôturé par la mort de son auteur, puis sécurisé par les travaux de tous ceux, lecteurs, chercheurs, érudits ou bibliophiles qui en ont sanctuarisé l'effectivité historique, en sorte qu'il est désormais à peu près tout ce qu'il pourra jamais être. Mais en forme de livre ou matériellement seulement : car quoi qu'il en ait été dit, tout n'a pas été dit des *Essais*, de la matrice textuelle qu'ils constituent, et leur exégèse reste fondamentalement ouverte. Entreprendre de faire émerger leurs possibilités consiste dès lors, dans ce contexte, à postuler qu'ils sont susceptibles de prendre racine dans notre monde et que nous pouvons donc, en un sens, être authentiquement montaigniens. Ce qui importe là n'est d'ailleurs nullement ce qu'a pensé Montaigne, ce qu'a pu penser l'homme qu'il fut et dont nous avons hérité quelques récits plus ou moins édifiants. Ce qui importe n'est pas de comprendre Montaigne tel qu'il s'est compris, voire mieux qu'il ne s'est compris lui-même, puisque nous avons l'avantage sur lui de disposer d'éditions savantes de ses écrits, dont il ne disposait lui-même pas ! C'est plutôt l'économie générale de la masse de ses écrits qui importe et ce que nous pouvons penser à travers eux comme à partir d'apparats textuels techniquement et herméneutiquement disponibles. Sous ces deux dénominations interchangeables de « Montaigne » et de « *Les Essais* », un certain corpus présente des ouvertures sur le réel, sur notre réel, et n'offre pas simplement un tableau historique de ce que furent une certaine idiosyncrasie intellectuelle et une certaine culture du passé. Ces apparats textuels permettent de pointer et de penser des quelque chose, non pas en général, non pas par « grandes idées », mais des quelque chose qui sont là, très précisément, et même « là-devant », comme on dit. Ce qui signifie par voie de conséquence que les *Essais* ne sont pas une espèce de source intarissable d'inspiration pour penser ce qu'on veut, ce qui traverse soudain l'esprit ; et que Montaigne prohibe assurément de lui faire dire autre chose que les enseignements que renferme son texte, ou de lui faire dire le contraire de ce qui y est écrit, voire, pourquoi pas : n'importe quoi !

« Effectuellement », pour reprendre ce bel adverbe des *Essais*, il faut d'abord considérer en elle-même la masse du texte, qui s'appréhende comme le processus incessamment tournoyant de sa propre remise en question, son auteur raturant moins qu'il ne multiplie les greffons, s'ingéniant à enfler ses pensées premières de pensées secondes et tierces et quartes – cultivant donc l'inachèvement dans le temps pour lui-même indéfini de sa propre existence : « nous allons conformément et tout d'un train, mon livre et moi », écrit Montaigne[1], à quoi il n'y a évidemment rien à ajouter ! Or c'est un fait que le moteur de ce processus incessant ne fonctionne plus et qu'il s'est définitivement arrêté un jour de septembre 1592 : avec la mort de Montaigne, il ne reste plus des *Essais* qu'une image figée ou, pour reprendre une métaphore de son temps, des « paroles gelées ». Donc être montaignien, c'est pénétrer au cœur du processus intime des *Essais*, non pour continuer de les écrire, bien entendu, mais pour faire surgir représentations, conceptions ou argumentations en assumant pleinement leurs postulats fondateurs : la disponibilité des textes et la fécondité effective et actuelle de leur entrelacement, leur enracinement dans le réel, dans notre réel. De la masse des *Essais*, il ne s'agit pas de faire ce que nous voulons, même si rien ne prohibe formellement la chose et que chacun est libre de cultiver ses propres délires et fulgurances. Mais, dans le contexte académique d'une intention de vérité et d'une entente commune sur le dire des textes, il s'agit bien de faire de ceux-ci ce que nous pouvons en réorganisant les éléments disponibles et usables aux fins de parfaire nos propres instruments d'optique, pour dire

---

1. « Du repentir », 3.02, p. 1258/806 – cf. *supra*, p. 317.

par métaphore, qui nous permettent de mieux voir de notre monde ce qu'il y a à en voir.

C'est à quoi peut être destiné le corpus intitulé *Les Essais* et il faut donc écrire sur Montaigne en assumant un net refus du factualisme et du vérisme caractéristiques d'une majorité d'études académiques produisant en série des architectures partielles et successives de leur objet d'investigation. Il y a, en l'occurrence, un Montaigne du XXᵉ siècle et, déjà, un Montaigne du XXIᵉ siècle, concurrencé, celui-ci, par un moralisme grand-teint que s'offre un large public « en quête de sens ». Mais écrire en montaignien sur Montaigne, c'est privilégier une fonctionnalité des textes et un fonctionnalisme de la lecture, et postuler que celle-ci consiste à travailler sur ceux-là de manière suffisamment rigoureuse et précise, quoique parfois inattendue, pour en dire, non ce qu'ils « veulent dire »[1], mais ce qui peut en être dit dans le respect de leur économie générale. Que nous importe au fond de savoir ce que pensait vraiment Montaigne, c'est-à-dire « ce qui lui passait par la tête » quand il écrivait ? Plus fécond se révèle le postulat de son enracinement et de sa persistance dans notre horizon de pensée, et non pas tant son exposition dans les seuls cabinets de curiosités de l'histoire éditoriale. Concevoir une vérité de l'objet « Montaigne » en dehors de toute vérité de Montaigne lui-même n'est pas une chimère, c'est sans doute le geste princeps d'une lecture proprement philosophique des textes, si différente par sa manière et par sa portée de la façon dont une histoire savante de l'art décrit les tableaux et restitue l'ambiance de vie de ceux

---

1. Pour réaliser l'aberration d'une telle demande, il suffit d'observer le caractère particulièrement idiomatique de la locution « vouloir dire » et de son usage en français. Qui oserait jamais l'anglais : « *This text wants to say…* » ?

qui les ont peints. Non la raison seule, mais l'objet Montaigne ou, ce qui revient au même, le corpus intitulé *Les Essais* est en lui-même « un outil souple contournable, et accommodable à toute figure »[1]. Nombreuses en sont les lectures parfaitement autorisées, aussi bien celle qui construit l'image populaire d'un sage « pour ceux qui ne sont pas des sages »[2], que celles des études montaignistes, exactivistes, sans lesquelles, incontestablement, Montaigne n'aurait jamais pu constituer un objet d'investigation philosophique, se réduirait-il parfois à un phénomène de laboratoire biblio-philique. La liberté de suivre des chemins de traverse pour en découdre avec le corpus des *Essais* n'en est pas moins légitime, elle aussi, à condition bien entendu qu'elle participe au jeu de la discussion et, au premier chef, qu'elle soit discutée. À quoi ne suffit certainement pas un livre, l'esprit de judicieuse critique émanant plutôt des espaces académiques, des comités de lecture et même du public qui lit.

Il faut laisser prospérer les textes en leur permettant d'occuper l'espace qui leur est dévolu par et pour un public déterminé. Dans le monde académique, la discussion – citation, critique, reprise, réfutation, confirmation – reste la norme, quand bien même elle s'embarrasserait parfois d'enjeux de pouvoir un peu triviaux, le symbolique de la chose atténuant cependant rarement la cruauté des interactions. Dans le monde ordinaire, c'est la diffusion plus ou moins large des textes qui fait loi, sans qu'on sache toujours à quoi ou à quel concours de circonstances le succès en est dû. Dans ce contexte naturellement pluraliste,

---

1. « Apologie de Raymond Sebond », 2.12, p. 839/539 – voir *supra*, p. 140.
2. André Comte-Sponville, *Philosophie magazine*, 3 septembre 2020.

Montaigne ou l'usage du monde ne cherche pas à dévoiler la vérité de Montaigne, dont il n'y a en fait pas grand-chose à dire, mais à exploiter les ressources conceptuelles d'un corpus particulièrement réticulé, *Les Essais*, que la tradition rattache de fait à un homme qu'au XVIᵉ siècle on nommait « Michel de Montaigne ». L'ouvrage n'emporte aucun dessein hagiographique, aucun fétichisme du personnage ; il s'agit d'un travail ouvrier, mené dans un atelier de philosophie, dans le respect des règles de l'art fixées par la profession : lectures, gloses, hypothèses, écriture.

« Suffit [donc] ! J'ai fait ce que j'ai voulu.[1] »

Paris, 31 décembre 2022

---

1. « Sur des vers de Virgile », 3.05, p. 1371/875.

NOTICE BIBLIOGRAPHIQUE

ÉDITIONS DES ŒUVRES DE MONTAIGNE

Les Essais

Édition Balsamo/Magnien/Magnien-Simonin, « Bibliothèque de la Pléiade », Paris, Gallimard, 2007.

Édition Villey-Saulnier, « Quadrige », Paris, P.U.F., 2004.

Exemplaire de Bordeaux, reproduction en quadrichromie, Fasano/Chicago, Schena/Montaigne Studies, 2002.

Édition de 1595 (sous la direction de J. Céard), « La Pochothèque », Paris, Librairie Générale Française, 2001 renouvelé en 2002.

Édition de l'Imprimerie nationale, 1998.

Edition Municipale, Bordeaux, Pech & Cie, 1906-1919.

Journal de voyage, Paris, P.U.F., 1992.

Œuvres complètes (édition Thibaudet/Rat), « Bibliothèque de la Pléiade », Paris, Gallimard, 1962.

USUELS ET PÉRIODIQUES
SPÉCIFIQUEMENT CONSACRÉS À MONTAIGNE

BONNET P., Bibliographie méthodique et analytique des ouvrages et documents relatifs à Montaigne, Genève, Slatkine, 1983.

Bulletin de la Société des Amis de Montaigne, Paris, Champion, 1913-.

CLIVE H. P., *Bibliographie annotée des ouvrages relatifs à Montaigne, publiés entre 1976 et 1985. Avec un complément de la Bibliographie de Pierre Bonnet*, Paris, Champion, 1990.

DESAN, P. (éd.), *Dictionnaire de Michel de Montaigne*, Paris, Champion, 2005.

LEAKE, R.E., *Concordance des "Essais"*, Genève, Droz, 1981.

– *Montaigne studies : An interdisciplinary forum*, The University of Chicago, 1990-.

MONOGRAPHIES ET ARTICLES SUR MONTAIGNE
ET *LES ESSAIS*

ARIS D. et JOUKOVSKY F., « Une philosophie de l'expérience », *Bulletin de la Société des Amis de Montaigne*, VIIe série, 21-22, 1990, p. 85-94.

AULOTTE R., *Montaigne : Essais*, « Que sais-je ? », Paris, P.U.F., 1988.

BALMAS E., « Invention et idéologie dans "Des Cannibales" », *Montaigne Studies : An Interdisciplinary Forum* 6, 1994, p. 177-185.

BALSAMO J., « Biographie, philologie, bibliographie : Montaigne à l'essai d'une "nouvelle histoire" littéraire », dans G. Hoffmann (éd.), *The New Biographical Criticism*, Charlottesville, Rookwood, 2004.

BARAZ M., *L'être et la connaissance selon Montaigne*, Paris, José Corti, 1968.

– « Sur la structure d'un essai de Montaigne », *Bibliothèque d'Humanisme et Renaissance* 23, 1961, p. 265-281.

BARDYN C., *Montaigne : La splendeur de la liberté*, Paris, Flammarion, 2015.

BAUDRY H., « Le sur-venir de l'enfance dans les *Essais* de Michel de Montaigne », *Bulletin de la Société des Amis de Montaigne*, VIIIe série, 15-16, 1999, p. 73-88.

BEAUJOUR M., « Les *Essais*, une mémoire intratextuelle », dans
    F. Gray et M. Tétel, *Études sur le XVIe siècle pour Alfred
    Glauser*, Paris, Nizet, 1979.

BLUM C., « La peinture du moi et l'écriture inachevée : sur la
    pratique de l'addition dans les *Essais* de Montaigne », *Poétique*
    53, 1983, p. 60-71.

– « La fonction du "déjà dit" dans les *Essais* », *Cahiers de
    l'Association Internationale des Études Françaises* 33, 1981,
    p. 35-51.

BRAHAMI F., *Le scepticisme de Montaigne*, Paris, P.U.F., 1997.

– *Le travail du scepticisme (Montaigne, Bayle, Hume)*, Paris,
    P.U.F., 2001.

« Montaigne, dans sa singularité et dans la tradition philosophique »,
    Bulletin de la Société des Amis de Montaigne, VIIIe série,
    9-10, 1998, p. 61-75.

BRODY J., *Lectures de Montaigne*, Lexington, French Forum
    Publishers, 1982.

– *Nouvelles lectures de Montaigne.* Paris, Champion, 1994.

BRUNETIÈRE F., *Études sur Montaigne, 1898-1907*, Paris,
    Champion, 1999.

BRUNSCHVICG L., *Descartes et Pascal lecteurs de Montaigne*,
    Paris, Pocket-Agora, 1995.

BUTOR M., *Essais sur les Essais*, Paris, Gallimard, 1968

CALLE-GRUBER M., « L'Essai comme forme de réécriture : Cixous
    à Montaigne », dans *Études Françaises* 40 (1), 2004, p. 29-42.

CHÂTEAU J., *Montaigne psychologue et pédagogue*, Paris, Vrin,
    1964.

CHRISTODOULOU K., *Considérations sur les "Essais" de Montaigne*,
    Athènes, 1984.

– « Socrate chez Montaigne et Pascal », *Diotima* 7, 1979, p. 39-50.

COMPAGNON A., *Nous, Michel de Montaigne*, Paris, Le Seuil,
    1980.

– *La seconde main ou le travail de la citation*, Paris, Le Seuil,
    1979.

COMTE-SPONVILLE A., *« Je ne suis pas philosophe » : Montaigne et la philosophie*, Paris, Champion, 1993.

CONCHE M., « La personnalité philosophique de Montaigne », *Revue d'histoire littéraire de la France* 5, 1988, p. 1006-1013.

– *Montaigne et la philosophie*, Villers-sur-Mer, Mégare, 1981.

– *Montaigne ou la conscience heureuse*, Paris, P.U.F., 2002 (texte initialement publié en 1964).

CORDINER V., « Historia magistra vitæ ? La lezione del passato in Montaigne (e dintorni) », *Hortus Musicus* 20, 1997, p. 100-109.

COURCELLES D. de, *Montaigne au risque du Nouveau Monde*, Paris, Brepols, 1996.

COUZINET M.-D., « Notes sur la reprise de la logique sceptique par Montaigne dans l'Apologie de Raymond Sebond », *Bruniana & Campanelliana* 10 (1) 2004, p. 27-39.

DE LUTRI J. R., « Montaigne's "Des Cannibales" : invention/ experience », *Bibliothèque d'Humanisme et Renaissance*, 1976, p. 77-82.

DEFAUX G., *Montaigne et le travail de l'amitié*, Orléans, Paradigmes, 2001.

– « À propos "Des coches" de Montaigne (III, 6) : de l'écriture de l'histoire à la représentation du moi », *Montaigne Studies : An Interdisciplinary Forum* 6, 1994, p. 135-161.

– *Marot, Rabelais, Montaigne : l'écriture comme présence*, Paris, Champion, 1987.

– « Un cannibale en haut de chausses : Montaigne, la différence, et la logique de l'identité », *Modern Language Notes* 97, 1982, p. 919-957.

DELÈGUE Y., *Montaigne et la mauvaise foi. L'écriture de la vérité*, Paris, Champion, 1998.

DEMONET M.-L., *À plaisir : Sémiotique et scepticisme chez Montaigne*, Orléans, Paradigme, 2002.

– « Au-delà de la rhétorique : Le Vrai et la fiction poétique chez Montaigne », *Rhetorica : A Journal of the History of Rhetoric* 20 (4), 2002, p. 357-74.

– « Philosopher naturellement », *Montaigne Studies : An Interdisciplinary Forum* 12 (1-2), 2000, p. 5-24.

– *Montaigne et la question de l'homme*, Paris, P.U.F., 1999.

– *Michel de Montaigne, « Les Essais »*, Paris, P.U.F., 1985.

– « Question doubteuse : le langage », *Bulletin de la Société des Amis de Montaigne*, VI e série, 1983-1984, 1 re partie dans le n 15-16, p. 9-22, et 2 e partie dans le n° 17-18, p. 17-38.

DEMURE C., « Retranchement et engagement : le libre essai de "juger" dans les *Essais* », *Bulletin de la Société des Amis de Montaigne*, VII e série, 21-22, 1990, p. 95-106.

– « Montaigne : le travail philosophique (lecture de III, 6 : "Des Coches") », *Bulletin de la Société des Amis de Montaigne*, VII e série, 17-18, 1989, p. 43-62.

– « Montaigne : le paradoxe et le miracle », *Les études philosophiques*, octobre-déc. 1978, p. 387-403.

DESAN P., *La Modernité de Montaigne*, Paris, Odile Jacob, 2022

– *Montaigne et le social*, Paris, Hermann, 2022

– *Montaigne : penser le social*, Paris, Odile Jacob, 2018

— (éd.), *Montaigne et la théologie*, Genève, Droz, 2008.

– *Montaigne – Les formes du monde et de l'esprit*, Paris, Presses de l'université Paris-Sorbonne, 2008.

– « De l'opinion chez Montaigne », *Studi di Letteratura Francese : Rivista Europea* 28, 2003, p. 17-26.

– *Montaigne dans tous ses états*, Fasano, Schera, 2001.

– « Une philosophie imprémeditée et fortuite : nécessité et contingence chez Montaigne », *Bulletin de la Société des Amis de Montaigne*, VII e série, 21-22, 1990, p. 69-84.

– *Les commerces de Montaigne : Le discours économique des Essais*, Paris, Nizet, 1999.

DHOMMEAUX J.-P., « Les idées politiques de Montaigne », *Bulletin de la Société des Amis de Montaigne*, V e série, 17, 1976, p. 5-30.

DUMONT J.-P., « Démocrite, Sénèque, Sextus Empiricus et les autres : la *praeparatio philosophica* de Montaigne », *Bulletin de la Société des Amis de Montaigne*, VII e série, 21-22, 1990, p. 21-30.

– *Le scepticisme et le phénomène*, Paris, Vrin, 1972.

DUPORT D., « *De la solitude*, ou "l'arrière-boutique" de Montaigne : un autre regard sur la mode de la retraite aux champs », *Bulletin de la Société des Amis de Montaigne*, VIII ᵉ série, 15-16, 1999, p. 89-98.

ESCLAPEZ R., « Montaigne et les philosophes cyniques », *Bulletin de la Société des Amis de Montaigne*, VII ᵉ série, 5-6, 1986, p. 59-76.

EHRLICH H., *Montaigne, la critique et le langage*, Paris, Klincksieck, 1972.

FRAME D., *Montaigne, une vie, une œuvre*, Paris, Champion, 1994.

FRIEDRICH H., *Montaigne*, trad. fr. R. Rovini, Paris, Gallimard, 1968.

FUMAROLI M., « Michel de Montaigne ou l'éloquence du for intérieur », dans *Les Formes brèves de la prose et le discours discontinu (XVIᵉ et XVIIᵉ siècles)*, études réunies et présentées par Jean Lafond, Paris, Vrin, 1984.

GIERCZYNSKI Z., « La problématique morale dans les *Essais* », *Bulletin de la Société des Amis de Montaigne*, VI ᵉ série, 5-6, 1981, p. 29-42.

– « Le Naturalisme et le scepticisme : Principes de l'unité de la pensée de Montaigne » dans *Cahiers de l'Association Internationale des Études Françaises* 33, 1981 p. 7-17 (repris dans *Montaigne et les Essais 1580-1980*).

– « Le "Que sais-je ?" de Montaigne », *Towarzystwo Naukowe Kat. Uniw. Lubelskiego*, 1970.

– « Le Fidéisme apparent de Montaigne et les artifices des Essais », *Kwartalnik Neofilologiczny* 16, 1969, p. 137-163.

– « Le Scepticisme de Montaigne, principe de l'équilibre de l'esprit », *Kwartalnik Neofilologiczny* 14, 1967, p. 111-131.

– « La Science de l'ignorance de Montaigne », *Roczniki Humanistyczne* 15 (3), 1967, p. 5-90.

GIOCANTI S., *Penser l'irrésolution*, Paris, Champion, 2001.

GLAUSER A., *Montaigne paradoxal*, Paris, Nizet, 1972.

GONTIER T., *L'âme des bêtes chez Montaigne et Descartes*, Paris, Vrin, 1997.

GOTOU L., « De l'expérience chez Montaigne – Retour au monde – "De l'Exercitation" (II, 7) », *Senzoku Ronsou*, Revue de l'Université Senzoku-Gakuen 28, 1999, p. 195-210.

GOUGENHEIM G. et SCHUHL P.-M., *Trois essais de Montaigne expliqués : I-39, II-1, III-2*, Paris, Vrin, 1951.

GRAY F. F., *La balance de Montaigne : exagium-essai*, Paris, Nizet, 1982.

GUILLERM L., « Quelque langue que parlent mes livres, je leur parle en la mienne », *Montaigne Studies : An Interdisciplinary Forum* 5 (1-2), 1993, p. 77-96.

GUTWIRTH M., *Michel de Montaigne ou le pari d'exemplarité*, Montréal, P.U.M., 1977.

– « "Des coches" ou la structuration d'une absence », *L'Esprit créateur*, XV, 1973, p. 8-20.

HALLIE P. P., *The Scar of Montaigne. An Essay in Personal Philosophy*, Middletown, Wesleyan University Press, 1966.

HARTLE A., « Montaigne's skepticism », *Montaigne Studies : An Interdisciplinary Forum* 12 (1-2), 2000, p. 75-90.

HORKHEIMER M., *Anfänge der bürgerlichen Geschichts-philosophie : Montaigne und die Funktion der Skepsis*, Frankfurt, Fischer Verlag, 1990 – Texte de 1938 également repris dans les *Gesammelte Schriften*, Band 4, Frankfurt, Fischer Verlag, 1988.

ITHURRIA E., « Montaigne serait-il l'annotateur du *Lycosthenes* ? », *Littératures* 19, 1988, p. 43-56.

JANSSEN H., *Montaigne fidéiste*, Nijmegen-Utrecht, Dekker, 1930.

JEANNERET M., *Perpetuum mobile : métamorphoses des corps et des œuvres, de Vinci à Montaigne*, Paris, Macula, 1997.

JOUKOVSKY F., *Montaigne et le problème du temps*, Paris, Nizet, 1972.

LA CHARITÉ R., *The concept of Judgment in Montaigne*, Den Haag, Martinus Nijhoff, 1968.

LACOUTURE J., *Montaigne à cheval*, Paris, Le Seuil, 2003.

LAZARD M., *Montaigne*, Paris, Fayard, 1992.

LEGROS A., *Essais sur poutres*, Paris, Klincksieck, 2000.

LESTRINGANT F., *Le cannibale, grandeur et décadence*, Paris, Perrin, 1994.

LÉVI-STRAUSS C., « En relisant Montaigne », dans *Histoire de lynx*, Paris, Plon, 1991, p. 277-297.

LIDDLE M., « Montaigne et le pragmatisme », *Bulletin de la Société des Amis de Montaigne*, VIe série, 13-14, 1983, p. 29-40.

LIMBRICK E., « Montaigne et Saint Augustin », *Bibliothèque d'Humanisme et Renaissance* 34, 1972, p. 49-64.

– « Montaigne and Socrates », *Renaissance and Reformation/ Renaissance et Réforme*, 9, 1973, p. 46-57.

– « The Paradox of Faith and Doubt in Montaigne's "Apologie de Raimond Sebond" », *Wascana Review* 9, 1974, p. 75-84.

– « La Vie politique et juridique : Considérations sceptiques dans les Essais », dans Chaban-Delmas J. (introd.), *Les Ecrivains et la politique dans le sud-ouest de la France autour des années 1580*, Bordeaux, Presses universitaires de Bordeaux, 1982, p. 207-213.

– « Le Héros et le sage : Engagement politique, détachement philosophique » dans M. Dassonville (éd.), *Ronsard et Montaigne, écrivains engagés ?*, Lexington, Frenc Forum Publishers, 1989, p. 103-116.

– « Montaigne et le refus du discours philosophique traditionnel dans l'"Apologie de Raimond Sebond" », *Dalhousie French Studies* 52, 2000, p. 22-28.

– « La conception de l'honnête homme chez Montaigne », *Revue de l'Université d'Ottawa* 41, 1971, p. 47-57.

MACLEAN I., *Montaigne philosophe*, Paris, P.U.F., 1996.

MARIN L., *L'écriture de soi*, Paris, P.U.F., 1999, chap. VII et VIII, p. 113-136.

MARKOULAKIS M., « Héraclite chez Montaigne », *Bulletin de la Société des Amis de Montaigne*, VIe série, 11-12, 1982, p. 81-89.

MARTIN D., *Montaigne et la fortune : Essai sur le hasard et le langage*, Paris-Genève, Champion-Slatkine, 1977.

MATHIAS P., « Montaigne : une philosophie de gai savoir », *Montaigne Studies : An Interdisciplinary Forum* 12 (1-2), 2000, p. 123-136.

– « D'une science "par raison déraisonnable" », dans Montaigne, *Apologie de Raymond Sebond*, Paris, GF.-Flammarion, 1999, p. 7-35.

– « De l'enfance à la philosophie », dans Montaigne, *Sur l'éducation : Trois essais*, Paris, Presses-Pocket, 1990, p. 9-41.

MATHIEU-CASTELLANI G., *Montaigne ou la vérité du mensonge*, Genève, Droz, 2000.

– « Portrait de l'artiste en historien : Montaigne et Plutarque », *Montaigne Studies : An Interdisciplinary Forum* 6, 1994, p. 7-15.

– *L'écriture de l'essai*, Paris, P.U.F., 1988.

MERLEAU-PONTY M., « Lecture de Montaigne », dans *Signes*, Paris, Gallimard, 1960.

METSCHIES M., *La citation et l'art de citer dans les* Essais de Montaigne, trad. fr. J. Brody, Paris, Champion, 1997.

MIERNOWSKI J., *L'Ontologie de la contradiction sceptique. Pour l'étude de la métaphysique des Essais*, Paris, Champion, 1998.

MINAZZOLI A., *L'Homme sans image, une anthropologie négative*, Paris, Presses universitaires de France, 1996.

MONGA L., « Ecriture viatique et fiction littéraire : Voyageurs et "secrétaires" autour de Journal de Montaigne », *Montaigne Studies : An Interdisciplinary Forum* 15 (1-2), 2003, p. 9-19.

NAKAM G., *Le dernier Montaigne*, Paris, Champion, 2002.

– *Les* Essais *de Montaigne, miroir et procès de leur temps. Témoignage historique et création littéraire*, Paris, Champion, 2001.

– *Montaigne. La Manière et la matière*, Paris, Klincksieck, 1992.

NAYA E., « L'Éthique sceptique des *Essais* de Montaigne », texte en ligne disponible à l'adresse : *http://www.cavi.univ-paris3.fr/phalese/Agreg2003/EthiqueSceptique.pdf*

NORTON G. P., *Montaigne and the introspective mind*, La Haye-Paris, Mouton, 1975.

ORLANDINI-TRAVERSO E., « La fonction de la recherche philosophique dans les *Essais* », *Bulletin de la Société des Amis de Montaigne*, V^e série, 5, 1973, p. 25-38.

ORTIGUES E., « Identité et personnalité », *Dialogue* 16, 1977, p. 605-628.

PELOSSE, V., « Modes de proximités avec l'animal chez Montaigne », *Philosopher* 18, 1995, p. 43-54.

PHOLIEN G., « Montaigne et la science », *Bulletin de la Société des Amis de Montaigne*, VIIe série, 19-20, 1990, p. 61-69.

PINCHARD B., « Montaigne : essai de lecture dialectique », *Montaigne Studies : An Interdisciplinary Forum* 12 (1-2), 2000, p. 63-74.

POIRIER J.-L., « Montaigne », dans *Les philosophes de Platon à Sartre*, Paris, Hachette, 1985.

POLETTI J.-G., *Montaigne à bâtons rompus : le désordre d'un texte*, Paris, José Corti, 1984.

POT O., « Lieux, espaces et géographie dans le Journal de voyage », *Montaigne Studies : An Interdisciplinary Forum* 15 (1-2), 2003, p. 63-104.

– *L'Inquiétante étrangeté. Montaigne : la pierre, le cannibale, la mélancolie*, Paris, Champion, 1993.

POUILLOUX J.-Y., *Lire les Essais de Montaigne*, Paris, Maspero, 1969.

– *Montaigne. L'Éveil de la pensée*, Paris, Champion, 1995.

– « Dire à demi », *Bulletin de la Société des Amis de Montaigne*, VIIIe série, 15-16, 1999, p. 13-22.

POULET G., « Montaigne », dans *Études sur le temps*, Paris, Presses-Pocket, « Agora », t. 1, 1989.

PROTOPAPA M., « Montaigne et l'Univers », *Diotima* 21, 1993, p. 137-142.

QUINT D., « Montaigne et Henri IV », dans *L'Eloge du prince : De l'Antiquité au temps des Lumières*, I. Cogitore et F. Goyet (éd. et introd.), Grenoble, ELLUG, 2003.

– *Montaigne and the Quality of Mercy : Ethical and political themes in the "Essais"*, Princeton, Princeton University Press, 1998.

RIDER F., *The Dialectic of Selfhood*, Stanford, Stanford University Press, 1973.

RIGOLOT F., « Voyage du traducteur, traduction du voyageur », *Montaigne Studies : An Interdisciplinary Forum* 5 (1-2), 1993, p. 3-10.

SAINT-AIGNAN X. de, « Les *Essais* entre l'écrit et l'oral », *Bulletin de la Société des Amis de Montaigne*, VIII ᵉ série, 9-10, 1998, p. 53-60.

SAYCE B., *The Essays of Montaigne, A Critical Exploration*, London, Weidenfield & Nicolson, 1972.

SCREECH M. A. *Montaigne's annotated copy of Lucretius*, Genève, Droz, 1998

– *Montaigne et la mélancolie*, Paris, P.U.F., 1992.

SCHAEFER D. L., *The Political philosophy of Montaigne*, New York, Cornell U. P., 1990.

SCHUHL P.-M., « Montaigne et Socrate », *Etudes platoniciennes*, Paris, P.U.F., 1960, p. 152-166.

SCHNEIKERT E., « Montaigne dans le labyrinthe : Comparaisons, répétitions et retour », *Montaigne Studies : An Interdisciplinary Forum* 15 (1-2), 2003, p. 105-115.

SCHONBERGER, V.-L., « La conception de "l'honeste homme" chez Montaigne », *Revue de l'Université d'Ottawa* 45, 1975, p. 491-507.

SELLEVOLD K, « *J'ayme ces mots...* » : *Expressions linguistiques de doute dans les* Essais *de Montaigne*, Paris, Champion, 2004.

SÈVE B., « Les "Vaines Subtilitez" : Montaigne et le renversement du pour au contre », *Montaigne Studies : An Interdisciplinary Forum* 16 (1-2), 2004, p. 185-96.

– « L'action sur fond d'indifférence », *Bulletin de la Société des Amis de Montaigne*, VIII ᵉ série, 17-18, 2000, p. 13-22.

SOLMI S., *La santé de Montaigne*, Paris, Allia, 1998.

STAROBINSKI J., *Montaigne en mouvement*, Paris, Gallimard, 1982.

STATIUS P., *Le réel et la joie*, Paris, Kimé, 1997.

STEVENS L. C., « The meaning of "Philosophie" in the *Essais* of Montaigne », *Studies in philology*, LXII, 1965, p. 147-154.

STROWKSI F., *Montaigne*, Paris, Alcan, 1906.

SUPPLE J. J., *Les* Essais *de Montaigne. Méthode(s) et méthodologies*, Paris, Champion, 2000.

TAVERA F., *L'idée d'humanité dans Montaigne*, Paris, Champion, 1932.

THIBAUDET A., *Montaigne*, Paris, Gallimard, 1963.

TOURNON A., *Montaigne : La Glose et l'essai*, édition revue et corrigée, précédée d'un *Réexamen*, Paris, Champion, 2000.

– *Montaigne*, Paris, Bordas, 1993.

– « Le grammairien, le jurisconsulte et "l'humaine condition" », *Bulletin de la Société des Amis de Montaigne*, VII ᵉ série, 21-22, 1990, p. 106-118.

– « "Apologie de Raimond Sebond" : Le paradoxe et l'Essai. Il leur faudrait un nouveau langage », *Réforme Humanisme Renaissance*, IV, 8, 1978, p. 23-31.

VILLEY P., *Sources et évolution des "Essais" de Montaigne*, Paris, Hachette, 1933.

VINCENT H., *Vérité du scepticisme chez Montaigne*, Paris, L'Harmattan, 1998.

– *Éducation et scepticisme chez Montaigne*, Paris, L'Harmattan, 1997.

WERNER É., *Montaigne stratège*, Paris, L'Âge d'Homme, 1996.

ZALLOUA Z., « Montaigne's "De l'art de conférer" : Conference as an act of friendship », *Philological Quarterly*, 82 (1), 2003, p. 24-37.

ZWEIG S., *Montaigne*, « Quadrige », Paris, P.U.F., 1992.

Ouvrages collectifs

Le Socratisme de Montaigne, Paris, Garnier, 2010 (*Études montaignistes* 58)

« Montaigne et l'accomplissement des *Essais* », numéro spécial du *Bulletin de la Société des Amis de Montaigne*, VII ᵉ série, 13-14-15-16, 1988-1989, Paris, Champion, 1990.

BLUM C. (éd.), *Montaigne, penseur et philosophe*, Paris, Champion, 1990.

– *Montaigne et le Nouveau Monde*, Éditions interuniversitaires, 1994.

– *Montaigne et les Essais* (Actes du congrès de Paris de janvier 1988), Paris, Champion, 1990.

BRODY J. et JEANNERET M. (éd.), *Carrefour Montaigne*, Pise/ Genève, ETS/Slatkine, 1994.

CAMERON K. et WILLETT L. (éd.), *The Changing face of Montaigne : Le visage changeant de Montaigne*, Paris, Champion, 2003.

CARRAUD V. et MARION J.-L. (éd.), *Montaigne : scepticisme, métaphysique, théologie*, Paris, P.U.F., 2004.

COCULA A. H. (éd.), *Montaigne, maire de Bordeaux*, Bordeaux, L'Horizon chimérique, 1992.

COMTE-SPONVILLE A. (éd.), *Montaigne philosophe*, Bruxelles, Revue internationale de philosophie, vol. 46, 181, 1992.

DEFAUX G. (éd.), *Montaigne : Essays in reading*, New Haven, Yale University Press, 1983.

DEMONET M.-L. et LEGROS A. (éd.), *L'écriture du scepticisme chez Montaigne*, Genève, Droz, 2004.

DUBOIS C.-G. (éd.), *Montaigne et l'histoire*, Paris, Klincksieck, 1991.

KUSHNER E. (éd. et conclusion) et AULOTTE R. (introd.), *La Problématique du sujet chez Montaigne* (Actes du Colloque de Toronto d'octobre 1992), Paris, Champion, 1995.

LESTRINGANT F. (éd.), *Rhétorique de Montaigne*, Paris, Champion, 1985.

MOUREAU F. (éd.), *Montaigne et les Essais 1580-1980*, (Actes du congrès de Bordeaux de juin 1980), Paris/Genève, Champion/Slatkine, 1983.

SAMARAS, Z. (éd.) et AULOTTE, R. (introd.), *Montaigne : Espace, voyage, écriture*, Paris, Champion, 1995.

TETEL M. et MALLARY G. (éd.), *Le parcours des Essais*, Paris, Aux amateurs de livres, 1989.

AUTOUR DE MONTAIGNE

CHARRON, *De la Sagesse*, Paris, Fayard, 1986.

CICÉRON, *La Nature des dieux*, trad. fr. C. Auvray-Assayas, Paris, Les Belles Lettres, 2002.

– *Les Paradoxes des Stoïciens*, trad. fr. J. Molager, Paris, Les Belles Lettres, 1971.

– *Traité du destin*, trad. fr. A. Yon, Paris, Les Belles Lettres, 1977.

– *Les Devoirs*, trad. fr. M. Testard, Paris, Les Belles Lettres, 1965-1970.

DIOGÈNE LAËRCE, *Vies et doctrines des philosophes illustres*, Paris, Le Livre de poche, 1999.

GOURNAY M. de, *Le Promenoir de Monsieur de Montaigne*, Paris, Champion, 1996.

LA BOÉTIE, *Œuvres complètes*, Bordeaux, William Blake & Co., 1991.

LÉRY J. de, *Histoire d'un voyage fait en la terre du Brésil*, Paris, Le Livre de poche, 1994.

LUCRÈCE, *De la Nature*, trad. fr. J. Kany-Turpin, Paris, GF.-Flammarion, 1993.

LYCOSTHÈNE, C., *Apophthegmata* (fac-simile de l'édition de 1560), Genève, Slatkine, 1998.

MALEBRANCHE, *De la recherche de la vérité*, Livre II, IIIe partie, chap. 5, « Du livre de Montaigne », dans *Œuvres*, t. 1, Paris, Gallimard, 1979, p. 275-284

PASCAL, *Entretien avec M. de Saci sur Épictète et sur Montaigne*, Paris, Le Seuil, « L'intégrale », 1963, p. 291-297.

PLINE, *Histoires de la nature*, trad. fr. Sonnier, D., Grenoble, Jérôme Millon, 1994

PLUTARQUE, *Œuvres morales*, trad. fr. A. Philippon et J. Sirinelli, Paris, Les Belles Lettres, 1972.

– *Vies parallèles*, trad. fr. A.-M. Ozanam, « Quarto », Paris, Gallimard, 2001.

SÉNÈQUE, *Œuvres*, trad. fr. P. Veyne, P. et *al.*, Paris, Robert Laffont, 1993.

SEXTUS EMPIRICUS, *Contre les professeurs*, trad. fr. P. Pellegrin (éd.), Paris, Le Seuil, 2002.

– *Esquisses pyrrhoniennes*, trad. fr. P. Pellegrin, Paris, Le Seuil, 1997.

TACITE, *Œuvres complètes*, trad. fr. P. Grimal, « Bibliothèque de la Pléiade », Paris, Gallimard, 1989.

RESSOURCES ÉLÉCTRONIQUES

Il est relativement difficile de dresser un registre précis et durable des espaces de recherche disponibles sur la « Toile » qui, outre les moteurs de recherche traditionnels, compte un certain nombre de bases de données diversement accessibles, parfois librement, parfois sur abonnement.

On retiendra les services suivants :

EBSCO Information Services (prestataire privé de services) :
https://search.epnet.com/

ITER, université de Toronto au Canada :
https://www.itergateway.org/

Modern Language Association *:*
https://www.mla.org/

MUSE, université Johns Hopkins aux États-Unis :
https://muse.jhu.edu/

The Scholarly Journal Storage :
https://www.jstor.org/

Certaines ressources sont disponibles librement, parmi lesquelles :

– Le texte intégral des *Essais*, mis en ligne par l'université de Chicago, aussi bien en mode « texte » (pagination Villey-Saulnier), qu'en mode « image » (fac-simile de l'Exemplaire de Bordeaux) :

https://www.lib.uchicago.edu/efts/ARTFL/projects/montaigne/index.html

Des recherches d'occurrences simples ou complexes sont possibles directement sur le site.

– L'ensemble détaillé des sommaires, depuis sa création en 1913, du bulletin de la Société internationale des amis de Montaigne, qui peut être sauvegardé au format « texte » :

https://classiques-garnier.com/bulletin-de-la-societe-internationale-des-amis-de-montaigne.html

TABLE DES MATIÈRES

Achevé d'imprimer en mai 2023 par *La Manufacture - Imprimeur* – 52200 Langres
Imprimé en France – N° d'imprimeur : 230378– Dépôt légal : mai 2023